Entrons
chez nos ancêtres

Conception et réalisation : Bleu T

ISBN : 978-2-7096-3522-6
© 2010, éditions Jean-Claude Lattès
www.editions-jclattes.fr

Jean-Louis Beaucarnot

Entrons chez nos ancêtres

L'étonnante quête
de notre héritage perdu

JC Lattès

DU MÊME AUTEUR :

Les Noms de famille et leurs Secrets, Robert-Laffont, 1988.
ABC de la généalogie, Marabout, 1992, repris sous le titre *La Généalogie facile*, 1996.
Quand nos ancêtres partaient pour l'aventure, Lattès, 1997.
La Généalogie, « Que sais-je ? », P.U.F., 1997.
Nom de noms ! Calmann-Lévy, 1998.
Comment résoudre les blocages en Généalogie ? Brocéliande, 2000.
La Généalogie, mode d'emploi, Marabout, 2002.
D'où vient ton nom ? Albin-Michel, 2002.
Qui étaient nos ancêtres ? Lattès, 2002.
Laissez parler les noms ! Lattès, 2004.
Réussir sa généalogie, Marabout, 2006.
Comment vivaient nos ancêtres, Lattès, 2006.
De César à Sarkozy, petite histoire des noms du pouvoir, Lattès, 2007, J'ai Lu, 2009 (mise à jour 2010).
Tout savoir sur votre nom de famille, Marabout, 2008.
Commencer sa généalogie, Marabout, 2010.

Ouvrages épuisés :
Entre Arroux et Bourbince ; L'Odyssée des familles, 1978.
Entre Arroux et Bourbince ; Dictionnaire des familles, 1979.
Chasseur d'ancêtres, Mengès, 1980.
Drôles d'ancêtres, Trévise, 1981.
Les Schneider, une dynastie, Hachette, 1986.
Le Livre d'or de notre famille, Mengès, 1986.
Votre arbre généalogique, Denoël, 1989.
Histoires de familles, Denoël, 1990.
Les Prénoms et leurs Secrets, Denoël, 1990.
Vous et votre nom, Robert Laffont, 1992.
Premiers Pas en généalogie, Marabout, 1997.
Trésors et secrets de la généalogie, Lattès, 1998.

Jean-Louis Beaucarnot est l'auteur d'un site internet, où on peut le consulter :
www.beaucarnot-genealogie.com

D'où viennent nos bougies d'anniversaire et pourquoi pend-on la crémaillère ? Pourquoi dit-on *entre la poire et le fromage* ou pourquoi nomme-t-on certains T-shirts des *marcels* ? Comment étaient les premiers ascenseurs ou comment est né notre ordinateur ? Comment nos ancêtres dormaient-ils et comment étaient leurs lits ? De façon générale, quels étaient leurs meubles et leurs objets quotidiens ?

Ma passion pour la généalogie autant que la préparation de mes émissions m'ont longtemps conduit à rechercher un ouvrage dans lequel je pourrais trouver les réponses à toutes ces questions, apparemment si simples et si banales. Mais j'avais beau chercher et hanter les bibliothèques, ce livre restait introuvable. En fait, il n'existait pas et n'avait jamais existé…

C'est en le constatant que j'ai décidé… de l'écrire. D'y réunir l'histoire – les histoires – de ces mille et une choses – objets, gestes, expressions – qui font notre culture et notre patrimoine. Qui sont en fait notre héritage. Un héritage souvent ancien et bien souvent ressenti comme magique ou sacré.

Je suis donc parti pour une grande quête, en allant chercher, une à une, les réponses à toutes ces questions là où je pouvais les trouver. Dans des ouvrages rares et anciens, mais aussi et surtout dans des documents qui me sont familiers : les archives, seules capables de garantir l'authenticité et de me conduire « sur le terrain », autrement dit chez nos ancêtres.

C'est cette enquête que je vous invite à suivre, en visitant avec moi le monde d'autrefois, pour y rechercher les clés de celui d'aujourd'hui.

Avec moi, vous irez de surprise en surprise, que ce soit devant les lits à quenouilles ou les premiers aspirateurs, tirés par des chevaux. Vous comprendrez que vous dites *dresser la table*, en souvenir du temps où celle-ci n'était qu'un plateau de bois que l'on posait sur des tréteaux et qu'*avoir la dalle en pente* fait référence à l'ancienne dalle de pierre servant d'évier. Vous apprendrez que *sau*poudrer signifiait à l'origine poudrer... de sel, et que nos bas ont été ainsi nommés en diminutif des *bas-de-chausses* et par opposition aux *hauts de chausses*. Vous découvrirez que M. Poubelle avait déjà inventé le tri sélectif, que les chaises à porteurs fonctionnaient comme nos Vélibs, que la douche avait été inventée pour les prisons, que le pyjama était un vêtement de plage ou que nos aïeux faisaient volontiers mûrir des poires... dans leur braguette.

Alors suivez-moi et, ensemble, entrons chez nos ancêtres et pénétrons dans leur univers. Un monde étrange, qui nous est à la fois très proche et très lointain. Pourtant, c'est en se chauffant au feu de leur cheminée, en allant dans leur chambre et en ouvrant leurs armoires que nous nous réapproprierons cet héritage perdu et oublié, au terme d'une quête aussi surprenante qu'émouvante.

Les très fidèles inventaires : une lecture envoûtante

Cette visite guidée va être menée au travers de documents d'archives authentiques, à la fois étonnants et délicieusement anachroniques : les inventaires après décès.

Ainsi nommés, ces documents vous semblent tristes, austères et ennuyeux. Détrompez-vous : il n'est guère d'archives plus vivantes ! Guère d'archives nous propulsant aussi complètement dans le monde de nos ancêtres, et dont la lecture soit aussi envoûtante !

Déjà, des familles recomposées !

Les inventaires après décès ont été autrefois très courants, dans tous les milieux, tout particulièrement aux XVIIe et XVIIIe siècles.

Cette fréquence variait cependant selon les lieux, en ce qu'ils étaient dictés par les coutumes régionales, en un temps où la France était une vaste et complexe mosaïque, les lois variant selon les provinces, un peu comme aujourd'hui aux États-Unis.

Ces coutumes reflétaient les mentalités profondes, souvent opposées d'un bout à l'autre de l'Hexagone, car si le Sud était resté pétri de culture romaine, le Nord et l'Est étaient davantage imprégnés des mentalités franques.

Il en résultait des systèmes très divers, notamment au plan familial, avec des zones où la famille était une institution « autoritaire », dirigée par un *pater familias* tout-puissant, pouvant notamment choisir son héritier et déshériter ses autres enfants, et d'autres où elle était au contraire « égalitaire ». C'était bien sûr dans ces dernières régions que l'inventaire était le plus usuel, pour être au contraire totalement inconnu ailleurs, par exemple dans les Pyrénées.

Le but essentiel de ce document était de protéger les droits de certains individus. Le plus fréquemment ceux des mineurs et des orphelins.

On sait que nos ancêtres vivaient rarement vieux. La mort fauchait chaque jour des hommes en pleine force de l'âge, victimes d'une maladie, d'une épidémie ou encore d'un accident. Régulièrement, aussi, des femmes mouraient en couches. Un veuf, ou une veuve, chargé d'enfants, avait du mal à s'en sortir et se voyait presque obligé de convoler.

Mais ces remariages, pratiquement automatiques, présentaient l'inconvénient de mélanger les patrimoines. Ainsi celui de l'épouse, veuve et mère d'un enfant, avec celui de son nouveau mari, dans la maison duquel elle venait vivre, et qui était souvent lui aussi veuf et père de famille. Cette nouvelle union ayant toutes les chances de voir naître des enfants, il était impérieux de distinguer les droits des différents lits. Les familles recomposées ne datent pas d'aujourd'hui !

La majorité des inventaires était donc dressée à la demande du conjoint survivant, au cours des jours suivant le décès, ou à celle du tuteur des enfants, au moment de sa nomination. Mais beaucoup l'étaient également plus tard, au moment du remariage du parent survivant, afin d'en gérer justement les conséquences. Il arrivait enfin qu'ils soient exigés par l'un des enfants, souvent un fils majeur, désireux de récupérer sa part d'héritage pour s'établir.

Le scénario connaissait peu de variantes. On allait quérir un juge ou plus souvent un notaire, qui commençait généralement par demander au crieur public de « crier » le projet et la date de l'inventaire, au sortir de la grand-messe du dimanche, afin que les éventuels créanciers du défunt puissent se faire connaître.

Notre homme allait opérer sur place, dans la maison du veuf ou de la veuve, où il agissait parfois en deux temps. Il y venait une première fois, avec son bâton de cire rouge et son cachet, pour y apposer des scellés, ne serait-ce que sur les portes de certaines pièces, notamment, à la campagne, sur celles des greniers et des granges, où l'on stockait les grains, ou encore sur certains meubles, tels que des coffres et des armoires, où l'on cachait les bas de laine remplis de louis d'or.

Il y revenait ensuite un beau matin avec deux voisins, appelés en qualité de témoins, et chargeait généralement une tierce personne de lui présenter les objets constituant les « biens et effets » du défunt ou de la communauté dissoute, afin de les énumérer et de les « priser », autrement dit de les évaluer, en fixant le prix, comme le fait aujourd'hui notre commissaire *priseur*.

Il arrivait avec un rouleau de parchemin, ou plus communément des feuilles de papier *timbré*, papier sur lequel on avait apposé un sceau officiel pour lui donner force authentique, ouvrait son petit nécessaire de campagne – son « kit » du parfait greffier – et en sortait sa plume et son encrier. Ce cérémonial suffisait à impressionner l'assistance, en ajoutant à la force quasi magique de l'écriture, elle-même réservée alors à quelques initiés.

Ces gestes accomplis, notre greffier augmentait encore l'intensité dramatique de sa mission en demandant aux parties présentes – membres de la famille et témoins – de prêter serment de n'avoir rien distrait ni caché de la succession. Serment fait « les mains posées sur les Saints Évangiles », ce qu'il prenait soin de noter en préambule de l'acte qu'il rédigeait, acte original que l'on nommait une *minute*, pour être rédigé d'une écriture menue et « minutieuse », alors que sa copie, la *grosse*, l'était d'une écriture plus grossière.

Et la plume courait sur le papier. Selon les cas et les situations, et essentiellement selon les milieux – selon qu'il s'agissait de riches ou de pauvres, dans un château, un hôtel particulier, en

Un peu de technique : structure et recherche des inventaires

D'une région à l'autre, la structure des inventaires variait assez peu : des documents en moyenne de trois ou quatre pages et généralement composés de quatre parties :

◗ un préambule (exposant la situation familiale et nommant les intervenants et les témoins) ;

◗ l'inventaire des biens proprement dit, énumérant les objets et les évaluant, avec, dans l'ordre :
  – la pièce à feu, avec le foyer, la crémaillère et ce qui entoure le feu ;
  – les autres pièces du rez-de-chaussée, puis des étages ;
  – les dépendances (bâtiments d'exploitation, boutiques...), cour, jardin ;
  – les biens situés à l'extérieur (domaines...) ;
  – les déclarations : argent liquide, objets à l'extérieur, état des travaux faits sur les terres, dettes et créances ;

◗ l'inventaire des papiers de famille (contrats de mariage, baux, obligations, ventes...) ;

◗ une formule de clôture : « clos et affirmé » (par serment : les parties s'engageant à n'avoir rien omis ni caché, même s'ils l'ont souvent déjà promis, en début d'acte).

Pour les rechercher, on travaillera :

◗ **au XIXe siècle**, sur les archives de l'Enregistrement (série Q des Archives départementales), en identifiant le bureau de l'Enregistrement dont dépendait la commune où le défunt est décédé ou avait ses biens ;

◗ **sous l'Ancien Régime** :
  • pour ceux rédigés par les notaires :
  – entre 1790 et 1693 : en passant par les archives du Contrôle des actes (série C des Archives départementales) ;
  – avant 1693 : faute d'outils de repérages, on devra identifier les notaires instrumentant dans le secteur, pour travailler sur leurs éventuels répertoires ou dépouiller leurs liasses, feuille à feuille ;
  • pour ceux rédigés par d'autres personnes :
  – par les juges seigneuriaux (fréquent en Bretagne et dans l'Ouest) : passer par la série B des Archives départementales, en travaillant liasse par liasse ;
  – par des greffiers, dans certaines villes (Amiens, Dijon...) : en travaillant aux Archives municipales.

ville, ou dans une chaumière –, l'opération durait plus ou moins longtemps. Quelques heures chez un manœuvre ou un journalier, plusieurs jours chez un bourgeois ou un aristocrate, d'où des inventaires-éclairs, chez les uns, et des inventaires-fleuves chez les autres.

Si celui du laboureur Claude Philippon, décédé en 1692 à Montlet, en Haute-Loire, ne dépasse pas une page, celui de François de Brueys, lieutenant des maréchaux de France, décédé à Privas en 1777, qui en fait quatre-vingt-dix, avait mobilisé un notaire sept jours durant – il est vrai que, le document ayant été dressé au mois de décembre, les journées de travail étaient forcément plus courtes, puisque l'on se réglait essentiellement sur la lumière du jour.

Cet acte une fois commencé, rien n'aurait su arrêter son rédacteur.

Lentement, suivi des témoins et de la famille, celui-ci parcourait la maison, de pièce en pièce, d'étage en étage, du grenier à la cave, visitant la cour et le jardin, entrant dans les dépendances, les magasins, échoppes ou ateliers en ville, dans les granges, écuries, étables, bergeries, porcheries et poulaillers à la campagne, quitte à ce que la compagnie tout entière se transporte parfois ensuite, dans le cas de la succession d'un notable, dans les domaines et métairies des environs qui lui appartenait.

Héritage et vie quotidienne
L'heure d'été ne date pas d'hier !

Bien avant l'arrivée de l'électricité, on avait pensé à économiser les énergies utilisées pour se chauffer et s'éclairer. Le principe de l'heure d'été ne date pas d'hier, puisque le premier à l'avoir évoqué avait été Benjamin Franklin, en 1784.

Mais l'idée n'avait pas été suivie, et ce sera l'Allemagne qui l'instaurera, en pleine Première Guerre mondiale, en 1916. Elle sera rapidement imitée par la France, qui l'adoptera en 1917, pour l'abandonner en 1945 et la rétablir en 1976, en parade aux effets du choc pétrolier.

**Une *méchante chaise* :
déjà, le « développement durable » !**

Étonnants de détails, ces documents, qui permettent à l'amateur de généalogie de se muer en historien, vont nous offrir de véritables instantanés des intérieurs de nos ancêtres. Les descriptions qu'ils donnent sont si précises que certains généalogistes ont pu à leur lecture exécuter des dessins représentant le décor dans lequel vivaient leurs aïeux, certains allant même jusqu'à en reconstituer les maquettes…

Irremplaçables, ces documents nous offrent une immersion totale, non seulement dans la maison de nos ancêtres, mais dans leur univers tout entier.

Ils trahissent tout. Aussi bien leur niveau de fortune que les mentalités de leur temps, les coutumes et l'histoire de leur région que la vie quotidienne de leur famille, les rapports entre ses membres et sa place dans la société.

L'inventaire de votre ancêtre vous dira s'il était riche ou pauvre « dominé » ou « dominant ». Le fossé est bien sûr très profond, entre celui d'un châtelain aisé et celui d'un modeste journalier. Le premier offrira un véritable catalogue du luxe et des nouveautés, comme le fait celui dressé en 1809 après le décès d'une châtelaine, à La Fontaine-Saint-Martin, dans la Sarthe, où, huit jours durant, le notaire, de la cuisine à l'orangerie, en passant par la salle de billard, a prisé chocolat et carafes en cristal, bergères Louis XV, commodes en marqueterie et vases de fleurs, table de tric-trac et pianoforte, ainsi que plusieurs centaines de livres – dont une *Histoire romaine* et les trente-neuf volumes de l'*Anciclopédie* – sans oublier des centaines de bonnes bouteilles de vins de Bordeaux, de Bourgogne ou de mousseux d'Anjou. Le second, au contraire, n'offrira qu'un implacable constat de pauvreté, comme le fait, moins d'un an après, celui d'un intérieur paysan limousin, où les lits ne sont que de simples caisses de bois brut, bourrées de paille.

On mesure l'aisance par mille indices. Si les uns ont des *charlits* (des bois de lits), les autres couchent sur de misérables paillasses, à même le sol : le couchage d'un notable pouvait valoir quatre ou cinq fois celui d'un manœuvre.

Les descriptions des meubles sont souvent très significatives, avec leurs bois et leur façonnage. On fera ainsi la différence entre un *coffre de bois de chêne ferré et fermant à clé* – ferrure et serrure coûtaient cher – et la simple *caisse sapine, taillée à la serpe*.

De beaucoup de ces inventaires, en effet, ne transpirent que la pauvreté et la misère. Si le notaire de Gambais, dans l'ancienne Seine-et-Oise, ne prise qu'une chemise, dans l'inventaire des « biens et effets » du tisserand Simon Daneau, c'est que celui-ci ayant logiquement été inhumé dans celle qu'il portait sur lui à sa mort, il n'en possédait par conséquent que deux...

Allons chez François Gohier et Louise Leroy, un jeune couple de laboureurs du Maine-et-Loire, tous deux fauchés par la mort à quelques semaines d'intervalle et à la fleur de l'âge, en 1737, qui laissent un enfant encore au berceau et dont le patrimoine ne dépasse pas 106 livres – une misère, disons à tout le mieux entre 6 000 et 8 000 de nos euros ! Tout y est en mauvais état : *deux mauvaises poêles à griller, une petite marmite fêlée avec une mauvaise cuillère, un mauvais marchepied défoncé*. Il en va de même chez Claude Georjon, manouvrier au Chambon-Feugerolles, dans la Loire (1694), avec *une table de bois de pin, fort vieillie et vermoulue, un buffet aussi fort vieux et pourry*. De même chez les frères Germain, à Arleuf, dans la Nièvre, en 1674, avec *une méchante table de bois de chêne, un méchant banc et une méchante maie, plus trois méchants marchepieds*.

Partout, on trouve la même pauvreté, sinon l'indigence et le dénuement, avec les descriptions d'« effets » pitoyables – même si l'on avait sans doute tendance, comme on le fait aujourd'hui dans les successions, à minimiser la valeur à déclarer.

Inlassablement, les adjectifs qualificatifs répètent partout cette médiocrité, énumérant *un méchant* (mauvais) *buffet de vieux bois de chêne, rompu et pertusé, un banc effoncé* (défoncé), *un bois de lit rafistolé, un coffre vieulx et fort gasté, vingt chemises d'homme, dont la plus grande partie est très usée et rapiécée, un mauvais tour de lit, usé de vétusté...*

Nos ancêtres étaient pauvres, extrêmement pauvres. On se contentera de citer ces lignes, extraites d'un rapport rédigé à la fin du XVIIIe siècle par le médecin épidémiologiste, Louis Lepecq de la Clôture, rentrant d'une visite en Basse-Normandie, sidéré des conditions de vie qu'il avait pu y observer : « Près de mares stagnantes et de fumiers dégoulinants, les uns couchent dans des espèces de huttes couvertes de chaume, sans linge, sur de la paille rarement renouvelée, d'autres dans une salle commune, avec les animaux, où l'on note quelques lits clos... »

Mais qu'ils soient riches ou misérables, ces patrimoines n'en étaient pas moins décrits par le menu dans ces inventaires, qui s'attachaient à énumérer tous les biens les composant. J'écris bien « tous » : jamais ils ne faisaient grâce de la moindre *mauvaise cherre* (chaise) *toute cassée* ou d'une vieille paire de bas troués. Jamais le greffier n'omettait le moindre objet.

La société de nos ancêtres était diamétralement opposée à la nôtre. Si la nôtre est celle de la consommation, on peut dire que la leur était son exact contraire, chacun produisant généralement sur place, le plus souvent à la ferme, la presque totalité des produits dont il avait besoin : aliments, vêtements, mobiliers, outillages...

À l'inverse de ce que nous connaissons, le plus banal objet y avait donc une valeur. La *mauvaise cherre toute cassée* permettait de bricoler le manche d'un outil ou dans le pire des cas de faire du feu. La paire de bas *à demy usée* pouvait être raccommodée, pour être encore portée quelques bonnes années. Ajoutons à cela que le linge, que l'on verra appartenir à l'origine au trousseau de la mariée, avait généralement à ce titre été béni par le curé, ce qui donnait une autre bonne raison d'en prendre soin.

Plusieurs fois reprisé, le *vieil essuie-mains* pouvait terminer sa carrière comme chiffon ou être vendu à un récupérateur, qui le revendrait lui-même à un maître-papetier sachant la transformer en papier-chiffon. Et encore, s'il n'en voulait pas, on pourrait le réduire en *charpie*, destinée à faire des pansements, notamment en temps de guerre. On en avait ainsi fait fabriquer par les enfants des écoles, sous le Second Empire, au moment de la guerre de Crimée.

Chez nos aïeux, développement durable et recyclage étaient donc des réalités concrètes. Rien ne se jetait. Faute de papier d'aluminium, mon arrière-grand-mère conservait le « papier d'argent » des tablettes de chocolat, qu'elle lissait et entassait dans des boîtes de macaronis.

Voilà pourquoi on décrivait et prisait, ici *un seau en cuivre tout fracassé* et *une chemise déchirée*, là *trois paires de souliers, pratiquement hors d'usage* sans omettre non plus *deux sacs de noix sèches, trois bêches très usées et ne pouvant plus servir* ou même *un lot de chiffons ne méritant pas description*. Il en allait de même pour un *boisseau de cendres* – on verra que l'on s'en servait pour la lessive – ou pour le tas de fumier, dont la hauteur, sur les usoirs (trottoirs) lorrains révélait en fait l'aisance de la maisonnée. Ainsi *un tas de fumier, pouvant contenir douze voitures*, prisé 48 francs en 1822 dans l'Yonne, soit pour une valeur équivalente à celle de quatre jeunes cochons ; *devant la maison, un demi-mètre cube de fumier*, prisé pour 3 francs en 1880, dans les Vosges : aussi cher que les deux poules et le coq…

Une *quaftière de terre* : de vraies folies !

Compte tenu de la pauvreté ambiante, on devra sans cesse, en lisant ces inventaires, s'efforcer de replacer les choses dans leur contexte : apprécier la folie qu'avait dû être l'achat d'une *quaftière de terre* (cafetière de terre cuite), d'un *petit miroir dans son cadran* (cadre) *de bois*, ou encore, un peu plus tard, de sucre ou de *vermichel* (vermicelle). *Trois petites gravures encadrées* et *deux vases à fleurs en faïence* feront véritablement figures d'objets de luxe, en 1880, chez un boulanger vosgien de Raon-sur-Plaine, aux côtés, il est vrai, d'une glace et d'une descente de lit, sans parler des quelques bijoux, bagues en or ou chapelets en ivoire, assez couramment rencontrés sans évidemment être, loin s'en fallait, banals et généralisés... Autres folies encore que cette douzaine *d'assiettes en porcelinne* (porcelaine) *fine*, que ce baromètre – en 1740 – ou encore cette *caraffe en christal* ou ce *parapluie garni de baleines*. Prisée en 1738 pour 18 livres, une tabatière en argent représentait plus d'un mois de salaire pour un « smicard » de l'époque. Plus de six, pour une montre en argent doré avec une chaîne et une clé, estimée à 100 livres !

Ne vous attendez pas, en revanche, à trouver des bas remplis de pièces d'or. L'argent est en général totalement absent ou du moins en quantité insignifiante : *dans le gousset* (la poche) *de la culotte s'est trouvé 95 centimes en monnaie de billon* (petit alliage de cuivre et d'argent, 1808).

Dans ce monde de troc et d'autarcie, il ne circulait pratiquement pas et le paysan moyen n'avait guère de pièces de monnaie dans sa poche. Mais on peut aussi penser que lorsqu'il y en avait, l'argent liquide était dissimulé, afin de ne pas attirer l'attention du fisc et augmenter le total de la somme portée à l'inventaire, qui allait donner lieu à la perception d'une taxe. En 1837, le notaire inventoriant les biens d'un propriétaire aisé de la Drôme sera presque étonné de trouver au fond d'un tiroir une pièce de cinq francs, constituant apparemment tout l'argent liquide de la maisonnée.

Nul document ne renseigne mieux que les inventaires après décès sur la vie au quotidien. Ainsi celui de Marie Potier, épouse d'un manœuvre de Châteauneuf-Val-de-Bargis, dans la Nièvre, décédée en 1743, et qui fait état d'une petite liste de dettes :
– *à Jean Bornet, trois livres pour achat de deux chemises, puis 18 sols au tailleur qui a fait lesdites chemises* ;
– *à Guillaume Poirier, 30 sols pour façon d'huile* (fabrication d'huile, à partir des noix que la défunte avait dû fournir) ;

– *25 sols pour le dixième denier dû au roy* (le *dixième denier* était un impôt royal levé de façon exceptionnelle ; il s'agit sans doute de celui exigé en 1741, pour financer la guerre de Succession d'Autriche) ;
– *74 livres à la sage-femme* (Marie Potier, était décédée des suites d'un accouchement difficile) et d*ix livres onze sols* au chirurgien du lieu, *pour pensement et médicaments*;
– sans oublier *7 livres 7 sols au sieur curé de Châteauneuf*, pour ses frais de sépulture et *une livre et cinq sols au marguillier* – le sacristain, qui avait dû sonner le glas…
À Saint Privat-la-Montagne, en Meurthe-et-Moselle, c'étaient 12 livres qui restaient dues au curé, pour les « frais funéraux », de Martin Peltier et Françoise Dambly, sa femme, décédés en 1697 à quelques semaines d'intervalle, en laissant huit enfants mineurs. Cela mettait l'enterrement à 6 livres, soit à plus d'une semaine de salaire ; on notera qu'en un demi-siècle – de 1697 à 1743 – les tarifs auraient augmenté de 20 %…

Trois paires de pistolets: déjà des problèmes d'insécurité !

Les inventaires après décès trahiront mille autres choses encore, comme la fréquente sensation d'insécurité.

Beaucoup montraient nos ancêtres armés jusqu'aux dents et toujours prêts à défendre leurs biens. En 1710, dans la maison d'un forgeron de La Chapelle-sur-Oudon, en Anjou, on trouvait *un vieil fusil, un pistolet, une hallebarde et un sabre*. Ailleurs *une épée sans fourreau, un vieux sabre et trois paires de pistolets*…

D'autres évoquaient l'habitude de cacher les biens que l'on considérait comme les plus précieux, en les enfermant dans des coffres, que l'on déposait en lieu sûr en cas de danger. Lorsque l'on annonçait le passage de gens de guerre, troupes de soldats mercenaires vivant sur le terrain et n'hésitant pas à piller et à rançonner les populations civiles, nos ancêtres couraient ainsi les mettre à l'abri. À l'église, lieu sacré et ordinairement épargné par les brigands, qui redoutaient eux-mêmes la colère de

Dieu, mais lieu où l'on espérait aussi que le saint sacrement et les saints, représentés sous forme de statues, sauraient protéger ces richesses terrestres. Au monastère ou à l'hôpital, en ville, ou plus couramment encore au château, construction plus solide et donc moins vulnérable que la masure à toit de chaume, et lieu réputé le mieux gardé – on se souvenait des châteaux forts médiévaux, où la population pouvait se réfugier.

À la fin du XVIe siècle, une enquête de police, diligentée à la suite d'un vol, fournissait la liste et les contenus des coffres déposés par les habitants de Bulligny, au sud de Toul, dans le grenier du château de Tumejus. Dans celui de Jeanne, âgée de vingt-deux ans, se trouvaient des plats d'étain. Dans celui de Didière, trente-deux ans, des lettres, un cotillon de drap rouge, des nappes et un tablier de taffetas bleu. Celui d'Henri Guillemin, quarante ans, qui disait l'y avoir déposé *à l'occasion du passaige des gens de guerre es environs de Bulligny,* contenait des *linceux de courtine* (rideaux de lit), des serviettes et des nappes, ainsi qu'*autres linges et vaisselles.* Celui d'Yzabeau, âgée de cinquante-six ans – une vieille…! – *deux couvre-chefs* (chapeaux) et des *fusées* (fuseaux) *de fil de lin.*

Une poupée de chanvre: drôle de poupée…

Partout, le lin, le chanvre et la laine abondaient dans ces inventaires. La société de nos ancêtres étant surtout ancrée dans le secteur primaire, on ne saurait s'étonner de voir énumérés et décrits des outils de travail, tant chez l'artisan que chez le cultivateur. Avec aussi chez ce dernier les instruments aratoires et le train de culture, formant ce que l'on appelait le « cheptel mort », et bien sûr les animaux, qualifiés de « meubles vifs ».

Couramment, ces inventaires faisaient état de réserves de matières premières, notamment de stocks de plumes, estimés au poids, et très souvent d'impressionnantes quantités de matières à tisser. En 1751, deux coffres, ouverts chez André Durand, exploitant d'un moulin à papier à Sourdeval, dans la Manche, contenaient, le premier *30 livres de fil de lin blanchi* et le second un *petit paquet de fil de chanvre pesant environ 6 livres, d'autres paquets de gros fils pesant 10 livres, 40 livres de chanvre en poupées et 8 livres d'étoupes*, sachant que le notaire y signale aussi, à même le plancher, *55 livres d'autres fils tant blanchis qu'à blanchir et tant de lin que de chanvre* et que s*ur des lits de la cuisine se sont encore trouvés 20 livres de gros fil en cotton et six paquets de grosse filasse*, le tout estimé à une somme assez rondelette (environ 150 livres, soit alors l'équivalent de cinq vaches). Chez Michel Delanoë, à Chazé-Henry (Maine-et-Loire), on trouvait de même *43 livres de fil fin et 57 livres de poupées*, sachant que l'on nommait une *poupée de chanvre* ou « poupée d'œuvre » un ensemble de fils déjà rouis et peignés, noués entre eux et prêts à être filés.

Un rideau couleur de suie : la couleur, signe extérieur de richesse

Les inventaires trahissent encore les couleurs, que l'on remarque cruellement absentes des intérieurs modestes : une situation très logique, du fait que la teinture était très chère.

Avant que ne se développe, à la fin du XIXe siècle, à la suite des apparitions de Lourdes, le culte de l'Immaculée Conception, les robes de mariées n'étaient jamais blanches, pour être en principe de couleur vive. Mais comme le rouge garance, le bleu indigo ou le jaune safran restaient pour les modestes à des prix inabordables, la plupart se contentaient d'une robe noire, qui était la teinte la moins chère !

Partout, les couleurs étaient très rares, pour n'offrir aux regards que des tonalités très ternes. Rideaux et couvertures de lits, dont nos juges et notaires précisaient le tissu et le coloris, étaient le plus souvent dits *couleur feuille morte, couleur de suye ou couleur de fumée*... Autre signe extérieur de richesse, ce n'était que chez les seuls notables que l'on allait trouver des rubans *couleur citron*, une *camisole rouge cramoisi* ou une *chemisette de serge orange*...

Un travouil avec ses fusées : quel charabia !

Enfin, les inventaires nous racontent l'histoire des mobiliers et du confort, l'évolution des modes, montrant quand et comment on est passé du coffre médiéval à la belle armoire Louis XV. Quand se sont démocratisées l'horloge ou la commode ou encore quand la baignoire a remplacé le *teub*, quand se sont diffusés les parapluies et les ombrelles – on n'en trouve guère avant 1830 – autant de détails révélateurs, éclairant aussi bien l'histoire de l'hygiène que celle de l'alimentation ou de la vie en famille.

Véritable scanner des maisons de nos ancêtres, ils vont presque à eux seuls nous permettre une plongée dans le temps. Il ne reste pour cela qu'à les retrouver, au milieu des liasses poussiéreuses d'archives, où ils attendent depuis plusieurs siècles que les historiens viennent les exhumer. Mais encore faudra-t-il pouvoir les lire – l'écriture des notaires et des greffiers de l'époque d'Henri IV ou de Louis XIII était bien différente de la nôtre.

Savoir les lire et plus encore pouvoir les comprendre, car ces précieux documents – et ce sera là un de leurs charmes supplémentaires – seront non seulement écrits dans la langue de leur temps et dans le dialecte et le patois de leur région, mais useront de termes oubliés depuis des siècles, pour désigner des objets ayant parfois totalement disparu de notre monde. Si nos taies d'oreillers étaient nommées ici de façon encore claire des *tayes d'orilieux*, elles seront appelées ailleurs des *souilles* alors que nos seaux étaient nommés des *seilles*. Dans le Jura, une *cavalière* désignait un corsage sans manches. En Lorraine un *plumon* était un édredon, comme le terme *galetas* était couramment utilisé pour désigner un peu partout notre grenier.

Selon les régions, un même mot pouvait avoir des sens différents, ainsi celui de *garde-robe*, désignant ici et au féminin, comme c'est le cas de nos jours, une armoire à usage de penderie, et ailleurs et au masculin, un tablier, qui effectivement *gardait* (protégeait) la robe.

Bien des objets étaient volontiers précisés selon leur emploi :

Autres temps, autres langages : le savoureux charabia des archives

Parmi les expressions les plus pittoresques, en voici quelques-unes, dont je vous propose de deviner le sens, avant d'en regarder les traductions et explications, présentées page suivante.

- *une mée à patte* (Côtes-d'Armor, 1646)
- *un juste de droguet et un autre de moucheton* (Haute-Vienne, 1789)
- *un corps de poulangy* (Nièvre, 1743)
- *un lodier fourré de fillasse* (Maine-et-Loire, 1766)
- *un charnier de fouteau* (Côtes-d'Armor, 1651)
- *l'heure de cinq sonnées de la relevée* (Ain, 1801)
- *une chaudière d'airin et un tripier* (Loire-Atlantique, 1766)
- *un travouil avec ses fusées* (Vendée, 1732)
- *un traversier ensouillé de coutty* (Mayenne, 1672)
- *deux chartées de manier* (Indre-et-Loire, 1731)
- *un charlit de noyer à quenouilles, avec un ciel bleu passementé* (Orne, 1708)
- *une custode servant de bonne grasse* (Yvelines, 1718)
- *une vieille montée, composée de dix marches* (Périgord, 1700)
- *une presse à deux huisseaux* (Bretagne, 1660)
- *deux petites casses et un bassin d'airin* (Saône-et-Loire, 1695)
- *une catalogne blanche* (Ardèche, 1727)
- *une vieil huge de chesne, sans cléf ni clavure* (Haute-Saône, 1690)
- *un frusquin de Grenade* (Val de Loire, 1738)
- *une civière roulière* (Marne, 1760)

on parlait d'un *petit cuvier à faire la lessive*, d'une *faux à faucher*, d'un *pétrin à pétrir* ou même d'une *scie propre à scier le bois*. On distinguait une *pelle braisière* (pelle à feu, destinée à récupérer les cendres) d'une *pelle à bêcher* (une bêche) ou encore un *mouchoir de nez* d'un *mouchoir de col* (un foulard). On parlait, en Haute-Savoie, d'une *casse à frire* (une poêle à frire) et d'une *casse à eau* (un pot), pour priser ailleurs une *marmite à feu* ou une *table coulante*, propre quant à elle à l'ancienne Bretagne.

Ces inventaires se trouvent ainsi émaillés de curieuses expressions, qui nous seront totalement hermétiques et qui exigeront traductions et explications, comme cette description, datant de 1714, d'un lit, constitué d'une *couette de balle, avec deux linceuls toile de femelle et une couverte d'étoupe*, pour décrire une couette remplie de balles (probablement d'avoine ou de maïs), avec deux draps de toile de chanvre « femelle » (le chanvre mâle, qui ne fleurissait pas, était cueilli en été, alors que le chanvre femelle ne l'était qu'en automne, après avoir fleuri, sachant que ces fleurs sont aujourd'hui fumées sous leur nom savant de *cannabis*). Quant à l'étoupe, il s'agissait du rebut du chanvre après sa filature.

On n'en finirait pas d'énumérer des exemples de ces formules et expressions désuètes et curieuses, qui pourraient parfaitement faire l'objet d'insolites devinettes.

Envoûtants, magiques, les inventaires après décès nous subjugueront, autant en nous immergeant dans le monde de nos aïeux qu'en énumérant d'interminables et étonnantes listes d'objets, où chacun des articles était traditionnellement et inévitablement précédé du vieux mot latin item, signifiant « de même », « et encore », et dont la perpétuelle répétition, au fil des pages, suffit à les doter d'une curieuse musicalité, d'une sorte d'étrange et lancinante mélopée.

Alors, un de ces inventaires en main, entrons chez nos ancêtres.

Autres temps, autres langages : le savoureux charabia des archives

- *une mée à patte* : l'orthographe s'en mêle = une maie à pétrir la pâte, afin de préparer le pain, que l'on faisait cuire chez soi
- *un juste de droguet et un autre de moucheton* = un justaucorps (corsage) de drap commun et un autre de tissu bigarré
- *un corps de poulangy* = un corsage de poulangis, nom d'un étoffe de bas prix, mêlant le chanvre et la laine
- *un lodier fourré de fillasse* = un édredon fourré de chanvre non filé
- *un charnier de fouteau* = un saloir, fait en bois de fouteau (dans bien des régions, le fou était la désignation commune du hêtre)
- *l'heure de cinq sonnées de la relevée* : cinq heures de l'après-midi ayant sonné (les heures de l'après-midi étaient dites « heures de relevée »)
- *une chaudière d'airin et un tripier* = un chaudron de bronze (ou de cuivre jaune) et un trépied
- *un travouil avec ses fusées* = un métier à tisser avec ses fuseaux
- *un traversier ensouillé de couty* = un traversin (dit aussi parfois chevet ou traverslit) dans une housse de coutil
- *deux chartées de manier* = deux charrettes de fumier
- *un charlit de noyer à quenouilles, avec un ciel bleu passementé* = un bois de lit à colonnes, en noyer, avec un ciel de lit bleu, décoré de passementerie
- *une custode et une nappe servant de bonne grasse* = un rideau et une nappe servant de rideau au chevet du lit (derrière les oreillers)
- *une vieille montée, composée de dix marches* = une échelle à dix barreaux
- *une presse à deux huisseaux* = un bahut à deux serrures
- *deux petites casses et un bassin d'airin* = deux petites casseroles et une bassine de cuivre rouge
- *une catalogne blanche* = une couverture blanche, faite à la mode des articles tissés en Catalogne, avec chaîne en coton et trame faite de guenilles
- *une vieil huge de chesne, sans cléf ni clavure* = une vieille huche (coffre) de chêne, sans clé ni serrure
- *un frusquin de Grenade* = un habit écarlate
- *une civière roulière* = une brouette

De la livre à l'euro : combien ça fait ?

Sous l'Ancien Régime, la valeur des biens était exprimée en livres, sachant que 1 livre valait 20 sous ou sols et que 1 sol valait lui-même 12 deniers.

Comment les comprendre et savoir « combien ça fait » aujourd'hui ?

Essayer de convertir est impossible et aberrant, tant les circuits économiques de l'époque étaient différents des nôtres et la circulation monétaire, limitée.

On pourrait penser au prix du pain. Mais le pain étant la base de l'alimentation, avec 2 ou 3 livres de pain par jour et par personne au XVIIIe siècle, la formule n'aurait aucun sens.

En fait, le meilleur repère semble être le salaire journalier d'un ouvrier non qualifié, que l'on pourrait rapporter à notre smic, bien que les besoins vitaux de nos ancêtres aient été fondamentalement différents des nôtres. Par ailleurs, les salaires ont eux-mêmes varié, non seulement selon les époques, mais aussi selon le type de travail (selon que celui-ci était plus ou moins dur ou exigeait une qualification), la saison (les journées d'hiver étaient plus courtes et donc moins payées que celles d'été), le sexe (l'homme, plus fort, était généralement mieux rémunéré) et enfin selon les conditions (l'ouvrier agricole était presque toujours nourri et parfois logé).

Disons qu'entre 1700 et 1730 un ouvrier non qualifié pouvait gagner 13 à 15 sols par jour, non nourri, soit 3 livres en quatre jours. Ajoutons à cela quelques valeurs de référence, à la même époque, qui nous donneront des chiffres assez parlants :

Biens	valeurs en salaires de base
Meubles :	
Armoire : entre 30 et 50 livres (selon sa taille et ses ferrures et serrures)	1 à 2 mois
Lit : bois + couchage : entre 30 et 60 livres (selon le confort)	2 à 3 mois
Coffre : 6 à 9 livres (pour un grand coffre de chêne avec clé et ferrure)	1 à 2 semaines
Bétail :	
bœuf : 100 à 130 livres	5 à 10 mois
jument : 25 à 30 livres	< 2 mois
vache : 18 à 22 livres (vaut aujourd'hui 1000 €)	> 1 mois
cochon : 10 à 15 livres (vaut aujourd'hui 250 €)	2 semaines
mouton : 3 ou 4 livres (vaut aujourd'hui 120 €)	4 ou 5 jours
Linges :	
drap de toile : 1 ou 2 livres	2 ou 3 jours
plume d'oie (la livre) : 15 sols 1 journée, d'où > 1 mois pour l'achat d'un couchage	
essuie-mains : 2 sols	2 heures
Vaisselle :	
marmite : 3 à 5 livres (selon taille et métal),	> une semaine
poêle à frire : 2 livres	3 jours
tasse en argent : 10 livres	2 semaines

Toc toc toc ! Frappons à l'huis ! La maison de nos ancêtres

Débarquer chez nos ancêtres vivant sous Louis-Philippe ou Napoléon III – voilà seulement un siècle et demi – garantit sans nul doute plus de surprises et d'émotions que le plus original des *trekkings* chez les Dogons ou chez les Esquimaux.

Qu'elle ait été une chaumière ou un château, la maison de nos ancêtres risque en effet de nous étonner.

Chaumière ou château ?

Soyons lucides, la plupart de nos aïeux habitaient plutôt des chaumières, du moins des maisons modestes, effectivement souvent couvertes de chaume.

Le chaume présentait de nombreux avantages. Fabriqué à partir de simples roseaux ou de pailles de blé ou de seigle, rigoureusement sélectionnées en fonction de leur longueur et débarrassées de leurs grains, qui attiraient les rongeurs, il se révélait à la fois peu onéreux et très résistant. Une bonne couverture, réalisée et posée par un spécialiste et selon des savoir-faire séculaires, pouvait tenir plus de cinquante ans. Elle résistait non seulement aux eaux de pluie, qui s'écoulaient sans difficulté sur ses pentes, mais aussi au gel, à la grêle et à la tempête, et masquait en outre l'affaissement des charpentes, en épousant leurs courbes. Son épaisseur

Du castel au faubourg, en passant par la banlieue

On a d'abord parlé de *castel*, avant que le « s » ne soit remplacé par un accent circonflexe et que la finale « -el » ne se modernise en « -eau », comme pour *bel* ou *oisel* qui ont donné *beau* et *oiseau*.

Le mot vient du latin *castrum*, désignant un poste fortifié, alors que les Francs avaient le mot *burg*, qui a donné notre « bourg », nommé ainsi pour s'être souvent développé dans l'enceinte du château fort, alors que les maisons construites fors bourg, c'est-à-dire « hors du *burg* », ont donné nos *faubourgs*. *Faubourgs* alors sans rapport avec la *banlieue*, qui désignait le territoire sur lequel une ville exerçait son *droit de ban*, autrement dit son pouvoir de police, et qui était généralement un cercle d'une lieue de rayon, correspondant à la distance qu'un âne chargé pouvait effectuer aller-retour en une journée (ce qui permettait notamment au paysan d'emmener son grain à moudre au moulin).

Burg ou *castel* ayant toujours été par principe défensifs, tout y était conçu pour éviter l'intrusion des ennemis : les escaliers en colimaçon les obligeaient à s'introduire en file indienne – et en armure.

Les linteaux des portes étaient volontairement très bas, et cela non pas parce que l'homme était plus petit qu'aujourd'hui – le roi Charles VIII en fera les frais en 1427, en se cognant mortellement le front contre un linteau de pierre du château d'Amboise… ■

---

lui valait également d'être un parfait isolant, gardant la maison au frais l'été et au chaud l'hiver.

Mais – et c'était là son grand défaut – le chaume étant particulièrement combustible, les incendies étaient nombreux et presque toujours catastrophiques.

D'abord parce qu'il n'y avait pas d'eau courante et que les pompiers n'existaient pas. Ils n'apparaîtront qu'au début du XIXe siècle, instaurés par Napoléon à la suite de l'incendie qui avait ravagé l'ambassade d'Autriche, lors d'un bal donné à l'occasion de son remariage avec Marie-Louise. Quant aux camions de pompiers, camions longtemps tirés par des chevaux, avec la citerne et la pompe, il faudra attendre le Second Empire pour les voir intervenir, et ce exclusivement dans les grandes villes.

Faute d'eau courante et de pompiers, il était difficile, pour peu que le vent s'en mêle, d'empêcher que le feu ne se propage aux bâtiments voisins et finalement à tout le village. Dans le seul département de l'Ain, on recense pas moins de treize cas de ce genre, cités par les curés dans les archives paroissiales antérieures à la Révolution, un des plus spectaculaires ayant ravagé, en septembre 1670, une partie de la ville de Châtillon-sur-Chalaronne : « Par l'imprudence d'une servante, le feu se prit dans la ville, où il a bruslé cent deux maisons. » Et certains prêtres d'ajouter parfois des détails, soulignant notamment la pénurie de moyens, comme celui de Curciat-Dongalon, notant en 1731, que « faute d'eaux, l'on n'a pu assoupir ledit feu qu'à force de jetter du vin » (!), alors que son confrère d'Hauteville, en 1719, note que « le feu cessa aussytost que le saint sacrement fut exposé ».

Leurs maisons réduites en cendres, nos aïeux ne touchaient évidemment pas d'assurance. Un tel sinistre les ruinait, faisant d'un paysan ou d'un artisan à peu près indépendant un *manouvrier*, travaillant de ses mains – il ne lui restait plus que cela – et payé à la journée. Ils n'avaient alors souvent d'autre ressource que d'aller par les chemins, comme *quêteurs de brûlé* pour, des années durant, si ce n'était le reste de leur vie, demander l'aumône de village en village, munis d'un certificat en bonne et due forme de leur curé, attestant de leurs malheurs, afin de ne pas être amalgamés à la cohorte des vagabonds, de ces gens *sans feu ni lieu* ou *sans foi ni loi*, dont on se méfiait tant.

Mieux valait sans doute habiter un château, mieux construit et plus résistant.

Mais, en fait, qu'elle ait été château ou chaumière, la maison de nos ancêtres, où vivait à l'origine la *maisnie* réunie autour du foyer, devait d'abord être regardée comme profondément symbolique.

Souvent construite en groupe – l'entraide entre parents et voisins n'était pas un vain mot –, cette maison était le lieu où l'on demeurait, avec une très forte notion de permanence. De ce fait, elle représentait le bien le plus important du patrimoine, se transmettant de préférence aux fils et d'abord au fils aîné. On disait en Corse que « la part du fils est derrière la porte », alors que celle de la fille, qui lui était remise au moment de son mariage, était le plus souvent constituée de têtes de bétail ou de mesures de grains.

À quoi ressemblait cette maison ?

Son toit était comme on l'a dit majoritairement de chaume chez les plus modestes, les autres pouvant s'offrir, selon les régions et les bourses, des couvertures de pierres plates, d'ardoises ou de tuiles – tuiles de terre cuite mais aussi parfois de bois. Ce toit pouvait être surmonté, chez les riches, de divers éléments, épis de faîtage ou girouettes, sachant que ces dernières étaient longtemps restées réservées aux nobles, pour être considérées comme des signes d'autorité et de pouvoir.

Héritage et symbolisme
La force de la maison

Surgie de la terre, qui la porte, la maison était comme une matrice originelle, un symbole de l'être intérieur et de la mère. Comme un cordon ombilical, elle rattachait l'homme à ses origines et à sa famille, qu'elle évoquait dans sa permanence, en étant le lieu où il revenait toujours. Symbole de sécurité de l'âme et du corps, auquel elle procurait un confort – même si ce confort n'a longtemps été que minimum et s'il a varié au fil des temps – la maison était et reste l'image du refuge face à l'inconnu, à l'étranger et à l'hostile.

Déguerpir ou être abonné : le grand choix de nos ancêtres

Permanence et durée étaient des éléments très forts pour nos ancêtres du Moyen Âge.

Juridiquement, l'homme n'était pas « franc », autrement dit pas libre, sauf à se voir affranchi par son seigneur. De « corvéable *à merci* » (= à la merci, c'est-à-dire à la volonté de celui-ci), il pouvait alors – c'était le premier pas vers la liberté – devenir « corvéable *a bone* » : de façon limitée et maîtrisée, non plus variable mais régulière, comme le veut le principe de notre « abonnement ».

N'étant pas libres, nos ancêtres avaient le statut de « serfs », ce qui leur interdisait notamment de « déguerpir », mot signifiant abandonner et évoquant ici l'abandon de la terre, que le serf devait cultiver pour son seigneur. Déguerpir était un crime, puni selon l'impitoyable logique de l'époque, par l'amputation d'un pied – puisque c'était par le pied que l'homme avait transgressé la loi !

Le mot *manant* se voyait à l'origine dépourvu de toute nuance péjorative, pour être issu du verbe latin *manere* signifiant rester, demeurer. C'est lui qui a donné notre *manoir*, notre *masure* et notre *maison*, lieu où vivait la *maisnie*, autrement dit la famille, avec ici l'évolution du mot *maison* devenu dans la noblesse synonyme de famille, pour faire parler de la « Maison de Bourbon ».

Voici également l'origine de notre *ménage* et avec lui de *ménager* (gérer la *maison*), d'*aménager* et bien sûr de *déménager*, qui signifiait initialement « cesser de demeurer ».

Ajoutons que *résider* et *résidence* viennent d'*asseoir* – et une position assise est là encore une position stable, qui demeure – et que *domicile* vient de *domus*, désignant en latin la maison.

Le *logement* est quant à lui issu de la *loge*, désignant initialement un abri (d'après le terme franc *laube*, signifiant tonnelle), sachant que l'on nommait ainsi les abris aménagés sur les chantiers des grandes cathédrales. C'était là que les tailleurs de pierres et les maçons travaillaient et échangeaient les secrets de leur métier : telle est l'origine des loges maçonniques.

Ses murs, généralement très épais – jusqu'à 60 centimètres –, étaient faits de pierres, qui restaient souvent apparentes, lorsqu'ils n'étaient pas en pisé ou en torchis, étayés au Moyen Âge de *colonnages* de bois – devenus nos *colombages*. En Normandie ou en Beauce, ils ont longtemps été faits de bauge, mélange de terre argileuse, de paille ou de foin et de bouse de vache, le tout arrosé d'eau puis foulé aux pieds ou pétri à la pelle ou à la main.

Les crépis étaient rares, si ce n'est, surtout dans le Midi, des revêtements à la chaux, comme on en avait utilisé au Moyen Âge pour les murs des églises, nommées de ce fait « blancs manteaux » et dont continue à témoigner le nom de l'église parisienne *Notre-Dame-des-Blancs-Manteaux*. On prenait toutefois soin de protéger les pignons les plus exposés aux pluies, en les recouvrant de tuiles de châtaignier ou d'ardoises.

Ses fenêtres étaient étroites et peu nombreuses, avec des *croisées* de bois, qui ne s'ouvraient pas toujours et étaient rarement pourvues de vitres. Elles n'étaient parfois que des ouvertures béantes, fermées par un *contrevent*, un lourd volet de bois plein, avant que n'apparaissent ceux à la mode persane, appelés des « persiennes », dont les lattes inclinées arrêteront les rayons du soleil tout en laissant circuler l'air. Le verre à vitre a longtemps été rare – parce que très cher ! Ce n'est qu'au début du XIVe siècle que Philippe Cacqueray, gentilhomme verrier, fondera la première verrerie à vitre à Bézu-la-Forêt, au cœur de la forêt de Lyons,

---

🍇 Héritage et vie quotidienne
Nos expressions liées à la maison

La maison du bon Dieu : évoque le bon accueil, en héritage du vieux principe chrétien d'hospitalité.

Gros comme une maison : évident.

Maison close : maison de passe, dite aussi de tolérance, d'abattage.

La maison de M. Boyau (maison couverte d'ardoises devant et de chaume derrière) : évoquait l'hypocrisie ou la prétention.

dans le Vexin normand. Nos ancêtres paysans se protégeaient du vent et des intempéries par des moyens rudimentaires : des toiles cirées, des peaux d'animaux et, plus couramment, jusqu'au XVIIIe siècle, des papiers huilés, protégés par des grillages.

La multiplication des protections
Nous voici à la porte de nos ancêtres. Une lourde porte faite d'épaisses planches bien isolantes, constellées de clous en fer forgé.

Une porte, avec en bas son seuil – ou plutôt son *pas*, par lequel on *passe* – et en haut son linteau, grosse pièce de bois ou épaisse pierre plate. Un linteau qui attirait souvent le regard par quelque marque ou inscription votive ou symbolique.

La maison étant un élément essentiel du patrimoine, son constructeur et ses propriétaires successifs tenaient à s'affirmer comme tels. Comme celui d'une villa peut aujourd'hui sceller une plaque la nommant « doux foyer » ou « mon rêve », celui des siècles passés pouvait graver ou faire graver son nom ou ses initiales au-dessus de la porte, cela généralement bien maladroitement et sans outil approprié. Il les inscrivait souvent aux côtés des quatre chiffres de l'année de construction, ou accompagnés d'un dessin plus ou moins symbolique : cœur, pain, couronne torsadée, marguerite, fleur de chardon ou de trèfle stylisée, croix ou ostensoir... Un soleil aussi, parfois, destiné à la fois à inviter l'astre du jour à pénétrer dans la maison et à le remercier de lui dispenser ses rayons.

Certains, plus inspirés, y faisaient porter des textes plus longs. Plus précis, comme Jean Pigeon et Gilette Baudouin, sa fame, ont fait bastrir ce logis – 1598 (à La Boussac, Ille-et-Vilaine), ou plus symboliques, souhaitant la bienvenue en invoquant la bénédiction divine. Dans de nombreuses régions, ce genre d'inscription était monnaie courante, comme en Bretagne, au Pays basque, en Franche-Comté et en Lorraine. Elle semblait même systématique dans certaines communes des Vosges, comme à Ban-de-

Laveline, près de Saint-Dié, où l'on peut ainsi relever « Que Dieu bénisse tous ceux qui entrent dans cette maison », ou cette autre formule plus philosophique, « La vie se passe, la mort s'avance, faites bien, laissez dires ». Le temps passé m'a trompé, le présent me tourmente et l'avenir mespouvante, peut-on également lire, daté de 1707, à Cambo, dans les Pyrénées-Atlantiques…

Lorsqu'elles n'étaient pas gravées au-dessus de la porte, ces inscriptions pouvaient l'être sur la pierre de fondation. Taillée, ornée et bien mise en valeur à la base du mur de façade, celle-ci témoignait notamment de la fréquente habitude voulant que la maison soit « inaugurée » par le plus jeune de ses habitants. Ainsi, sur un mur lorrain : J'ai été posée par Julie Simonin, âgée de douze ans, le 1er août 1849.

Beaucoup d'habitations étaient par ailleurs agrémentées de divers éléments architecturaux, plus ou moins élaborés, tels que des niches, creusées en pleine façade et destinées à abriter une statue de la Vierge ou d'un saint. Autant de signes permettant de mesurer la piété de nos ancêtres, tous véritablement pétris de religion, mais renvoyant aussi aux anciens rites de protection, destinés à prévenir la maison et ses habitants contre les agressions extérieures.

D'abord des agressions humaines. Plus que tout autre fléau, on redoutait, sous l'Ancien Régime, le passage des gens de guerre, pillant les villages qu'ils traversaient. Des agressions naturelles et météorologiques, comme les tempêtes, les orages et la foudre. Des agressions surnaturelles enfin, sachant que l'on craignait constamment les méfaits des sorcières et des sorciers omniprésents, dans un monde où l'on était toujours prêt à expliquer l'inexplicable par une intervention de Satan ou d'un de ses lieutenants. On se défiait de l'étranger, homme ou femme de passage, dont la langue n'était pas comprise, dont le costume était différent, individu sans feu ni lieu – on verra bientôt le sens profond de cette expression –, toujours inquiétant et soupçonné de mauvaises intentions. Qu'un soir le lait de la vache tarisse et l'on pensait au vagabond aperçu le matin…

Contre tout cela, on multipliait les protections. Non seulement avec des statues de saints, mais par bien d'autres éléments. Par le dessin d'un symbolique « arbre de vie », destiné à détourner la mort. Par celui d'une croix plus ou moins ornée, ou bien par un oculus, placé au-dessus de la porte pour apporter un rai de lumière, et que l'on barrait symboliquement d'une clavette doublement chevillée et justement nommée « nœud de sorcières »... Les techniques variaient d'une région à l'autre. Sculptés dans la pierre en Lorraine, représentés sur les pignons avec les poutres de bois des colombages en Alsace, ces symboles étaient, dans les Flandres, dessinés avec des briques de couleurs différentes, les maçons répétant là de siècle en siècle les signes d'un vieil alphabet, hérité des anciens peuples de l'Europe du Nord et que l'on appelait les runes. Des décors auxquels étaient associées des vertus surnaturelles, que l'on entendait communiquer ainsi aux personnes et aux choses.

À cela nos ancêtres n'hésitaient pas à rajouter d'autres objets. Par les jours d'orage, pour écarter la foudre, ils posaient sur le rebord d'une fenêtre un pain, béni à la messe, le jour de la Saint-Roch, une chandelle bénie le jour de la Chandeleur ou encore un

---

HÉRITAGE ET SYMBOLISME
De Jules Verne au *Seigneur des anneaux*

Si notre alphabet latin est un très ancien héritage des Étrusques et des Phéniciens, les *runes*, héritées de l'ancienne mythologie de l'Europe du Nord, ont été souvent utilisées en littérature, de Jules Verne, dans son *Voyage au centre de la Terre* à Tolkien, dans *Le Seigneur des anneaux*.

Représentées sur les façades des maisons, les *runes* rejoignaient divers décors chargés de symbolisme, avec notamment :
– le losange, symbole à la fois de la féminité et de la maternité ;
– la croix de saint André (en forme d'X) : signe de multiplication, donc de fécondité ;
– le cœur (parfois percé), symbole d'amour profane ;
– la chaise curule (croisement de deux bras incurvés en S, et donnant un dessin proche de l'X) : symbole de dignité, utilisé sur les maisons des chefs.

œuf, pondu le jour de l'Ascension et de ce fait réputé magique. Un peu partout, aussi, on affectionnait les cornes de bouc, de chèvre ou mieux encore de bélier, parfait symbole de la puissance virile et qui, placées au-dessus de la porte, étaient censées éloigner le « mauvais œil », autrement dit le sorcier.

À tous les niveaux, tant à l'extérieur qu'à l'intérieur, comme on le verra, la maison de nos ancêtres était marquée de ces signes, secrets et protecteurs, comme elle était réputée habitée de présences invisibles.

Terminons par le seuil, où nous allons poser le pied. En Corse, il était souvent symboliquement arrosé du sang d'un coq, ou d'une chèvre, égorgé à cet endroit précis en guise d'offrande, selon une vieille tradition sans doute d'origine païenne. Ailleurs, le plus jeune des enfants – toujours lui – jetait quelques pièces de monnaie dans les fondations de la maison. Mais ce seuil était également volontiers jonché d'herbes aux pouvoirs reconnus, telles que l'armoise, réputée pour empêcher d'entrer les gens aux pouvoirs nuisibles. La sécurité était un souci constant et universel car, comme on le disait, « qui n'a sûreté n'a nul bien ».

De l'huis à la porte

Mais vous voici donc devant la porte. Une porte de planches pleines, souvent de bois de hêtre – ou de chêne chez les plus riches – et émaillée de gros clous forgés.

Vous allez y frapper. Soit avec un heurtoir, anneau souvent orné d'une figurine de bronze ou chez les plus modestes simple marteau *heurtant* la tête d'un gros clou.

À moins que cette porte ne soit équipée, comme dans le conte de Perrault, d'une chevillette et d'une bobinette. On se souvient tous de cette réponse de la mère-grand au loup, qui la refait ensuite au Petit Chaperon rouge : « Tire la chevillette et la bobinette cherra. » Répétée deux fois, la formule semble initiatique, en livrant à la petite fille le sésame permettant d'entrer dans la maison sécurisante de l'aïeule – et dans le lit du loup, diraient les psy... En fait, la formule doit surtout son air magique à ses termes vieillis et surannés, que plus personne ne comprend depuis longtemps, à commencer par les enfants ! Sa traduction est simple : tire la cheville de bois et la bobine cherra – futur du verbe *choir* –, et cette petite bobine, en tombant, débloquera la porte, que tu pourras pousser.

Mais employons justement la langue de nos ancêtres, et plutôt que de frapper à la porte de leur maison, frappons à l'huis !

Toc, toc, toc ! Quelqu'un répondra-t-il ?

Oui, toujours. Car voici une autre grande différence entre notre monde et celui d'autrefois : la maison de nos ancêtres n'était jamais vide. Si nous ne sommes jamais chez nous, ils étaient toujours chez eux.

Partir en visite sans prévenir est aujourd'hui aventureux. Sonner chez un ami, en passant, est presque toujours inutile. Il est à son travail, en voyage d'affaires, en vacances, a pris deux jours de RTT ou est tout simplement au cinéma, au restaurant, à son club de gym, chez son dentiste ou chez son psy.

Nos ancêtres, au contraire, étaient toujours chez eux. Même si les moyens de transport rendaient leurs déplacements beau-

---

HÉRITAGE ET SYMBOLISME
Pourquoi des portes étroites et basses ?

La porte symbolisait évidemment le passage entre deux états et deux mondes : le connu et l'inconnu ; la lumière et les ténèbres. Elle invitait au voyage, du monde terrestre au monde sacré. Ce n'est pas un hasard si le Christ qui, dans l'Évangile de saint Luc, dit : « Je suis la porte » – entendez par là la porte d'accès au royaume des Cieux –, était représenté sur les tympans des églises, et donc au-dessus des portes.

Celles des temples étaient volontiers étroites et traditionnellement basses, non tant par mesure de sécurité que pour obliger à se courber, et cela moins en signe d'humilité que pour marquer la difficulté du passage du monde profane au monde initié.

Les clés de l'huissier et de ses exploits

Au Moyen Âge, verrous, serrures et clés étaient fabriqués par les fèvres, autrement dit les forgerons, dont certains, spécialisés dans le travail de l'or, étaient nommés *orfèvres*.

Quant à la porte elle-même, elle n'était guère fabriquée par le *menuisier*, fabriquant de *menues œuvres*, comme des meubles, par opposition au *grossier*, fabriquant de grosses pièces et correspondant au *charpentier*.

Au Moyen Âge, la porte, qui était nommée l'*huis*, était en bonne logique fabriquée par un *huissier*, qui en réalisait tout au moins le cadre et l'équipait d'une serrure. Mais, rapidement, ce terme en était venu à désigner les portiers et les divers préposés aux portes, à qui l'on en confiait les clés. On a ainsi trouvé des *huissiers* dans les palais et les grands hôtels, chargés d'ouvrir les portes et donc d'annoncer et d'introduire les visiteurs.

Il en allait de même dans les palais de justice, où des huissiers s'étaient à l'origine tenus aux portes des salles d'audience. On trouve ici l'origine de notre « huis clos », signifiant « porte fermée », procédure réservée aux débats non publics – ceux risquant de provoquer des scandales. Ces *huissiers de justice* avaient été autrefois souvent nommés huissiers à la chaîne, en référence à la chaîne d'or qu'ils portaient au cou et à laquelle étaient évidemment suspendues les clés. Considérés comme des personnels inférieurs, ils avaient été peu à peu chargés des menues tâches, notamment de transmettre les convocations et les jugements, qu'ils devaient aussi faire appliquer. Ce ne sera que sous l'Empire que sera définie la profession de nos actuels huissiers, porteurs de leurs actes, traditionnellement rédigés sur du papier bleu, dont la couleur était, dit-on, considérée comme intimidante, pour donner un aspect officiel.

Dans le Morvan, le mot *huis* avait carrément désigné la « maison », prise tant au sens physique – le bâtiment – qu'au sens social – la famille qui l'habitait. De nombreux noms de hameaux l'intègrent donc, suivis du nom d'une famille, pour avoir désigné le domaine que celle-ci avait défriché. ∎

coup plus lourds, ils pouvaient sans risque décider d'aller à tout moment visiter une famille parente ou amie. Ils étaient sûrs de trouver quelqu'un, aussi bien à la ville qu'à la campagne, chez les riches comme chez les pauvres.

Dans chaque maison, on vivait nombreux: à plusieurs membres d'une même famille et, les maisons de retraite n'existant pas, à plusieurs générations, sans oublier les apprentis et les domestiques. Que ce soit le maître de maison en personne, son maître d'hôtel, sa bonne ou le valet de charrue, sa fille ou son beau-père, toujours, quelqu'un était là.

À la ferme, la femme ne sortait jamais. La distribution des espaces et la spécialisation des tâches faisait qu'il en allait ainsi: seuls les hommes avaient des contacts avec le monde extérieur, travaillant aux champs, allant aux foires et aux marchés, au moulin et à la forge. Les femmes, elles, restaient, pour assurer le ménage, les repas, l'éducation des jeunes enfants. Comme le disait l'adage: « Jamais femmes ni cochons ne doivent quitter la maison. » Ce principe était établi et accepté.

Les vieillards, qui ne sortaient plus, étaient enfin les gardiens tout désignés du foyer. Au figuré comme au propre, en ce qu'ils devaient veiller sur le feu, l'entretenir pour qu'il ne s'éteigne pas, surveiller la marmite où mijotait le fricot et donner éventuellement l'alerte, en cas d'incendie ou d'accident.

Y voyez-vous goutte ?
Fière chandelle et sainte ampoule

Poussons donc l'*huis*, et regardons. Ouvrons bien nos yeux. Si nous pouvions, grâce à quelque fabuleuse machine ou à quelque élixir magique directement sorti de l'antre du sorcier des *Visiteurs*, remonter les siècles pour débarquer chez nos ancêtres, nous serions sans doute d'abord et surtout étonnés de n'y voir goutte.

Chez nos ancêtres, en effet, on ne voyait pas grand-chose, et cela pour plusieurs raisons.

🐛 Héritage et vie quotidienne
Ne pas ou *ne point* ?

Pourquoi la langue française impose-t-elle la double négation, voulant que l'on dise « je **ne** comprends **pas** » et non « je comprends pas » ? Pourquoi cela, alors que la plupart des langues se contentent d'une seule (*not* en anglais, *kein* en allemand, *no* en espagnol…) ?

En fait, à l'origine, la simple négation « ne » suffisait amplement, mais on aimait à la renforcer, en insistant sur certains mots, avec des formulations comme *je ne bois goutte, je ne mange mie* (pour *miette*) ou encore *je ne couds point* ou *je ne marche pas*. Voilà comment *pas* et *point* se sont souvent trouvés associés à « ne », au point de l'emporter sur la plupart des autres mots, même si finalement l'on n'entend plus le sens originel pour dire « ça ne marche pas », lorsque l'on parle d'une montre ou d'une voiture…

Voilà aussi comment de *ne boire goutte* on était passer à *ne voir goutte*…

D'abord, parce que les ouvertures étaient, comme on l'a vu, rares, pour privilégier l'isolation à la lumière. Rares et laissant passer très peu de clarté. Seules les maisons urbaines et riches avaient eu des vitraux aux fenêtres à la fin du Moyen Âge et les premières vitres n'étaient arrivées chez les plus riches qu'à la fin du règne d'Henri IV. Dans les maisons rurales et les chaumières, les vitres en toile ou en papier huilé déjà décrites ne laissaient guère passer le jour.

Ensuite, parce que la pièce de vie était très souvent enfumée. Les cheminées de nos ancêtres, que l'on imagine aujourd'hui parfaitement conçues, tiraient au contraire souvent très mal. L'atmosphère y était par conséquent très grise et l'absence déjà dénoncée de couleurs y faisait régner les teintes foncées, atones, et une grisaille triste.

Enfin, l'on n'y voyait pas grand-chose, parce que les moyens d'éclairage étaient faibles et peu utilisés, parce que très coûteux.

Un chandelier de main : comment s'éclairait-on ?

La source d'éclairage la plus classique était la lampe à huile, qui présentait de lourds inconvénients, car elle réclamait une atten-

---

HÉRITAGE ET SYMBOLISME
Les flammes de la chandeleur

La flamme : produite par la réunion de la cire, de la mèche, du feu et de l'air, elle réunit tous les règnes de la nature (animal, végétal…). Dès lors, elle symbolise la vie ascendante et représente l'âme, qui aspire à cette vie. Allumées près d'un défunt, les bougies symbolisent la lumière de l'âme, considérée dans sa force ascensionnelle.

La chandeleur : elle était en fait la « fête des chandelles », liée au cycle solaire et de la nature.

Le chandelier : il symbolise la lumière spirituelle, la semence de vie et le salut. Il a une valeur à la fois religieuse et cosmique, avec à l'origine autant de branches (sept) que de planètes – avec le soleil – et de ciels, puisque les anciens associaient un ciel à chaque planète (d'où le fameux « septième ciel », qui était celui réservé aux dieux).

tion et des interventions constantes, obligeant à la remplir régulièrement, à nettoyer l'huile qui coulait, à couper et remonter sa mèche, souvent de chanvre ou de lin torsadé – parfois de roseaux – qui charbonnait… De plus, l'huile, même si elle était produite sur place, à partir des ressources locales, essentiellement navette et noix dans le Nord et olives dans le Midi, était d'autant plus chère qu'elle était lourdement taxée.

Au Moyen Âge, on avait donc préféré les torches et les chandelles.

Les torches, généralement faites de chanvre et entourées de résine, étaient surtout employées en extérieur, alors qu'à l'intérieur, on utilisait des joncs, trempés dans de la graisse, et que l'on faisait brûler dans des « brûle-joncs ».

Les chandelles étant un peu plus onéreuses, on s'efforçait de les économiser au maximum, en s'escrimant à réaliser nos fameuses « économies de bouts de chandelles ». Les plus chères, faites de corne, étaient fabriquées par les « peigniers tabletiers », qui avaient le quasi-monopole de leur production. Les autres étaient faites de suif, obtenu à partir de graisses de bœuf ou de mouton, et dont la corporation des bouchers avait longtemps eu le monopole, avant de devoir l'abandonner aux *chandeliers*, qui

---

HÉRITAGE ET VIE QUOTIDIENNE
Nos expressions liées à l'éclairage

Brûler la chandelle par les deux bouts: faire ripaille et dilapider son argent.

Devoir une fière chandelle: fière = forte; belle: se rapporte à la chandelle que l'on allumait devant la statue d'un saint, à titre d'actions de grâce, pour le remercier d'avoir exaucé une prière ou un vœu, sachant que sa taille était proportionnée à l'importance de celui-ci.

Des économies de bouts de chandelles: petites économies, comme en faisaient ceux récupérant les petits bouts de chandelles non consumés, pour en refondre d'autres.

En voir trente-six chandelles: être ébloui, comme si l'on voyait trente-six lumières.

faisaient vendre leur production dans la rue, par des vendeurs ambulants, mais qui pouvaient aussi et sur demande aller les fabriquer chez un client, en se transportant alors chez lui, avec outils et matières premières. Le tout faisait l'objet de contrôles draconiens, pour faire échec aux tentatives de fraudes de certains fabricants véreux, n'hésitant pas à mêler aux graisses « nobles » des graisses d'origine douteuse, notamment de porc, connues pour produire des fumées noires et pestilentielles. Durci autour d'une mèche, le suif devait être plus ou moins roulé en boule, pour finalement donner un objet assez pratique, mais qui malgré tout coulait, graissait les doigts et produisait une flamme jaune fumant beaucoup.

Nombre de paysans – ou plutôt semble-t-il de paysannes – fabriquaient eux-mêmes leurs chandelles et leur suif, faisant fondre la graisse de bœuf dans un grand chaudron, pour en écumer les impuretés, sachant qu'un bon bœuf pouvait en principe procurer assez de suif pour assurer trois bonnes années d'éclairage. Un inventaire breton en témoigne, en prisant en 1718 *3 livres de suif en pain, à 5 sols la livre.*

Chez les plus riches, des cierges de cire d'abeille, brûlant plus lentement et sans odeur, offraient une lumière plus agréable et plus transparente, mais évidemment très onéreuse. Les ruches étaient courantes dans tout le pays et les *marchands ciergiers* étaient particulièrement nombreux près des grandes églises et cathédrales, tant le clergé en brûlait journellement d'impressionnantes quantités, de tous genres et de toutes tailles.

Au cierge, on préféra enfin la bougie, dont le nom, apparu au XIVe siècle, rappelle son origine : l'ancienne ville maritime de Bugaya, aujourd'hui nommée Béjaia, en Kabylie, qui exportait d'énormes stocks d'une cire que l'on estimait excellente. La diffusion du coton, au XVIIIe, permettra de tresser des mèches de meilleure qualité. Des mèches qui, en se consumant mieux, n'avaient pas besoin d'être mouchées.

Ce problème de l'éclairage faisait que nos ancêtres vivaient à d'autres rythmes que nous, avec des heures de lever et de coucher différentes, ainsi que celles des repas, tout cela étant alors réglé sur le soleil. La consommation de chandelles et de bougies permettait d'estimer la richesse d'une famille et une pièce ou une maison trop éclairée alimentait d'autant mieux les commérages, que bougies et chandelles étaient alors chargées de valeur symbolique.

Il en ira bien sûr de même avec les diverses sources d'éclairage, qui se succéderont à partir du XIXe siècle et qui concerneront surtout la lampe et ses diverses transformations, la faisant tour à tour passer de l'huile au pétrole et à l'électricité, avec très certainement pour date-clé l'invention en 1879 de l'ampoule électrique.

Et voilà un des premiers objets que nous rencontrons qui, pour être aujourd'hui des plus courants, était totalement absent chez nos ancêtres. Un objet qui restera longtemps relié à ceux l'ayant précédé, notamment en ce que la puissance de ces ampoules sera longtemps mesurée non en watts, mais en « bougies », et en ce que le premier réflexe avait été de la gérer et de l'économiser comme on le faisait d'une bougie ou d'une lampe à pétrole. Je reprendrai ici un témoignage déjà cité dans *Qui étaient nos*

HÉRITAGE ET SYMBOLISME
Pourquoi les bougies d'anniversaire ?

Les bougies d'anniversaire : la règle veut que l'on mette autant de bougies que d'années, et donc d'étapes, que l'on devra éteindre, pour avancer. En soufflant ces bougies, on produit un souffle de vie supérieur à tout ce qui a déjà été vécu.

La lampe : la lumière, permettant de découvrir la sagesse, symbolisait aussi, dans les sanctuaires, le sacrifice et l'amour, pour y être généralement le signe de la présence de Dieu, notamment sur les autels catholiques ou avec les phares du Dharma, dans les pagodes bouddhiques. Elle pouvait aussi représenter l'homme, pour avoir comme lui un corps d'argile, une âme végétative (l'huile) et un esprit (la flamme).

ancêtres? avec le récit tiré des mémoires d'Annette Blin, ancienne « pupille de l'État » élevée dans un village reculé du Morvan, qui a raconté l'arrivée de l'électricité dans son hameau, un soir de novembre 1924: « L'annonce était officielle, la "lumière" devait arriver ce soir. On avait invité un voisin d'un hameau proche, hameau qui ne serait alimenté que plus tard, et dès la tombée du jour, on s'était donc réunis dans la cuisine pour l'attendre. L'Adine (la fille de fermiers, âgée d'une quinzaine d'années) vérifia tous les boutons, écurie comprise, puis elle se planta derrière le tuyau du poêle, bien trop énervée pour s'asseoir. Maintenant, il faisait tout à fait nuit, on n'osait plus ouvrir la bouche, on ne bougeait ni pied ni patte, c'était tout juste si l'on respirait. On sursauta tous quand l'horloge asséna son heure… Elle lâchait son dernier coup, quand la suspension se transforma en soleil, ce qui nous ferma les yeux brutalement. On fit "Oh! Hou! Ah!" ; on se mit les mains sur les paupières, on ouvrit les yeux derrière les paumes, on tourna le dos à la lumière, enfin on la regarda bien en face. L'Adine bondit sur le bouton et "crac", ce fut la nuit. On hurla! "Cric", ce fut de nouveau plein jour. Le [fermier] souleva les franges du globe et l'on admira le petit soleil. L'araignée noire était devenue dentelle de feu. […] On fit "Hé, hééééé". "Faut pt'ête pas s'user les yeux, dit-il. Allons, arrêtez!" Et pour le reste de la soirée, on ressortit la lampe à pétrole… »

L'ampoule a ainsi été, à son apparition, considérée comme un objet quasi magique, cela d'autant plus que son nom était lui-même pour ainsi dire teinté de merveilleux, en référence à la sainte ampoule, avec laquelle on sacrait les rois de France.

Quand les réverbères… réverbéraient…

La maison éclairée, il ne restait plus qu'à éclairer la rue.

Au Moyen Âge, les rues, mal éclairées, étaient des coupe-gorges plus redoutables que les bois les plus épais, y compris celles de Paris. Philippe le Bel sera le premier roi à se préoccuper

Symbolique et sacrée : la sainte ampoule de Reims

Il ne s'agit évidemment ni d'une ampoule électrique ni d'une ampoule de pharmacie, mais d'un flacon archaïque (du latin *ampulla*, issu du mot *amphore*), que la tradition dit avoir été apporté à saint Rémi par une colombe, le jour où il a sacré Clovis.

Du contenu de cette ampoule, le prélat prélevait quelques gouttes, qu'il mélangeait au saint chrême, onction préparée chaque jeudi saint et utilisée pour les évêques, composée elle-même d'un mélange d'huile d'olive – en référence bien sûr au jardin des Oliviers, à Jérusalem – et d'un baume particulier, nommé baume de Galaad ou de La Mecque, liquide jaune doré, tiré de la résine du *commiphora gileadensis*, arbre propre à la Judée et à la Palestine. À cela, on ajoutait parfois de la cannelle, de l'essence de rose et de l'encens blanc, d'où son parfum très suave, devant évoquer la douceur et la bonne odeur des vertus chrétiennes, et qui est à l'origine de l'expression *en odeur de sainteté*.

Lors du sacre, le contenu de ladite ampoule était successivement versé sur la tête, la poitrine, les épaules et les coudes du monarque, pendant la récitation d'une formule magique, en usage depuis celui de Pépin le Bref, en 752.

Cette sainte ampoule était placée dans un reliquaire, lui-même déposé dans le tombeau de saint Rémi, que des gens en armes avaient, au Moyen Âge, défendu contre les Anglais, qui lorgnaient sur elle. Mais celle-ci ne devait jamais quitter Reims, où le roi devait venir se faire sacrer, ce que feront trente-trois souverains en mille ans, de Louis le Pieux, en 816, à Charles X, en 1825. Elle voyagea pourtant une fois, pour être apportée à Paris, à la demande de Louis XI, qui demanda à l'avoir près de lui sur son lit de mort.

Elle a été solennellement brisée, le 7 octobre 1793, par un député de la Convention, sachant que le curé et un magistrat municipal avaient, la veille, retiré et caché une partie de son contenu, lequel se trouve depuis conservé à l'archevêché de Reims. ■

de l'éclairage public, qui sera très lent à se mettre en place, et demandera de multiples édits et ordonnances.

Sous François Ier, l'insécurité nocturne restait préoccupante. La brigade de choc spécialisée, appelée « le guet », s'étant elle-même fait détrousser par une bande de voyous, surnommés « les mauvais garçons », on avait mis en place un service de « porte-flambeaux », armés jusqu'aux dents, chargés d'accompagner les habitants de la capitale qui se voyaient obligés d'effectuer des sorties nocturnes.

Pour pouvoir sortir la nuit en sécurité, il faudra attendre les *réverbères*, lampes à l'origine associées à des miroirs *réverbérants*, autrement dit réfléchissant la lumière, et surtout attendre les équipements révolutionnaires du XIXe siècle, avec les *becs de gaz*, allumés manuellement – en 1829, la rue de la Paix avait été la première rue de France à en bénéficier –, et attendre finalement le magique éclairage électrique.

Si New York sera, en 1882, éclairée par Edison, avec un réseau de mille deux cents ampoules, qui passera à dix mille dès l'année suivante, Paris n'attendra pas pour se doter d'équipements modernes. La place du Carrousel sera électrifiée en 1881 ; le Parc Monceau, en 1882 ; l'Hôtel de Ville, en 1883 ; les Buttes-Chau-

---

❦ Héritage et vie quotidienne
Nos expressions liées à l'éclairage

Le jeu n'en vaut pas la chandelle : le gain de la partie est inférieur au prix de la chandelle utilisée pour s'éclairer durant celle-ci.

Tenir la chandelle : faire l'entremetteur (dans une relation amoureuse) ou être témoin.

Souffler la chandelle : mourir.

Les chats ne pissent pas d'huile : allusion ancienne au fait que, l'huile coûtant cher, il ne fallait pas la gaspiller en éclairant inutilement.

S'en foutre – s'en mettre – plein la lampe : manger beaucoup – on dit aussi s'en mettre jusque-là. L'expression se réfère au réservoir de la lampe à pétrole, que l'on remplissait à ras bord, sans craindre la dépense.

mont, en 1884… Dès l'année suivante, la petite cité savoyarde de La Roche-sur-Foron, qui comptait moins de trois mille cinq cents habitants, devra à un maire d'avant-garde de devenir la deuxième ville française électrifiée, les premiers villages semblant avoir été, l'année suivante, ceux de Saint-Philibert-sur-Risle, dans l'Eure, et de Saint-Martin-Vésubie, dans les Alpes-Maritimes.

En quelques décennies, la fée électricité pénétrera partout et si nous voulons vraiment savoir comment nos ancêtres, « petits et sans grade », s'étaient éclairés avant son arrivée, le mieux sera peut-être de se reporter à nos fameux inventaires. Mais ils resteront en fait étonnamment silencieux sur ce point, n'énumérant presque ni lampes ni chandelles, qui auraient pourtant dû y figurer. La raison de cette absence est fort simple : la plupart de nos ancêtres se contentaient en réalité de la lumière de l'âtre, où la combustion des divers matériaux, directement ou indirectement disponibles dans la nature (bois, bouse, tourbe…), constituait finalement la principale source d'éclairage… À la faible lumière arrivant à filtrer durant le jour succédait à la tombée de la nuit la lueur rougeoyante des flammes de la cheminée.

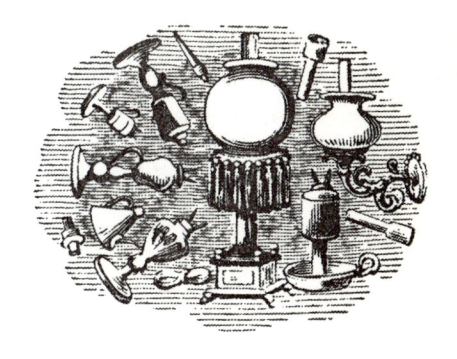

Petite chronologie
de l'éclairage domestique
aux XIXe et XXe siècles

▶ **Lampes à huile**
– *quinquet à huile*, inventé en 1804 et qui prendra le nom d'Antoine Quinquet, alors pharmacien à Soissons, lampe à huile améliorée, munie d'une cheminée en cristal
– *lampe Carcel* (1800), équipée d'un mouvement d'horlogerie
– *lampe à arc* (1847)

▶ **Lampes à pétrole, utilisant le pétrole « lampant » (1853),** avec notamment :
– *lampe Pigeon*, petite et pratique (1884)
– *lampe tempête*, transportable

▶ **Lampes électriques :**
– *bougie de Jablochkoff* (1876), inventée par un ingénieur russe, pour éclairer le train Moscou-Koursk, que devait emprunter le tsar Alexandre II et lui éviter les espaces sombres, où l'on aurait pu attenter à sa vie
– *lampe à incandescence* (1878), mise au point par Edison et Swan
– invention de *l'ampoule électrique* (Edison, 1879)
– *tube au néon* (1909), mis au point par le français Georges Claude, et permettant en 1912 la première enseigne publicitaire, conçue pour le *Palace Coiffeur*, boulevard Montmartre, à Paris
– *filament de tungstène* (1910)
– *tubes fluorescents* (entre 1873 et 1923)
– *lampe halogène* (1980), mise au point par Philips
– *lampe à induction* (1991), ampoule ayant une durée de vie de 60 000 heures
– *fusion lighting* (1992), lampe au soufre sans électrode
– *ampoule fluocompacte*, dite *ampoule à économie d'énergie* (1998)

Quand on se chauffait à la bouse de vache : de la cheminée au radiateur

Symbole des voies de communication avec les êtres d'en haut, la cheminée est censée être empruntée par trois personnes. Bien sûr, par le père Noël ou saint Nicolas, apportant les jouets et les friandises destinés aux enfants. Par la sorcière qui, après s'être frottée le corps d'onguents magiques, enfourchait son balai et choisissait cette voie noire, sale et étroite pour s'envoler et aller passer une nuit d'orgie en compagnie du diable au sommet d'une montagne inaccessible. Par le ramoneur, enfin, qui était souvent, aux XVIIIe et XIXe siècles, un de ces petits Savoyards, noir de suie et les dents blanches, qui proposait ses services en criant par les rues : « Ramonez-ci, ramonez-là, la cheminée de haut en bas ! »

Car tout conduit se devait d'être régulièrement ramoné. Dans le contexte des incendies déjà décrits, le feu de cheminée étant évidemment très redouté, les pouvoirs publics n'avaient pas cessé de rappeler cette obligation aux citadins. Le préfet de police de Paris le fit dans une ordonnance de 1884, tout particulièrement destinée aux boulangers et aux restaurateurs, précisant que les citoyens négligents étaient « passibles d'une amende, et en cas de récidive de un à cinq ans de prison » !

Vendu par ses parents : le terrible destin du petit Savoyard

Du fait qu'il devait être de petite taille, pour pouvoir passer dans les conduits, le gamin avait généralement entre sept et dix ans, lorsque ses parents le confiaient – en fait le louaient – à un entrepreneur de ramonages.

L'affaire, si elle n'était guère juteuse, était classique, surtout dans certaines vallées comme celles de Belleville, des Villars ou de la Maurienne, ou encore en pays de Thônes. Chaque année, quelque trois cents adultes conduisaient à la capitale plus de trois mille mioches, auxquels ils faisaient effectuer le voyage à pied. Chaussés de sabots, ils marchaient 40 à 50 kilomètres par jour, dormant sur la paille des granges ou dans des hangars, recouverts de sacs de suie vides, abominablement noirs. Quelques-uns emportaient une marmotte apprivoisée, à laquelle ils faisaient exécuter en public des numéros savants, histoire de gagner quelques piécettes, pour pouvoir manger sur la route.

Une fois à Paris, le gamin allait se vendre dans la rue, en s'annonçant par le cri « haut-à-bas », que tout le monde comprenait. Hélé par un client, il montait sur le toit, envoyait son fagot de bouleau pour détacher la suie, puis descendait lui-même dans le fût, pour le nettoyer méthodiquement, en y récupérant soigneusement cette suie, que son maître allait revendre. Sa besogne terminée, il s'extirpait de la cheminée en entonnant quelque couplet douteux :

Madame la baronne voulait qu'on la ramone,
Madame la comtesse avait du poil aux fesses,
Madame la cuisinière a pissé dans la chaudière…

Il se faisait payer et ne s'attardait pas, tenu à un quota de quatre à cinq cheminées par jour, et cela six jours par semaine, avec le seul dimanche pour se reposer et se débarbouiller, à l'eau d'une fontaine publique, lorsque celle-ci n'était pas trop froide…

Pauvre petit Savoyard ! On le disait grossier et sale, et les bourgeois en menaçaient leurs enfants désobéissants, en le leur présentant comme un petit diable noir, prêt à venir les chercher par la cheminée… Ils ne voyaient pas que notre gamin, exploité, avait une vie des plus dures. Ils ignoraient les accidents, les chutes des toits, souvent mortelles, ou les maladies qui atteignaient autant les yeux que la peau et les poumons…

Très tôt, son sort apitoiera quelques bonnes âmes et, en 1777, un abbé charitable fondra une œuvre les protégeant, avant que les lois sociales réglementant le travail des enfants ne viennent mettre un terme final à cette odieuse exploitation. ▪

La logique de la cheminée

Mais, de façon plus concrète, la cheminée était le canal par lequel passait le souffle qui animait le foyer, symbolisant lui-même la vie en commun, la maison, l'union de l'homme et de la femme, rapprochant les êtres par sa chaleur et sa lumière, et permettant ainsi d'entretenir la vie humaine.

Tout cela en faisait le centre de la vie domestique et familiale. C'était sous son manteau qu'en été comme en hiver on préparait les repas. C'était à sa lumière que l'on travaillait, devant son feu que l'on se réchauffait, que l'on accueillait l'hôte de passage, connu ou inconnu, que l'on recevait le fiancé, que l'on se réunissait pour les veillées partagées entre parents et voisins ou pour la nuit de Noël. C'est là que l'on discutait des affaires et des projets, de la vente d'un bœuf comme de la dot d'une fille. C'était près d'elle que l'on plaçait l'*archebanc*, ce banc-coffre à dossier, où s'asseyaient les anciens, pour surveiller le feu à la veillée.

Son importance était telle qu'elle avait été retenue comme le critère administratif et fiscal. Il arrivait fréquemment autrefois qu'un domaine ou qu'un hameau devienne l'objet de disputes entre deux seigneurs ou deux curés. L'affaire n'était pas qu'anecdotique : l'enjeu, réel et économique, était de savoir qui percevait les impôts. Le plus souvent, cette épineuse question avait été réglée de façon pragmatique mais lourde, en faisant de ce lieu un hameau dit *alternatif* ou *mitoyert* dont les habitants se voyaient rattachés – une année sur deux, voire parfois sur trois, en cas de rivalités tripartites – à chacun de ceux qui se le disputaient.

Lors de la création de nos communes, sous la Révolution, puis avec l'organisation du cadastre, on avait décidé d'en finir avec ce genre de situations et de faire en sorte que les limites communales soient précises et indiscutables. Lorsqu'un domaine se trouvait à cheval sur deux communes, on l'avait alors fiscalement rattaché à celle sur laquelle se trouvait la maison d'habitation. Si celle-ci elle-même était traversée par ladite limite, elle était rattachée à celle des deux communes sur laquelle se trouvait… sa cheminée.

Logique imparable. Et en parfait accord avec la terminologie même, puisque depuis des siècles, le terme « feu » avait pris un sens figuré, démographique et fiscal, faisant couramment parler d'un village de cinquante ou de cent feux. En Normandie, l'impôt dû par chaque foyer était appelé un fouage et, en Bourgogne, les ducs faisaient régulièrement procéder non pas à des recensements mais à des *cherches de feux*.

Partout, on parlait aussi d'hommes « sans feu ni lieu », pour désigner l'équivalent de nos SDF et l'expression était même plus forte, en ce qu'elle évoquait un individu non seulement sans domicile (sans « lieu »), mais sans famille ni attache sociale (le « feu »). Elle était parfois déclinée en « sans foi ni loi », pour bien insister sur le côté « hors normes » d'un homme sans pays ni région d'attache, dont il respecterait la loi, et – ce qui était pire – sans religion connue ou avouée !

Car la première préoccupation d'un chrétien, même réduit à la condition de vagabond, était toujours de pouvoir être reconnu comme tel, par un signe ou un objet quelconque – chapelet, bible, croix, extrait baptistaire –, objet qui lui garantirait une sépulture chrétienne, en terre bénie. Faute de cette preuve, le curé refuserait en effet d'inhumer son corps selon les rites de l'Église et le ferait enterrer dans « l'herbe folle », la partie du cimetière non bénite et réservée aux mécréants et aux sacrilèges. N'oublions pas non plus que la charité chrétienne obligeait alors au devoir d'hospitalité vis-à-vis de tout chrétien, y compris celui logé, selon les diverses expressions en usage, *à la belle étoile, à l'enseigne de la lune, au palais des courants d'air* ou encore *à la rue du monde*... « *Ma chandelle est morte, je n'ai plus de feu* », chante-t-on à l'ami Pierrot, par une froide nuit de pleine lune, pour lui demander l'hospitalité...

Le foyer désignait donc au propre l'endroit où brûlait le feu et au figuré le logement familial et la famille elle-même, parfois désignée sous le nom de « feu allumant », à distinguer du « feu fiscal », en des temps où l'on ne parlait pas de quotient familial. C'était le « doux foyer », là où l'on avait chaud, puisque avant que d'être source d'éclairage, le foyer garantissait à nos aïeux le chauffage.

Deux petits fagots : comment se chauffait-on ?

On avait d'abord eu l'âtre (en ancien français l'*aistre* ou l'*aître*), un mot issu du latin populaire *astracus*, désignant le carrelage au-dessus duquel on avait aménagé un conduit d'évacuation pour la fumée, un *chemin* de sortie que l'on avait nommé *cheminée*.

Durant de longs siècles, cette cheminée était unique. Avant 1700, hormis les châteaux et les hôtels bourgeois, aucune maison n'en avait plus et leur multiplication, au XVIIIe siècle, sera toujours considérée comme une marque extérieure de richesse. On n'avait qu'une seule « pièce à feu », quitte à ce que la pièce contiguë en profite, grâce au mur mitoyen emmagasinant la chaleur. Dans ce mur, on aménageait même parfois – côté pièce non chauffée – un placard, nommé en Lorraine un « placard chauffant », que l'on ouvrait pour trouver directement l'envers de la plaque de fonte, emmagasinant et diffusant la chaleur, ici donc l'ancêtre de notre radiateur.

Peu à peu, la cheminée s'était déplacée. Construite à l'origine au centre de la pièce de vie, elle s'était d'abord élevée, toute droite, à travers le toit.

À la fin du Moyen Âge, selon un modèle que l'on a dit ramené d'Orient par les croisés, elle s'était vue adosser à un mur, de préférence à un mur froid, sans ouvertures et peu exposé au soleil, et en évitant dans la mesure du possible celui opposé à la porte, pour éviter les trop forts appels d'air.

Au XVIIIe siècle, on verra s'imposer les « cheminées à la mode », au manteau abaissé, proportionné au foyer, et au conduit recourbé, pour mieux parer aux risques d'incendies, sachant que dans certains secteurs de Provence, la fumée ne sortait pas du toit, pour être carrément évacuée par un conduit donnant directement sur la rue.

Il n'empêche que, en tant que moyen de chauffage, la rustique cheminée de nos ancêtres était en fait bien peu performante.

Pour enfumer les intérieurs, comme on l'a noté du fait de son mauvais tirage, elle obligeait nos ancêtres à garder constamment leur porte plus ou moins ouverte, ce qui valait à qui se chauffait à son feu d'avoir le ventre brûlé et le dos gelé et de devoir régulièrement se retourner, d'où la fabrication, au Moyen Âge, de curieux « bancs coulis » permettant de pivoter.

🍇 Héritage et vie quotidienne
Pourquoi les allumettes « suédoises » ?

Imaginez un instant la vie quotidienne avant les allumettes.

Raviver le feu était plus simple que l'allumer…

Mais se lever dans le noir complet, battre le briquet – nommé *fusil* jusqu'au XVIIIe siècle, allumer l'amadou ou une baguette soufrée, pour enfin allumer une chandelle, pouvait être un véritable sport…

Si la première fabrique d'allumettes avait vu le jour en 1809, ce sera l'invention de l'allumette inflammable par friction, en 1827, qui simplifiera le plus la vie, et plus encore celle dite « de sûreté », mise au point en 1844 par un Suédois (Gustaf Pasch), d'où l'appellation courante « d'allumettes suédoises », utilisée par l'écrivain Robert Sabatier en 1969, comme titre d'un de ses *best-sellers*.

Elle exigeait par ailleurs bien des soins. Notamment avec l'obligation d'éteindre le feu durant la nuit, en le couvrant généralement d'un récipient de fonte ou de métal, permettant d'en conserver les braises jusqu'au lendemain matin, de manière à pouvoir le rallumer aisément en l'absence d'allumettes, mais sans prendre pour autant le risque d'un accident pendant que l'on dormait. À l'automne, lorsque pour le séchage des châtaignes, le feu restait parfois allumé toute la nuit, les plus vieux restaient à le surveiller, assis sur l'archebanc à discuter. Mais dans les villes du Moyen Âge, une cloche, sonnée à la tombée de la nuit, imposait le « couvre-feu », pratique remise parfois aujourd'hui en usage, par temps d'insécurité ou de guerre.

Pour être donc « couvert » la nuit, le feu obligeait nos ancêtres à multiplier les couettes et les édredons et à porter des bonnets de nuit, la température intérieure pouvant alors descendre très bas. Ne rapporte-t-on pas que durant le terrible et glacial hiver de 1709, qui vit le mercure stationner trois semaines durant à – 20 degrés, on entendait parfois les bouteilles de vin, pourtant laissées devant l'âtre, éclater au petit matin sous l'effet du gel !

Restait aussi le problème du combustible. Le bois de chauffage coûtait une fortune, Paris recevant chaque année des centaines de milliers de stères de bois qui arrivaient par flottage sur la Seine.

Les pauvres, ici encore, devaient se débrouiller comme ils pouvaient. Il y avait bien sûr le bois mort, récupéré ou chapardé et rassemblé en fagots, ces fagots empilés non loin de l'âtre et parfois décrits dans les inventaires des plus humbles : *vingt fagots, estimés à 10 sols*, soit deux fagots pour le prix de presque une heure de travail, chez un journalier bourguignon, en 1741. Il y avait les mousses et diverses plantes sauvages séchées, comme les fougères – également utilisées pour l'isolation des plafonds –, mais aussi le charbon de bois, fabriqué par les charbonniers au fond des forêts, sans oublier le « bois de vaches » : ainsi parlait-on

Le curieux métier des flotteurs de bûches

Paris s'était d'abord approvisionné en bois de chauffage et de charpente dans les forêts proches de l'Orléanais et de la Normandie. Mais celles-ci épuisées, il avait fallu se tourner vers d'autres, plus éloignées, dont celles du Morvan, où des hommes d'affaires avaient eu l'idée, dès le XVIe siècle, de charrier les bois jusqu'à Clamecy, pour les acheminer ensuite à la capitale par flottage, sur les eaux de la Cure, de l'Yonne et enfin de la Seine. Les Champenois les avaient imités avec la Marne, et très vite les deux régions s'étaient spécialisées. La Champagne fournissait les bois de marine et de charpente, et le Morvan l'essentiel du bois de chauffage – surtout du hêtre et du chêne, avec un volume qui montera jusqu'à 600 000 stères en 1804, intégrant le « bois de boulange », destiné aux fours des trois cents à quatre cents boulangers de la capitale.

Tout commençait le 1er novembre, à la foire des bois de Château-Chinon, où étaient mises en vente les coupes de l'été et où les grosses compagnies parisiennes achetaient d'énormes lots de bûches, calibrées d'environ 1,14 mètre. Déjà empilées sur les rives des cours d'eau, on les jetait dans les eaux, après avoir ouvert les vannes des barrages de régulation, afin de grossir le courant. En l'espace d'une journée, elles effectuaient alors quelque 70 kilomètres, pour arriver à Clamecy après un parcours violent, au cours duquel elles pirouettaient, s'entrechoquaient et volaient parfois en éclats.

À leur arrivée, elles étaient triées selon divers critères et comptées pour, après séchage, être remises à l'eau au début de février, regroupées cette fois en « trains de flottage » d'environ 75 mètres de long sur 5 de large. Chaque train était confié à une équipe de spécialistes, qui allait, environ un mois durant, vivre sur ce gigantesque radeau, pour le conduire jusqu'à la capitale…

en Maurienne des bouses de vaches, ramassées pendant l'été puis moulées à la main sous forme de briquettes, que l'on mettait à sécher pour l'hiver, alors qu'en pays guérandais, on les exposait pour cela au soleil d'été contre le mur sud de la maison.

On comprend que l'arrivée du poêle sera partout reçue comme un progrès, et celle du radiateur comme une véritable révolution.

Un poêle de fonte avec environ trois toises de tuyaux

Cette mention reste exceptionnelle. Elle a été relevée dans l'inventaire dressé chez un laboureur aisé, fermier du comte de Ségur. Le document date de 1754 et notre homme vivait à Villeneuve-le-Roi, à 15 kilomètres de Paris, ce qui contribue sans doute à expliquer la présence de cet équipement révolutionnaire, dont la valeur reste cependant curieusement peu élevée, puisque prisé pour la somme de seulement 10 livres, même avec ses 6 mètres de tuyaux…

Le poêle fermé, arrivé d'Allemagne, était apparu en France à l'époque de Louis XIV, et s'était répandu progressivement chez les bourgeois, auxquels il avait permis de chauffer d'autres pièces que la cuisine. Il ne s'était pourtant guère démocratisé avant 1900 et était longtemps resté cantonné aux villes. Liée à l'expansion

---

HÉRITAGE ET VIE QUOTIDIENNE
  Les *familles tuyau de poêle*

Cette expression péjorative évoque une famille dont tous les membres ont entre eux des rapports sexuels, et partant une famille aux liens de parenté enchevêtrés. Elle vient du titre d'une pièce de Prévert, écrite en 1933 et relatant les péripéties d'une famille bourgeoise, apparemment très respectable mais en fait totalement dépravée, et dont les membres s'adonnaient couramment à l'inceste.

Le choix du nom de cette famille était dû à ce que le chapeau haut-de-forme que portaient ses membres très bourgeois était volontiers nommé ainsi, en référence à sa forme et à sa couleur, mais aussi au fait plus concret que les tuyaux de poêle s'assemblaient en s'emmanchant les uns dans les autres.

de l'industrie minière, sa version « à charbon » avait favorisé de nouveaux commerces comme, à Paris, les marchands de « bois et charbons », dont les Auvergnats – les fameux *bougnats* – vont récupérer le monopole. Ce poêle était également lié au développement industriel, permettant d'en fabriquer en série, comme ceux produits à l'initiative de l'industriel de l'Aisne, Jean-Baptiste Godin, dont le nom deviendra synonyme de poêle et qui en proposera en fonte, parfois émaillés, alors que d'autres étaient fabriqués en terre cuite et en faïence, à la mode de l'Est.

D'abord donc à bois puis à charbon, le poêle se raccorde à la cheminée par son tuyau souvent long et coudé, permettant d'évacuer les fumées et les gaz parfois toxiques. Il ouvrira le chemin à la cuisinière, pour céder plus tard la place à la chaudière du chauffage central, qui a alors migré vers la cave, et aux radiateurs en fonte, les premiers étant sortis vers 1900 des usines du maître de forges angevin Armand Chappée.

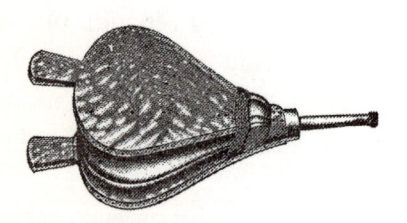

🍇 HÉRITAGE ET VIE QUOTIDIENNE
Tenir les cordons du poêle

Cette expression ne se rapporte nullement au poêle chauffant, mais à son homonyme, désignant le drap noir dont on recouvrait les cercueils, pendant les cérémonies funéraires.

Ce drap disposait de quatre cordons, cousus à chaque coin, lesquels étaient traditionnellement tenus par des proches du défunt que l'on entendait honorer, ou par des personnages distingués, dont le choix faisait honneur au défunt... ou plutôt à la famille en deuil, en un temps où les cérémonies d'obsèques se voulaient très représentatives du statut social.

Premiers items et premiers mythes : le chaudron de Panoramix et l'*Angélus* de Millet

Suivons notre greffier dans son inventaire scrupuleux et méthodique et entrons donc avec lui dans la première pièce. On la nommait, selon les régions, la *cuisine*, puisque c'était ici que l'on faisait cuire les repas, la *pièce à feu* ou encore le poêle, comme en Lorraine et en Franche-Comté. Parfois carrément la *maison*, notamment en Lyonnais et en Bourgogne, du fait qu'elle était la seule pièce de vie.

C'était en tous les cas dans cette pièce que le notaire commençait presque toujours son inventaire, en écrivant solennellement *premièrement* et en décrivant presque toujours d'abord non pas la cheminée, qui était considérée comme immeuble par destination et n'aurait donc pu faire l'objet d'une évaluation, mais le foyer, ou plutôt ce qui s'y trouvait, et en tout premier lieu la crémaillère.

Premièrement une crémaillère, trouvée pendue à la cheminée

L'invention de la crémaillère, dont le nom vient d'un mot grec signifiant « suspendre », avait représenté, avec celle du trépied, un progrès considérable, puisque l'on avait jusqu'alors cuit les aliments dans des récipients posés à même le feu ou surélevés sur des bâtis de pierres.

Ces deux objets auraient été conçus par les Celtes, qui auraient d'abord eu l'idée d'attacher un chaudron à l'aide d'un crochet à une chaîne de métal, avant de remplacer la chaîne par une double pièce de fer plat, munie de dents permettant de le suspendre et de faire monter et descendre à discrétion le crochet, nommé le « crémaillon ». Ainsi notre récipient pouvait-il être selon le besoin suspendu au cœur de l'âtre et se trouver plus ou moins exposé au feu, afin de nuancer la force de la cuisson, pour aller du bouillon ou mijotage.

Équipement capital, cet instrument indispensable à toute maison symbolisait tout à la fois le foyer et son rôle nourricier, d'où la coutume qui perdure aujourd'hui de la pendaison de crémaillère.

Une fois la crémaillère et son crémaillon décrits dans son premier article et généralement associés à l'indispensable trépied ou *troispieds*, sur lequel on pouvait poser les récipients, notre juge ou notre notaire inventoriait comme on l'a dit à coups d'*item*, en suivant presque toujours le même ordre.

Item un chien de feu, écrit en 1730 le notaire de Saint-Haon, en pays roannais. Ne nous laissons pas perturber par ce mot curieux. Il ne s'agit ici que d'un chenet – un seul, chez l'humble paysan dans la demeure duquel on se trouve, alors que d'habitude, l'objet allait par paire.

Les chenets, eux aussi incontournables, étaient effectivement nommés en référence au « chien », du fait que l'artisan qui les avait forgés leur avait volontiers donné la silhouette d'un chien assis, en allant parfois, s'il était habile, jusqu'à sculpter la tête de l'animal. Dans de nombreuses régions, on les nommaient des *landiers* ou *andiers*, d'après un autre mot, gaulois cette fois-ci, désignant quant à lui le taureau, mais toujours en référence à leur décoration. Le chien et le taureau incarnaient à leur façon le gardien du foyer, sachant que les Gaulois forgeaient aussi des chenets figurant des chevaux ou des béliers, sinon de simples cornes ou croissants, autant de représentations relevant du symbolisme solaire. Elles évoquaient le feu fertilisant, purifiant et régénérant, permettant de cuire les aliments dont la consommation main-

La Picardie, championne des pendaisons de crémaillère !

Si plus personne aujourd'hui ne suspend sa marmite à une crémaillère, l'expression nous est pourtant restée, pour nommer la fête organisée pour inaugurer un appartement ou une maison.

L'origine de cette coutume tient au fait que la crémaillère était traditionnellement la dernière chose installée dans une maison, et la chose qui allait permettre d'y vivre vraiment, en y préparant les repas.

Dès lors, sachant que l'on avait généralement pu en arriver là grâce à la communauté des parents, amis et voisins, qui avait aidé à la construction de la maison ou au déménagement, il était normal de les en remercier… en festoyant. Voilà donc un repas véritablement rituel, qui sanctionnait une étape importante de la vie, faisant changer de toit et d'adresse, transplantant un individu ou autrefois une famille et la conduisant dans un nouveau lieu, dans lequel elle allait devoir s'intégrer.

Toutefois, si de nos jours cette fête se déroule sans crémaillère, il n'était pas rare, jadis, lorsque l'objet était encore en usage, de l'utiliser comme prétexte à des animations.

En Picardie, elle était ainsi, avant l'arrivée des invités, ostensiblement posée sur le sol, devant la cheminée, près d'une table, sur laquelle on plaçait des pichets de cidre et une bouteille de goutte.

Dès que l'assemblée était là, chacun prenait une bonne tasse de cidre et se mettait à la tâche. On commençait par essayer – ou plutôt par faire mine d'essayer – de la pendre avec des brins de paille noués. Les brins en question, forcément, cassaient, et on les changeait pour du fil à coudre, non sans avoir repris des forces par un verre de gnôle. Ce fil cédant à son tour, on reprenait haleine en lampant une bolée de cidre et l'on passait à un fil de laine, lequel craquait bien sûr à son tour. S'aidant toujours des mêmes remontants, on passait à la ficelle, pour en terminer avec une bonne corde de chanvre, qui résistait et valait à chacun la tasse de café finale, dans laquelle on se partageait ce qu'il restait d'eau-de-vie.

Chacun avait joué le jeu et tous avaient bien ri, tout en ayant soin, par la même occasion, de tester les qualités de cuisinière de la maîtresse de maison et les largesses du mari, qui « ne pleurait pas sa goutte ». ∎

tenait en vie, feu qui avait été primitivement entretenu dans des foyers, doublés d'un rôle religieux d'autel.

Item une taque, dit aussi *plaque, plaque foyère, plaque à feu, contrefeu, contre-cœur…*, cet autre objet avait grosso modo fait son apparition au milieu du XVIe siècle. Il restait néanmoins cher, d'où sa rareté, sachant qu'il avait été à l'origine bien plus utile que décoratif. Sa vocation était avant tout pratique : apposée au fond de l'âtre pour protéger le fond de la cheminée mais surtout pour accumuler la chaleur, cette plaque de fonte la conservait et la renvoyait dans la pièce.
Item une pelle à feu, avec souvent une pinchette, très rarement un soufflet, lequel a longtemps fait figure d'objet de luxe et n'est apparu que tardivement, au XVIIIe siècle.

Venait ensuite fréquemment le four, volontiers installé dans le mur, au fond de la cheminée, afin de le rendre plus facile à chauffer. Four dans lequel cuisaient les tourtes de pains, de légumes ou de fruits, longtemps très prisées par nos ancêtres. Suspendue à proximité, on trouvait également souvent ici la boîte à sel – parfois carrément remplacée par une niche, creusée à même le mur. On ne pouvait en effet trouver meilleur emplacement à cette denrée extrêmement chère. D'une part, le sel opposait un barrage efficace à toutes les forces nuisibles qui auraient pu tenter de pénétrer par le conduit de la cheminée. D'autre part, la chaleur du foyer préservait de l'humidité, pire ennemi de cet ingrédient, au surplus indispensable à la conservation des aliments.

Peu à peu, le tableau classique de l'âtre, où le doux feu crépitait sous la marmite bruissante, de laquelle s'échappait un bon fumet de cuisine, va s'affinant.
Mais nos inventaires de continuer.
Venaient alors les instruments de cuisson : *item une grille à sept tringles* (sept barreaux) *et son laichefritte, un réchaud* (qui

Le sel, « or blanc » de nos ancêtres...

Le sel, que l'on nommait volontiers « l'or blanc », occupait chez nos ancêtres une très grande place.

Il était avant tout très cher, et cela d'autant plus que taxé par un impôt spécifique, la *gabelle*, à l'origine de nos *gabelous*, qui en traquaient sans relâche les contrebandiers et les trafiquants. C'est cela qui poussait nos ancêtres à le cacher, notamment en Bourgogne, dans des chaises à sel, chaises pourvues d'un coffre, que les femmes cachaient sous leurs jupes, en s'y asseyant pour filer, coudre ou raccommoder.

Les contrats régissant les anciennes communautés familiales du Massif Central témoignent de cette importance, en prévoyant souvent que les membres de la famille s'engageaient à vivre « à même pot et même feu » ou encore « à même feu, pot et sel ».

De ce fait, le sel avait autrefois une valeur plurielle.

Pur et indestructible, il symbolisait à la fois la nourriture spirituelle et l'incorruptibilité : on a dit qu'il n'était pas de meilleure arme contre les sorciers et les forces maléfiques et diaboliques. Satan lui-même se retirait à sa vue.

Chez les Grecs et les Arabes, pour être partagé, il symbolisait l'amitié et l'hospitalité, la parole donnée aussi, réputée comme lui indestructible.

Le saviez-vous ?

Le sel est présent dans notre mot *saugrenu*, utilisé à l'origine pour qualifier un mets où l'on sentait les *grains de sel*, comme dans *saupoudrer*, autrefois *saulpoudrer*, autrement dit *poudrer de sel* et cela même si une saupoudreuse contient aujourd'hui plutôt... du sucre ! ■

Le four à micro-ondes a soixante-cinq ans !

Étonnant : notre four à micro-ondes a l'âge de prendre sa retraite… !

Son histoire remonte en effet à l'époque de la dernière guerre, lorsqu'un ingénieur physicien américain, Spencer, travaillant à la construction de radars à magnétrons, parvint à transformer l'énergie cinétique en énergie électromagnétique, sous forme de micro-ondes.

Un jour qu'il se trouvait à proximité d'un radar en activité, il avait ressenti de la chaleur dans sa poche de blouse, et en y plongeant la main, avait constaté que sa barre de chocolat avait fondu. Étonné, il répéta l'expérience avec des grains de maïs, qui éclatèrent immédiatement et se transformèrent en pop-corn ! Concluant alors que l'énergie dispensée par les tubes utilisés pour la fabrication des radars produisait de l'énergie électromagnétique, il avait en 1945 déposé un brevet, proposant d'utiliser le principe du radar pour la cuisson des aliments… ■

devait en fait permettre de tenir les écuelles ou les plats au chaud, à proximité du feu), *une broche à rostir*, que l'on a longtemps actionnée manuellement, avant que l'on ne voie apparaître le tourne-broche mécanique. C'est sur elle que l'on embrochait, chez les plus riches, les poulardes, gélines et chapons, mais aussi parfois un mouton entier, ainsi traversé de la tête à la queue, ou *de la barbe au cul*, d'où l'origine en réalité bien française de notre *barbecue*.

Item un grand chaudron

Suivaient les ustensiles de cuisson proprement dits, avec les marmites, volontiers nommées *marmites à feu*, généralement de fonte ou de fer et alors nommées des *chaudières*, d'autres fois de cuivre ou d'airin, donc de bronze, et alors plutôt qualifiées de chaudron, ces appellations ne cessant en fait de varier selon les régions et leurs caractéristiques. *Item une chaudière aussi de fonte, garnye*

Avant tout très symbolique : le chaudron de Panoramix !

Le symbolisme du chaudron – ou de la marmite – est en fait très complexe et pluriel, puisque c'est dans ce récipient que l'on faisait tout à la fois chauffer, bouillir et cuire les aliments, à commencer par le bouillon, qui lui était étroitement associé et se voyait lui aussi chargé de symbolisme. En Chine, pour être un mélange équilibré de substances et de saveurs, obtenu par l'action du feu, il symbolisait l'harmonie universelle et l'union du *yin* et du *yang*. En Inde, les cinq bouillons accompagnant le sacrifice du bouc assuraient la régénération céleste et le retour à l'unité cosmique. Bref, le bouillon était bel et bien… une potion magique !

Chez les Celtes, le chaudron, dont l'importance a été récemment remise en évidence par Uderzo et Goscinny, symbolisait l'abondance, au même titre que la corne, le vase ou la jarre. Comme eux, il était réputé dispenser la nourriture inépuisable et les connaissances sans limites. On voit se profiler ici celui de l'alchimiste médiéval…

Le mythe du chaudron magique a de ce fait toujours été très répandu. En Asie, le héros d'épopée devait partir à la recherche d'un chaudron à quarante anses – quarante ayant eu dans la plupart des civilisations valeur de nombre sacré, à commencer par la religion chrétienne, avec le carême et de nombreuses autres périodes de quarante jours, toutes réputées purificatrices. Ce chaudron à quarante anses, réputé doué d'une âme et assoiffé de sang, dévorait tous ceux qui osaient s'en approcher.

La cuisson dans le chaudron avait elle-même parfois valeur d'épreuve initiatique, pour conférer des vertus, si ce n'était, chez les Grecs, l'immortalité ou la résurrection. Les Chinois y faisaient bouillir les offrandes, mais aussi les coupables, à titre de condamnation – pour en faire des hommes nouveaux – et les accusés, à titre d'ordalie, car le fait de survivre à l'épreuve était signe d'innocence. ■

de son anse et couvercle; item un chauffetot de cuivre jaune… En 1712, un inventaire du Velay énumère de façon bien distincte *cinq oulles*, qui sont des marmites de fer ou de fonte, et *deux payrolles*, qui étaient des chaudrons de cuivre, d'où le nom de « payrolier » qui dans bien des régions désignait le chaudronnier et l'étameur ambulant, allant de village en village pour justement réparer et rapiécer toutes ces chaudières percées qu'énuméraient régulièrement nos inventaires. Lorsqu'elles étaient en bon état, le greffier prenait en général soin d'en préciser la contenance approximative : *une grande marmite d'une seille* (d'un seau) *et une autre plus petite*.

Item une poêle à queue: suivaient les poêles et poêlons. La poêle, qui laissait voir la nourriture préparée alors que la marmite la cachait sous son couvercle, n'a fait son apparition qu'au XVIᵉ siècle et a été une petite révolution culinaire, avec de nouvelles recettes, à commencer par celle de notre si banal œuf au plat. De là son grand succès, qui la verra se multiplier au XVIIIᵉ siècle dans les inventaires, avec la poêle classique, dite *poêle à frire* ou *à griller*, et le modèle spécifiquement étudié pour faire griller les châtaignes, grand et troué, courant notamment dans le Massif Central et en Occitanie, où la châtaigne occupait une très grande place dans l'alimentation, au point que le châtaignier y était fréquemment surnommé *l'arbre à pain*.

Avaient rapidement suivi les *casses*, *cassots* ou encore *cocasses*, qui allaient donner nos casseroles, souvent suspendues au mur, parfois en cuivre avec un manche en fer.

Item quatre pots, deux de fer et deux de terre: les pots étaient toujours très nombreux et toujours de fer ou de terre. Les premiers semblent parfois se confondre avec les marmites et d'autres fois avoir précédé les casseroles, tout en ayant été dépourvus de queue. C'est eux qui donneront leur nom à notre *potage*, alors que le *bouillon* bouillait dans la marmite. Les seconds étaient

Cocotte minute et *poêle Téfal* : l'union de deux destins !

La *cocotte* de la cuisine n'a rien à voir avec la poule. Pas plus que le *maître coq*, restaurateur, n'a de lien avec le coq de la basse-cour ou du clocher. Son nom est une déformation de *maître queux*, désignant tout simplement le cuisinier, pour être issu du verbe latin *coquere*, signifiant cuire. Notre *cocotte* de cuisine, nommée autrefois *coquemar*, devait son nom au bas latin *cucuma*, désignant le chaudron, où l'on faisait cuire, alors que la *cocotte* à plumes vient tout simplement de *cot-cot*, le cri de la poule.

La *cocotte minute* est passée par plusieurs inventeurs. C'est finalement un réfugié arménien nommé Roland Devedjian – et père du ministre Patrick – qui lui a donné ce nom, en 1948, avant que la *Super-cocotte* ne soit lancée en 1953. Elle l'a alors été par SEB (Société d'emboutissage de Bourgogne) et par la famille Lescure, héritière d'une vieille affaire de ferblanterie, fondée à Selongey, en Côte-d'Or, en 1857, par son ancêtre, Antoine Lescure, un Cantalien natif de Brageac, issu d'une lignée de « peyroliers » (chaudronniers) ambulants, et qui, après avoir imité ses aïeux, avait fini par se sédentariser en Bourgogne.

La poêle *Téfal* est née dans l'imagination d'un pêcheur, puisque c'est en voulant perfectionner ses cannes à pêche télescopiques que l'ingénieur Marc Grégoire pensa en 1954 à utiliser le *téflon*, abréviation du polytétrafluoroéthylène, mis au point par Dupont de Nemours en 1945. Il avait ensuite travaillé, sous l'impulsion de sa femme, à ancrer ce revêtement sur une surface d'aluminium, ce qui lui avait permis de déposer le brevet de la première poêle n'attachant pas, qu'il nomma *téfal* en réunissant *téflon* et *aluminium*.

Deux ans après, il fondait à Sarcelles, avec Louis Hartmann, la société Téfal, qui devait plus tard s'installer en Haute-Savoie et se voir rachetée en 1968, par... le groupe SEB.

apparemment des terrines, en grès ou en terre vernissée, utilisées pour conserver les aliments et les graisses (*item un petit pot de beure fondu et un autre de seing doux*). Des pots dont le greffier précisait volontiers la contenance : *item trois pots en fer, l'un tenant trois seaux, l'autre deux escuelles et un autre cinq escuelles.*

Une cuillère à tremper la soupe : une opération ritualisée !

Venaient enfin l'inévitable *cuillère à pot* ou *cuillère de pot*, un grand classique de la cuisine de nos aïeux, cuillère à long manche, autrefois en bois (*une grande cuillère bois de chêne*) puis en fer (*une cuillère à pot de fer*), directement suspendue au mur du foyer ou parfois à la tige rehaussée du chenet. Elle n'était autre que notre louche. Certains inventaires le précisent clairement (*une cullière à tramper la soupe*) : c'était avec elle que l'on *trempait la soupe* et que l'on allait chercher la part de chacun, dans la grande marmite de cuisson, pour la verser dans l'écuelle individuelle.

Suivait encore tout un éventail de récipients : jattes, *bassins* (bassines), barattes et surtout des seaux, ces derniers généralement en bois et cerclés de fer. Sans oublier les incontournables *escumoires* ou *cuillères écrémoires*, les poids et les *crochets à peser* (nos balances romaines), les passoires et les salières ainsi que de nombreux autres ustensiles manifestement spécifiques à certaines

---

🦋 HÉRITAGE ET VIE QUOTIDIENNE
En deux coups de cuillère à pot

Signifiant « facilement et très rapidement », cette expression peut venir du fait que la grosse *cuillère à pot* permettait de vider rapidement une marmite et plus encore de remplir une écuelle ou un bol. Elle semble pourtant être passée par un tout autre « chemin », pour se rattacher au sabre d'abordage, dont la garde, en coquille de fer noir, était couramment appelée ainsi, du fait de sa ressemblance avec l'ustensile de cuisine. Sa lame, courte et presque droite, permettait lors de l'abordage des navires ennemis, de régler le combat rapidement et avec dextérité... « *en deux coups de cuillère à pot* ».

régions, eu égard aux habitudes locales, comme le *chauffe-pain*, courant en Bourbonnais, sur lequel on ne parvient pas à trouver de précisions, la *tourtière* en Lorraine et bien sûr, en Bretagne, l'incontournable *galettière* avec sa *tourne-crêpe* ou *pelle à crêpe*.

Voilà pour le foyer et la cheminée, qui étaient en fait la cuisine à eux tout seuls, hormis dans les demeures disposant d'un *potager*, bloc de pierre maçonné, qui restait peu courant et qui se verra progressivement remplacé, à partir des années 1750, par des *cuisinières*, dont les plus riches vont s'équiper et qui auront pour effet révolutionnaire de permettre à la ménagère de changer de posture, en travaillant désormais debout et non plus souvent à demi accroupie dans la cheminée. Ce sera alors l'ère des fourneaux de fonte, avec leurs foyers intérieurs, puis beaucoup plus tard des cuisinières à gaz, dont les toutes premières sont signalées vers 1850.

Pourtant, nous n'en avons pas encore tout à fait fini avec la cuisine. Levons les yeux : il reste à évoquer son manteau et surtout son rebord, mais avant tout son plafond, le creux de sa hotte, où l'on voit généralement pas mal de choses en suspension, à commencer par du lard, des jambons, des *saul*cisses – *salées*, comme

---

HÉRITAGE ET VIE QUOTIDIENNE
Nos expressions liées à la soupe

Être trempé comme une soupe (très mouillé) : à l'origine, la soupe se prenait dans une assiette plate, dans laquelle on déposait des tranches de pain rassis que l'on « trempait » d'une cuillère de bouillon. C'est ainsi qu'un contrat de travail ou d'apprentissage pouvait prévoir que l'ouvrier ou l'apprenti serait « trempé et non nourri », pour indiquer que la dépense de pain restait à sa charge et que son patron ne lui devait que le bouillon (sachant que le pain coûtait alors très cher).

D'autres expressions se réfèrent à la soupe : *cracher dans la soupe* (mépriser ce qui vous est cher ou utile) ; *venir comme un cheveu sur la soupe* (mal à propos, importun, indésirable) ; *servir une soupe à la grimace* (faire mauvais accueil).

leur nom l'indiquait à l'origine –, des andouilles, remplies de viandes *anduites* (induites) dans un boyau. Autant de victuailles disposées là pour y être fumées, fumaison et salaison étant alors les deux grands moyens de conservation des viandes.

Un grand charnier: l'ancêtre de notre frigo

Longtemps la conservation des aliments était passée par les recettes les plus diverses. On arrivait notamment à conserver les œufs jusqu'à six mois, dans de la graisse de mouton ou dans un mélange de chaux vive et de sel. Mais on recourait surtout à deux techniques : celle du **fumage**, en exposant les aliments à la fumée, qui les revêtait d'une couche durcie les protégeant des effets de l'air, et celle de la **salaison**, où la viande, recouverte de saumure, était entassée dans un grand *charnier* ou *saloir*, généralement fermé d'un couvercle et placé dans un lieu de préférence sec, souvent près de la cheminée.

La cave aussi les préservait de la lumière et les gardait au frais, sachant que le maintien à basse température était un autre gros souci, qui induisait idéalement l'achat de pains de glace, découpés en hiver sur les étangs gelés et conservés ensuite dans des glacières, trous fermés d'un couvercle isolant, dans lesquels on alternait couches de glace et couches de paille ou de sciure de bois.

Une première révolution avait été la mise au point par Nicolas Appert de la **conserve**, en 1795, d'abord dans de seuls récipients

---

🍇 HÉRITAGE ET VIE QUOTIDIENNE
À la fortune du pot

Cette expression signifie « sans cérémonie, en toute simplicité ». L'invité est reçu à bras ouverts, mais sans rien changer de l'ordinaire, se contentant de partager avec lui le repas prévu, qui mijotait à son arrivée dans le pot (la marmite). On se remettait alors à la fortune, autrement dit au hasard, qui pouvait selon les cas le faire tomber sur un mets succulent ou un brouet insipide. On dit aussi aujourd'hui *à la bonne franquette* (de façon très affranchie, au sens ancien de très « libre »).

en verre, puis, à partir de 1810, dans des boîtes en fer blanc – les sardines allant être ainsi conditionnées dès 1820. Équipées de stérilisateurs, les maîtresses de maison avaient ensuite mis leurs fruits et leurs légumes en bocaux, pendant que les industriels diffusaient boîtes de haricots ou de fruits au sirop. Mais une seconde, plus draconienne, devait être l'arrivée, au siècle suivant, des réfrigérateurs et congélateurs.

Un bouquet sous une chemise de verre : un petit musée

Terminons par les objets trônant sur la cheminée. Des objets très variés et hétéroclites. Certains étaient directement utiles, pour servir à la préparation des plats, ainsi les boîtes à épices, tantôt en faïence et tantôt en tôle émaillée ou peinte, que l'on trouve aujourd'hui chez les brocanteurs, qui s'alignaient sagement sur une étagère et de préférence ici, près du feu, là encore pour mieux protéger leur contenu de l'humidité. Boîtes remplies de poivre, de noix de muscade, de clous de girofle..., denrées précieuses achetées autrefois chez l'épicier, souvent nommé *marchand au poids*, car il les vendait au poids, en les pesant sur un trébuchet. Boîtes contenant aussi de la farine, des biscuits, du sucre – lui aussi vendu par l'épicier, qui le détachait d'un pain de sucre, à l'aide d'un petit marteau –, puis du riz, des pâtes, du vermicelle et enfin du café en grains.

HÉRITAGE ET VIE QUOTIDIENNE
Le pot avait du succès !

C'est dans les vieux pots que l'on fait les meilleures soupes : adage évoquant les qualités de l'âge : la sagesse, l'expérience...

Tourner autour du pot et *découvrir le pot aux roses* (ne pas vouloir révéler quelque chose et trouver la clé d'une énigme) : expressions aux origines floues, pouvant se rapporter au pot où la femme rangeait ses fards et aussi parfois ses billets doux.

On citera aussi, beaucoup plus claires : *payer les pots cassés, le pot de terre contre le pot de fer*...

Du frigidaire au *frigo*

Le réfrigérateur, comme beaucoup d'appareils, a profité des travaux de plusieurs inventeurs, dont Einstein lui-même, qui s'y était essayé en 1926.

Le premier véritable réfrigérateur domestique fut fabriqué à Chicago en 1913, mais c'est le réfrigérateur à absorption de gaz, mis au point en 1922 en Suède par Baltzar von Platen et commercialisé par Electrolux, qui allait lancer la fabrication en série. La marque Frigidaire a quant à elle été créée par la General Motors en 1918 et son nom, choisi par son fondateur, William C. Durant, est rapidement devenu nom commun, avant de laisser la place au très familier frigo…

À ses débuts, il était fortement déconseillé de placer un réfrigérateur à la cuisine, du fait que la pièce, chauffée par la cuisinière, obligeait le moteur de l'appareil à tourner davantage. Il y viendra avec la généralisation des cuisinières à gaz et électriques. Il est aujourd'hui l'appareil ménager le plus courant, puisque possédé par 99 % des ménages, au point que l'on se demande comment nos ancêtres ont pu s'en passer…

Dès les années 1960, le **congélateur** est venu compléter ce que l'on nomme « la gamme du froid », favorisant de nouvelles techniques de conservation, comme, selon les produits, la congélation et la surgélation, cette dernière permettant une conservation deux fois plus longue que la première… ■

À cela s'ajoutaient souvent d'autres objets à maintenir au sec, comme les morceaux de savon et bien sûr les chandelles, avec chandeliers et bougeoirs, lanternes et lampes diverses, pour lesquelles l'emplacement est logique, puisque bougies, chandelles et lampes étaient souvent directement allumées au feu de la cheminée. Plus prosaïquement, on posait là aussi les fers à repasser, nommés *fers à lisser* ou certaines pièces de vaisselle – écuelles, soupières… – afin de les avoir à portée de main au moment de les utiliser.

Enfin, le rebord de la cheminée était souvent une vitrine.

Vitrine économique, avec l'exposition d'objets utiles mais rares et dont on était fier. Voici une *pendulette*, qui sera plus tard remplacée par un réveille-matin. Voici le moulin à café – celui en bois, dont on tournait la manivelle, en bloquant fermement l'appareil entre ses genoux, et voici encore notre cafetière : l'objet sera inventé en 1802 par M. Descroisilles, pharmacien à Dieppe, qui l'avait nommée la caféolette, alors que le filtre à café sera inventé en 1908 par une Allemande de Dresde, Mme Bentz, prénommée Melitta, nom dont son mari baptisera la fabrique qu'il fondera.

Vitrine du goût – parfois discutable – grâce à des objets décoratifs comme un *vase à fleur*, mais aussi vitrine de la mémoire et petit musée familial, grâce à la couronne ou le bouquet de mariée, conservé *sous une chemise de verre*, à savoir sous un globe, à l'abri de la poussière et des graisses, la médaille de Sainte-Hélène reçue par l'aïeul, ancien grognard de l'Empereur, ou plus tard les photographies de famille dans des cadres.

Mais plus que tout, enfin, la cheminée accueillait aussi un crucifix, de cire ou d'os, parfois d'ivoire – le luxe – sur une croix de bois noire. Déposé bien en évidence, il était avant tout destiné à protéger la maison et ses habitants de tous les dangers. Souvenons-nous ici que le foyer avait autrefois longtemps été honoré comme un sanctuaire, sur lequel on appelait la protection de Dieu.

À ce crucifix s'ajoutait parfois une statuette en bois ou en faïence de la Sainte Vierge, protectrice elle aussi du foyer. Statuette plus tard rapportée de Lourdes, figurant la Madone et parfois accompagnée d'une gourde en tôle peinte, remplie d'eau de la source miraculeuse. Statuette et crucifix étaient enfin traditionnellement ornés d'un rameau de buis béni, rapporté chaque année de la messe des Rameaux, au retour de laquelle on avait soin d'en placer un dans chacune des pièces, non seulement dans la maison mais aussi dans les ateliers, les étables et les écuries, donc dans tous les lieux de travail ou de vie, tant des hommes que des animaux.

> ## L'*Almanach des Postes*
>
> Encore offert à l'approche de Noël par votre préposé, l'*Almanach des Postes* a eu très exactement deux cents ans en 2010!
>
> C'est en effet en 1810 qu'il a été baptisé ainsi, sachant que ce n'est qu'en 1857 qu'il a reçu sa forme actuelle, proposée par l'imprimeur alsacien François-Charles Oberthur, installé à Levallois-Perret, et qui a eu l'idée d'un almanach d'informations départementales, avec notamment les dates des foires, alors capitales pour bien des professions.
>
> Pendant plus d'un siècle, son succès ne se démentira pas, et de génération en génération, il a longtemps décoré les cheminées.
>
> Sa remise se veut un moment symbolique des relations que le facteur entretient avec les familles de sa tournée, sachant qu'à partir de 1949 celui-ci s'était vu autoriser à diffuser pour son propre compte cet objet, qui allait successivement se nommer Almanach des PTT en 1945, puis très officiellement Almanach du facteur, en 1989. ■

Restaient enfin des objets accrochés à la hotte ou au manteau, eux aussi variés, comme souvent les fusils déjà signalés, d'autres objets pieux, gravures représentant des saints – saint patron du maître de maison, de sa profession ou de la paroisse. Les plus populaires étaient saint Vincent, chez les vignerons, saint Isidore, représenté avec sa charrue, chez les agriculteurs, saint Pierre-aux-Liens, dont la fête – le 1er août – et le nom avaient fait le parfait patron des moissonneurs. On y trouva enfin, au XIXe siècle, l'incontournable et célèbre *Almanach des Postes*, indiquant le calendrier, les fêtes des saints et les lunaisons et prévoyant même – dix à douze mois à l'avance – la météo de l'année tout entière, sans oublier aussi, un peu plus tard, une reproduction de l'*Angélus* de Millet.

Le mythe tragique de l'Angélus *de Millet*

Ce titre est celui d'un livre, publié en 1938, soit quatre-vingts ans après la peinture de Jean-François Millet, a pour auteur un peintre surréaliste aux antipodes de Millet: l'Espagnol Salvador Dali, que ce tableau avait littéralement fasciné.

Sans doute Dali avait-il cherché à comprendre la clé de l'immense succès de cette œuvre, incontestablement l'une des plus représentées, tant sur les calendriers des postes que sur des cahiers d'écolier, des canevas ou des boîtes en cartons, sans compter nombre de reproductions en noir et blanc ou en couleur, que nos ancêtres encadraient et plaçaient au-dessus de leur cheminée.

Ce succès était en fait très logique: à lui seul, ce tableau résumait et synthétisait la vie quotidienne rurale, que son auteur connaissait bien, pour avoir, jusqu'à l'âge de vingt ans, travaillé dans la ferme paternelle de Gruchy, dans la Manche. Tout y était: aussi bien le décor que les rythmes et les mentalités:

Le mythe tragique de l'*Angélus* de Millet
(suite)

– un couple de paysans, travaillant aux champs, la femme manifestement soumise au mari ;
– le décor du labeur quotidien, étroitement dépendant des caprices de la météo ;
– à l'arrière-plan, le village, la communauté villageoise, dont le poids était toujours lourd, et le clocher de l'église, rappel de l'omniprésence de Dieu et de la religion ;
– l'action enfin, montrant ce couple de paysans, véritablement « pétri » de religion, comme l'étaient tous leurs semblables, s'arrêtant pour la prière de midi, que les cloches annonçaient en sonnant l'*Angelus*.

Autre chose, pourtant, hantait Dali. Il était convaincu que le couple représenté n'était pas simplement en prière, à la suite de l'*Angelus*, mais qu'il se recueillait devant un cercueil et le crecueil d'un enfant mort – le leur. Il pensait que cet objet, jugé par trop « dérangeant », avait été remplacé par un banal panier de pommes de terre, que Millet avait peint par-dessus.

Dans un premier temps, les choses en étaient restées là, mais, en 1963, Dali, au faîte de sa notoriété, avait obtenu du Louvre que le tableau soit radiographié. Sous la peinture, au premier plan, était alors apparu un petit parallélépipède, de la taille exacte d'un cercueil d'enfant... Né en 1904, Dali était le fils d'un père autoritaire, qui aurait été responsable, l'année précédant sa naissance, de la mort d'un frère, décédé à l'âge de deux ans... ■

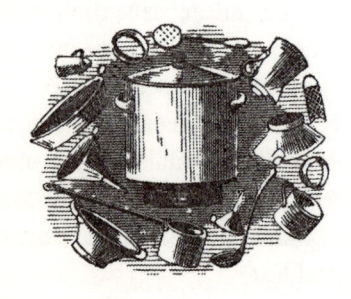

Du rouet à la machine à coudre et du balai à l'aspirateur

Continuons notre visite, sachant que c'est bien sûr dans cette cuisine que les effets de la révolution industrielle et du progrès technique se sont fait le plus ressentir.

Partout, on y trouvait des instruments aujourd'hui relégués pour le mieux dans les greniers et parfois même dans les musées régionaux d'art et de traditions populaires. Des instruments universels et indispensables, dont nos ancêtres n'auraient pu imaginer la disparition, remplacés par d'autres, dont nous ne saurions pas davantage imaginer nous passer : des robots extraordinaires, qui sont évidemment totalement absents de tous nos inventaires.

Item un fer à lisser

Voici, près du foyer ou sur notre rebord de cheminée, le fer à repasser, que l'on faisait chauffer sur les braises, sachant qu'à l'origine les vêtements n'avaient généralement pas été conservés pliés, pour avoir été d'abord tendus sur les murs puis roulés.

Deux rouets, avec ce qu'il y a de fuseaux

Souvent aussi à proximité du foyer, voici le rouet et le fuseau, que les femmes utilisaient pour filer et tisser, à la chaleur de l'âtre, lors des longues journées de pluie et des veillées d'hiver, pendant que les hommes s'adonnaient à des ouvrages de vannerie ou de boissellerie.

Du lissoir à fraises au fer sans fil

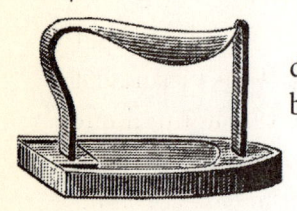

Les premiers fers à repasser, nommés lissoirs, datent de la Renaissance. Ils étaient fabriqués en bois dur, en verre ou en marbre. Ils étaient destinés au lissage aussi bien du cuir et du papier que du linge et de la dentelle, mais surtout à l'étalage de la gomme à empeser les dentelles dépassant des poignets et des cols, et tout spécialement des très mousseuses fraises, alors tant à la mode, sachant que cette gomme ne pouvait être travaillée qu'à froid.

Étaient ensuite venus les *repassoirs*, d'abord en fer, d'où leur nom courant, puis de préférence en fonte, que l'on nommait *fers à lisser* ou *fers à jeter au feu*, avant qu'on ne les mettent, au XIXe siècle, à chauffer sur les fourneaux. C'est la grande époque des lingères et des repasseuses, immortalisées par Degas, manipulant tout le jour ces objets lourds et brûlants, dégageant quantité de vapeur. Des ouvrières sachant travailler tout en finesse, en précision et en douceur, face à la rude et grossière blanchisseuse, à laquelle Zola a donné les traits de Gervaise.

Le premier rival sérieux du fer à repasser en fonte a vu le jour aux États-Unis. Il était constitué d'un boîtier en fer, que l'on remplissait de charbons chauds et que l'on aérait périodiquement à l'aide d'un petit soufflet, qui lui était attaché. Si son maniement restait lourd, cet instrument a pourtant été d'un usage très courant outre-Atlantique, jusque dans les années 1900. Non pas que le fer électrique soit inconnu. Sa formule, avec résistance puis thermostat et semelle d'aluminium, avait été inventée en 1882 par un New-Yorkais du nom de Seely. Mais tout simplement parce que cet appareil ne pouvait être utilisé tant que les maisons n'étaient pas raccordées à un réseau électrique.

Il faudra donc attendre l'arrivée de la « fée électricité ». En France, le premier modèle sera créé par Calor, société fondée en 1917 par Léo Trouilhet, société qui lancera le premier fer à vapeur en 1963, avant qu'un retraité de Cabourg ne conçoive, en 1983, le fer à repasser électrique à vapeur sans fil. ■

Traditionnellement, la femme filait. Depuis l'Antiquité, cette activité était lourdement symbolique. Le fil représentait la vie, que le filage faisait avancer. Il était le fil du destin, irréductible et sans pitié, conduisant de la naissance à la mort, comme celui filé par les Parques grecques, ces trois sœurs très âgées qui mesuraient la vie des hommes. La première mettait sur le fuseau un fil que la deuxième filait et que la troisième coupait, quand elle l'avait décidé ; c'était la mort. Dans le conte de *La Belle au bois dormant*, que la Belle se pique avec un fuseau annonce pareillement son destin... Le filage, avec le fuseau ou le rouet qui tourne de son mouvement uniforme, évoquait aussi la loi de l'éternel retour. Ce n'est pas un hasard si la *Marguerite* de Faust travaille au rouet, face au vieillard à qui Satan a donné la jeunesse en échange de son âme.

Mais, avant d'être tout cela, la quenouille et le fuseau étaient le symbole du travail féminin et de la femme elle-même. *Être de la quenouille* signifiait pour un homme être homosexuel ; *mêlez-vous de vos quenouilles* signifiait « mêlez-vous de vos affaires » – sous-entendu de vos affaires domestiques et familiales – et l'on disait qu'un héritage *tombait en quenouille* lorsqu'il passait à une fille, faute d'héritiers mâles.

L'opération du filage était en soi assez simple. Sur la quenouille, tige de bois ou d'osier, on stockait les fibres de lin, de chanvre ou de laine, afin qu'elles ne s'emmêlent pas, les maintenant en place avec un ruban. Ensuite, on les filait avec un fuseau, que l'on faisait tourner, puis un rouet qui l'intégrait et l'entraînait. Actionné au moyen d'une manivelle ou d'une pédale, celui-ci avait rapidement évincé l'antique quenouille, qui n'était plus utilisée qu'aux champs.

Le rouet était donc présent dans la plupart des maisons, quitte à y côtoyer un métier à tisser, permettant quant à lui de passer à la phase suivante : celle du tissage, que beaucoup de ruraux pratiquaient pour améliorer l'ordinaire, sachant que si le filage était la spécialité des femmes, le tissage était traditionnellement plutôt le fait des hommes. Il n'était ainsi pas rare de voir un beau-père offrir un métier à tisser – on disait souvent un *travail* ou un *travouil* – à son gendre, en guise de cadeau de mariage, histoire sans doute de lui proposer une saine occupation et de le dissuader de trop fréquenter la taverne ou le cabaret.

Voilà comment nos ancêtres se retrouvaient avec des coffres bourrés, comme on l'a vu, de filasse et de poupées de chanvre, ou encore d'aulnes de toiles diverses : *item une aulne de toile de brin* (fine toile de lin) ; *item douze aulnes de toile de réparons* (lin de seconde qualité), pièces qu'on leur voit parfois réclamer dans les successions, pour les avoir tissées eux-mêmes, ce dont ils étaient très fiers. Et toutes ces pièces, dormant dans les coffres et les armoires, attendaient généralement le tailleur, en ces temps-là ambulant, qui s'en allait chaque jour de ferme en ferme, soit prendre et livrer les commandes, soit le plus souvent couper et ajuster sur place les chemises, hauts-de-chausses et justaucorps que portaient nos ancêtres. C'est ainsi que la machine à coudre transformera dès la fin du XIXe siècle la vie des campagnes et des villes, où nombre de jeunes filles travaillaient sans relâche à constituer leurs trousseaux et où un grand nombre d'entre elles apprenaient la couture. Machine qui sera plus tard rejointe par la machine à tricoter...

Item deux gros balais de sol

Autre instrument lui aussi par excellence féminin, tout en étant fabriqué par les hommes lors des veillées d'hiver : le balai, symbolisant avant tout les activités ménagères. Sainte Pétronille, considérée comme la fille spirituelle de saint Pierre, était censée avoir tenu son ménage et se voyait de ce fait représentée avec un balai.

Mais notre balai plat n'est apparu que dans les années 1800. Celui de sainte Pétronille était un balai à l'ancienne, confectionné d'un assemblage de branches de genets. Son nom lui-même en témoigne, en venant du gaulois, *balan*, mot que l'on retrouvait en

De l'inventeur inconnu à « l'ami Sincère » : l'aventure de la machine à coudre

La machine à coudre à navette, actionnée par le pied avec une pédale, a été brevetée par un inventeur aussi génial que prolifique, mais dont le nom est totalement oublié. Pierre Carmien (1834-1907) a en effet déposé plus de soixante brevets, dont ceux du compteur à eau, du roulement à billes pour bicyclette à roue libre, de l'embrayage automatique, de la tondeuse électrique pour animaux, du mixeur pour la mayonnaise, du tire-bouchon à hélice, de l'utilisation de la force des vagues – préfiguration des usines marémotrices – et même, dès 1883, d'un « aviateur vertical », ancêtre direct de notre hélicoptère.

Sa première invention avait été, à l'âge de quatorze ans, celle du « piano à écrire », ancêtre de la machine à écrire, qu'il avait imaginé avec un de ses camarades d'école, fils de brigadier de gendarmerie, et qu'il avait alors fait tester par les gendarmes, pour rédiger leurs rapports (les industriels refuseront de s'y intéresser, jugeant cet appareil sans avenir…).

L'une des suivantes devait être la machine à coudre, qu'il avait à nouveau fait tester par les femmes de gendarmes, et pour laquelle il avait déposé un brevet en 1868. Il le vendra bientôt à la famille Peugeot, qui la fabriquera dans ses usines d'Audincourt, ce qui vaudra à Benjamin Peugeot de recevoir la Légion d'honneur, lors de l'Exposition universelle de 1878, pour cette paternité, qu'il assuma alors sans hésitation…

La machine à coudre Peugeot, si elle connut un très grand succès, fut cependant rapidement concurrencée par une marque américaine exploitant une machine voisine, construite un peu avant celle de Carmien par un certain Isaac Singer, à l'origine d'une firme gigantesque, qui partira à la conquête du monde.

Les premiers aspirateurs étaient tirés par des chevaux !

Le premier « aspirateur à poussière » à moteur n'aurait pas pu entrer dans votre salon ! Il était constitué d'une pompe et d'un moteur à essence, fixés sur un gros chariot, tiré par des chevaux et relié à un énorme tuyau, que l'on faisait entrer... par les fenêtres. Fabriqué en 1901 en Angleterre, pour nettoyer les voitures de chemin de fer, cet appareil préhistorique n'en avait pas moins conquis le roi Edouard VII, qui en avait immédiatement fait équiper ses palais de Buckingham et de Windsor...

Il faudra attendre quelques années – 1905 – pour qu'un ingénieur anglais fasse breveter un « appareil à vide pour enlever la poussière des tapis », très proche de celui que nous utilisons aujourd'hui. Mais c'est l'année suivante que Sprengler, un concierge américain de l'Ohio, mettra au point le premier engin vraiment efficace, à partir d'un ventilateur, d'une boîte et d'une taie d'oreiller, appareil qu'il allait bientôt faire commercialiser sous le nom de « balai à succion mécanique » par son cousin, William Hoover. Voilà comment cette marque dominera le marché de l'aspirateur, au point de devenir nom commun outre-Manche, où « passer l'aspirateur » se dit couramment *to hoover*.

Généralisé à la fin de la dernière guerre, l'aspirateur ne se démocratisera réellement que dans les années 1960, sachant qu'était né entre-temps le modèle « traîneau ».

Le monde s'était alors partagé, entre les partisans de ce dernier et ceux de l'aspirateur-balai : deux « cultures » qui s'opposeront, jusqu'à la révolution suivante, celle de l'aspirateur sans sac, timidement apparu en 1997 et aspirant les poussières à près de 1 500 kilomètres heure... ■

breton et qui désignait cette plante, partout utilisée pour fabriquer des balais « mous » et plus doux, utilisés à l'intérieur, alors qu'un manche ajouté à un fagot de bouleaux faisait un excellent balai dur, utilisé pour nettoyer les surfaces extérieures, les cours ou les étables.

Humble instrument ménager, le balai, généralement ignoré des inventaires pour n'avoir guère de valeur marchande, n'en était pas moins symbole de puissance sacrée. Le balayage des lieux de culte avait toujours été très important, pour éliminer les souillures et les impuretés venues de l'extérieur. Il en allait de même de celui des aires de battage des *blés* – on désignait alors ainsi toutes les céréales panifiables, dont le froment que nous nommons aujourd'hui seul ainsi – pour éviter de mêler aux bons grains de menus cailloux ou d'éventuels éléments indésirables, ne serait-ce que des fientes de poules. Il était de même recommandé de balayer particulièrement soigneusement, les jours où saint Nicolas ou le père Noël devaient venir déposer leurs cadeaux.

On ne balayait jamais, en revanche, la maison d'un mort, de peur de balayer son âme, et, en Bretagne, balayer la nuit était fortement déconseillé, de crainte de balayer le bonheur et la prospérité ou de heurter quelque invisible génie domestique, qui pouvait ainsi disparaître ou entrer en courroux.

Si le vulgaire balai avait un rôle protecteur, ce rôle pouvait facilement être inversé. Dans toutes les régions, c'était sur des balais que les sorcières sortaient des cheminées, après s'être couvert le corps d'onguents magiques et en avoir également parfois couvert le manche même du balai, alors considéré comme un symbole phallique. On disait que ces onguents étaient fabriqués en faisant bouillir dans une marmite de cuivre un animal noir ou une tête de serpent, de chien – ou même d'enfant ! – accompagné de persil, de suie et de feuilles de peuplier et surtout de belladone, de mandragore ou d'autres plantes encore, reconnues aujourd'hui comme psychoactives. C'étaient ces substances qui, passant dans le sang, donnaient des hallucinations et une impression de voler.

En état d'hystérie, nos sorcières s'élevaient donc dans le ciel par les nuits de pleine lune, en quête de méfaits ou de rencontres diaboliques. C'était sur leur balai qu'elles se rendaient aux sabbats, où le diable en personne parfois les attendait, tout spécialement la nuit du 30 avril au 1er mai, que l'on nommait dans l'Est la nuit de saint Walbruge, et au cours de laquelle nos aïeux se gardaient bien de mettre le nez dehors. Voilà pourquoi les balais étaient toujours soigneusement rangés à l'abri des regards, pour ne pas être empruntés par une sorcière, et toujours posés la tête en l'air, position réputée dissuaduer de les utiliser à des fins diaboliques.

Objet du quotidien particulièrement populaire, le balai était présent jusque dans les traditions de mariage, avec le « test du balai ». Il s'agissait ici d'un rite, observé dans de nombreuses régions (Savoie, Isère, Limousin, Beauce, Vendée…) qui permettait de juger des qualités de maîtresse de maison de la mariée.

L'idée était que la seule vue d'un balai devait provoquer, chez toute femme digne de tenir un foyer, une réaction immédiate, sinon un impérieux besoin de s'en servir. Le scénario était donc très simple : on plaçait un balai plus ou moins en évidence – parfois on le cachait carrément – dans la salle où allait se dérouler le banquet de noce, sachant que si la mariée était bonne ménagère, elle allait immanquablement le voir ou en ressentir la présence. Dès lors, les invités, son mari et plus encore ses beaux-parents l'observaient attentivement pour interpréter ses moindres gestes et réactions. Devait-elle voir l'objet pour réagir ? Comment se comportait-elle à sa vue ? S'en emparait-elle mollement ou fermement ? Comment s'en servait-elle ? Évidemment toute mariée ayant un minimum de fierté mettait un point d'honneur à chercher le balai et à s'en servir énergiquement, quitte à envoyer la poussière sur les pieds des invités hilares, mais en se dispensant bien de brandir un seul instant l'engin en direction de son époux… Un test qui amusait beaucoup, et que l'on pourrait peut-être relancer dans les mariages d'aujourd'hui… avec un aspirateur.

Le préfet Poubelle devait aimer les huîtres !

Autre manière de nettoyer ou d'éliminer : la poubelle est quant à elle longtemps restée cantonnée à la ville. C'était en effet là que c'était le plus sérieusement posée la question de la collecte des détritus en tout genre, alors qu'à la campagne elle se réglait très vite – parfois trop – en creusant un trou.

À Paris, Philippe Auguste avait dès 1184 ordonné le pavage des rues, pour lutter contre la marée montante des immondices, et en 1348 le prévôt de la ville avait instauré des amendes pour défaut de nettoyage. Mais rien n'y faisait, pas même une tentative postérieure de mise en place d'une « taxe des boues et lanternes », violemment refusée par la population. Il faudra finalement attendre 1883, pour voir une taxe spécifique de « balayage » et l'intervention quelques mois seulement après, du fameux arrêté signé par le préfet Eugène Poubelle. Un arrêté d'autant plus célèbre que l'on est toujours étonné de voir un patronyme devenir nom commun, pour désigner un objet certes très utile mais aussi déconsidéré.

Le préfet Poubelle et le tri sélectif : obligatoire pour les coquilles d'huîtres !

Juriste, administrateur et diplomate, Eugène Poubelle (1831-1907) n'en était pas à son coup d'essai lorsqu'il inventa la poubelle. Notre homme était depuis longtemps sensibilisé aux problèmes d'hygiène puisque, préfet de Grenoble, il s'était déjà battu – mais sans succès – pour convaincre la mairie de faire regrouper les déchets dans des baquets.

Nommé dans le nouveau Paris rebâti par Haussmann, il était donc arrivé avec ce même projet, qu'il s'était dépêché de mettre en place, par un arrêté aussi précis que d'avant-garde.

Obligeant les propriétaires à fournir à chaque locataire *un récipient de bois garni à l'intérieur de fer blanc, de manière à ce que rien ne puisse s'en échapper et qu'ils puissent contenir des cendres chaudes sans risque d'incendie*, le texte de Poubelle les normalise, en en fixant les dimensions et contenances et les veut équipés d'un couvercle et d'une anse ou de poignées. Il prévoit aussi que ces récipients seront collectés par les balayeurs municipaux dans des tombereaux ad hoc, dont le passage sera annoncé « par le son d'une corne, semblable à celles employées dans les chemins de fer ».

Enfin, cet arrêté instaure véritablement un « tri sélectif », avec trois boîtes obligatoires : un récipient commun, pour les résidus de ménage (nos matières putrescibles), un récipient spécial pour les débris de vaisselle, verre, poteries, etc., et un troisième destiné… aux coquilles d'huîtres – peut-être pour récupérer la nacre…

Mais c'est là que le bât blessa et que les bienfaits du texte de notre préfet furent contestés, pour se heurter, dès leur entrée en vigueur, à une farouche opposition. Une opposition organisée comme l'on dit aujourd'hui en lobbying, et rapportée par un article du *Petit Parisien* du 10 janvier 1884 que je ne résiste pas à reproduire : « *Hier matin, un grand nombre de chiffonniers ont protesté contre l'arrêté de M. Poubelle. On sait que c'est à partir d'aujourd'hui que cet arrêté, qui exige de placer les ordures dans des boîtes spéciales, sera exécutoire. Ce qu'il y a de plus étrange, c'est qu'il y est donné ordre aux habitants de Paris de trier leurs débarras ménagers et d'éviter ainsi cette peine aux entrepreneurs de déblaiement. En effet, l'ordonnance du préfet force à faire deux tas d'ordures : les trognons de choux d'un côté, les tessons de bouteilles et les chiffons de l'autre. On n'est pas plus tyranniquement fantaisiste. Vous verrez qu'un de ces jours, le préfet de la Seine nous forcera à aller porter nos ordures dans son cabinet.* »

Emboîtant le pas à son confrère, *Le Figaro* y était allé à son tour d'une violente critique de ces « boîtes Poubelle », et c'est son article qui a valu au nom du préfet le sort que l'on sait. Pour défendre leur bifteck, les chiffonniers avaient fait rejeter ce progrès pour plus d'un siècle, puisque ce ne sera qu'en juillet 2000 que le tri sélectif s'imposera aux Parisiens… ■

On ne mesure pourtant pas à sa juste valeur tout le mérite dudit préfet, qui s'était montré ici réellement visionnaire, en concevant un système tout à fait révolutionnaire et dont une partie était restée lettre morte devant l'opposition de la rue.

Item un grand panier d'osier: le Caddie était inconnu !

Terminons par les paniers. Très nombreux. Avec ou sans anse, plats, ventrus et porteurs de noms divers : *corbeilles, corbillons, vans, paniers* et *pannes*, ces deux mots ayant désigné à l'origine spécifiquement une corbeille où l'on mettait le pain, que l'on va parfois doter de pieds, pour en faire une *panetière*. Corbeilles et paniers, généralement en osier, étaient, comme les balais, fabriqués par les hommes durant les veillées d'hiver et utilisés pour tout transport (légumes, volailles, fromages, linges…) en concurrence avec les sacs, plutôt réservés à celui des grains. Ces paniers vont eux aussi évoluer au cours du XXe siècle, notamment en se voyant dotés de roues en même temps que d'un nouveau nom : le *Caddie*…

Rouets et fers à lisser, puis machines à coudre et fers électriques, balais et paniers, puis aspirateurs et Caddies… : on pourrait évoquer encore le presse-purée, qui avait suggéré à Jean Mantelet, fondateur de Moulinex, le moulin à légumes, en 1932, puis

---

HÉRITAGE ET VIE QUOTIDIENNE
Nos expressions liées au panier

Les expressions se référant au panier ont toujours été nombreuses et sont souvent restées très claires.

Être un panier percé (pour une personne dépensière) ; *mettre au panier* (à la corbeille à papier) ; *un panier de crabes* (un groupe d'intrigants et d'arrivistes) ; *ne pas mettre tous ses œufs dans le même panier* (diversifier ses avoirs ou ses activités, pour limiter ses risques et augmenter ses chances) ; le *dessus du panier* (le « gratin », les gens chics) ; *faire danser l'anse du panier* (réaliser un coquet bénéfice) ; *mettre la main au panier* (mettre la main aux fesses d'une femme, en référence aux anciennes robes à panier).

Le Caddie : un mot français, relooké par les Américains !

Le Caddie a vu le jour dans les supermarchés, eux-mêmes engendrés par la diffusion du réfrigérateur, qui avait permis d'espacer les courses d'alimentation.

D'abord apparus aux États-Unis, dans des granges et des usines désaffectées, ces supermarchés s'étaient multipliés et on avait assisté à la naissance de véritables chaînes. En 1936, le propriétaire de l'une d'elles avait imaginé des « porte-paniers » à roulettes, et, dix ans plus tard, des dessinateurs industriels avaient eu l'idée de fixer ces paniers sur les chariots et de les rendre emboîtables. Une querelle de brevets avait alors eu lieu, mais le chariot de supermarché était né.

Les grandes surfaces feront bientôt leur apparition en France : en 1957, les frères Bardoux transformeront leur épicerie traditionnelle du XVIIe arrondissement de Paris en « super-marché libre-service » et, l'année suivante, un premier supermarché avec parking ouvrira ses portes à Rueil-Malmaison. Le chariot sera bien sûr là, ou plutôt le *Caddie*, fabriqué en France par une société ayant choisi de se nommer Caddie SA – encore un nom de marque, qui va devenir nom commun !

Pourtant, si le *Caddie* nous est arrivé d'Amérique avec les supermarchés, il est en fait d'origine française, pour être issu de notre mot « cadet », pris ici pour désigner le jeune homme occupant une fonction subalterne, mot qui était d'abord utilisé pour celui chargé de transporter les clubs de golf dans un petit chariot à roulettes, avant de passer au chariot lui-même. ▪

---

le moulin à café électrique, en 1954. Les choses ont effectivement beaucoup changé…

Mais s'il est cependant bien logique de n'avoir trouvé chez nos ancêtres ni commutateur électrique ni aucun de ces robots, une autre grande absence étonnera sans doute davantage : celle quasi générale de l'eau…

Tant allait la cruche à l'eau : les dalles en pente de nos ancêtres

Pas d'eau, pas de vie...
L'eau détermine tout. À commencer par le paysage. Dans les régions aux sources rares, les noyaux de population se sont rassemblés autour d'elles, formant des habitats groupés, alors que, en montagne et là où les points d'eau étaient nombreux, les habitations se dispersaient à l'infini. La source était la base de la vie. Et si les hommes des cavernes s'étaient disputés le feu, leurs descendants, à l'instar de *Manon des sources*, se sont longtemps disputé l'eau.

Mais cette eau, nécessaire et vitale, était lourde. Lourde à porter. On se souvient du seau de Cosette, qu'elle devait chaque jour rapporter plein, à travers bois, sur plusieurs centaines de mètres. *Item un seau ferré* : le seau en bois, cerclé de fer, figure régulièrement dans les inventaires.

Une fontaine avec son couvercle et une cruche : la corvée d'eau

Où allait-on puiser l'eau ? À la source, au milieu des prés ou à l'orée d'un bois ; quelquefois loin. Souvent dans les terres surplombant la maison, bien que dans ce cas on puisse l'acheminer par gravitation naturelle, en creusant un chenal ou une rigole. À la source propre à la ferme ou commune parfois au hameau. À la fontaine du village ou du quartier. À son puits ou à sa pompe

Quand l'eau n'était pas courante, c'étaient les hommes qui couraient

Ils auraient été plus de vingt mille, à la fin du règne de Louis XVI, à exercer la profession de porteur d'eau. Vingt mille hommes, allant et venant incessamment, dans les rues de la capitale, pour approvisionner ses habitants en eau. Abrités de la pluie et du soleil par de grands chapeaux à large bord, ils portaient un « jouguet » sur leurs épaules, auquel étaient suspendus deux seaux, un à gauche et l'autre à droite, séparés par une sorte de cerceau, autour de la taille, afin d'éviter d'éclabousser leurs pieds.

Ces deux seaux, qu'ils allaient remplir aux fontaines et en hiver, lorsque ces dernières étaient gelées, directement à la Seine, contenaient chacun en moyenne 10 à 15 litres et pesaient donc quelque 30 kg au total. Si l'on estime que chaque homme effectuait grosso modo une trentaine d'allers-retours quotidiens, cela faisait près d'une tonne par jour et par personne, pour un Paris comptant alors environ cinq cent mille habitants, auxquels il faut ajouter les commerces et les ateliers…

L'immense majorité de ces hommes était originaire du Massif Central, et plus précisément de l'Aveyron, depuis qu'un certain François Chassang, parti à pieds en 1830, de Saint-Chély-d'Aubrac, y était rentré, six ans plus tard, avec en poche le fabuleux pécule de 5 000 francs-or. L'événement avait conduit des centaines de ses compatriotes vers Paris et ses fontaines, et une quinzaine d'années plus tard, on recensait, sur les rives de la Seine, pas moins de deux cents porteurs d'eau natifs de la seule commune de Saint-Chély, sans compter les natifs de communes voisines. Ce fut le début de la grande émigration des Aveyronnais vers la capitale. Après y avoir porté les seaux d'eau, ils se reconvertiront, à la suite des travaux d'Haussmann et des grandes opérations d'adduction d'eau, en livreurs de bains et en marchands de vins…

Mais le porteur d'eau restera une des figures des plus populaires, au point qu'en 1893 le journal La Lanterne organisera un insolite marathon, consistant à transporter sans la renverser une charge de 50 litres d'eau, du boulevard de Clichy à la mairie de Saint-Denis, soit sur environ 10 kilomètres. Le gagnant sera évidemment un Aubracois. ■

personnelle, dans sa cour ou son jardin, ou au puits parfois commun, au bout de la rue – d'où d'incessants problèmes de gestion, d'entretien et de nettoyage.

Sources, fontaines, puits : autant de lieux particuliers, que nos sociologues appellent « lieux de sociabilité », généralement réservés aux femmes, à qui incombait en principe cette corvée. Comme au lavoir, elles s'y retrouvaient, échangeaient et commentaient les nouvelles, alors que leurs hommes le faisaient au moulin, pendant que le meunier moulait leur grain, ou à la forge, quand le forgeron ferrait leurs animaux.

Avec quoi puisait-on l'eau ? Avec un seau, un *seau à tirer l'eau*, puisque nos inventaires nommaient volontiers les choses de façon redondante, l'eau étant alors puisée ou « tirée » – et ce parfois bel et bien, avec une corde – pour être transportée. En ville, elle l'était par les porteurs d'eau, qui constituaient à Paris une véritable armée. À la campagne, elle était volontiers puisée au seau à même la source, environnée parfois de mauvaises herbes, peuplée de têtards et de lentilles d'eau, et quelquefois polluée par une vache ou un mouton. De toute façon, le seau n'était jamais lavé à fond et encore moins aseptisé, ses cercles de fers étant fréquemment rouillés. Il en résultait tous les inconvénients que l'on imagine, avec leurs conséquences médicales, plus d'une fois fatales, car toute eau dite *potable*, pour être mise au pot, ne l'aurait que très rarement été face aux exigences des laboratoires d'aujourd'hui.

Du seau, l'eau de nos ancêtres passait donc dans un pot, parfois dans une aiguière, une cruche ou une bouteille, bouteille de terre, généralement en grès, ou bouteille de verre, cette dernière semblant avoir été plutôt destinée à recevoir le vin… Elle passait bien sûr dans les divers récipients déjà rencontrés, la marmite et ses semblables, mais elle transitait aussi par d'autres contenants, notamment les cuveaux, bassins et bassines, puis, plus récemment et dans les maisons plus aisées, par les fontaines murales en cuivre, en tôle émaillée, en céramiques ou parfois en faïence, souvent équipées d'un robinet et qui se répandront à compter du milieu du XVIIIe siècle : *item une fontaine avec son couvercle et une cruche...*

Elle y était soigneusement stockée, pour être consommée avec parcimonie. Son poids et son transport voulaient en effet que chacun l'économisât au maximum. Aussi bien pour la cuisine, pour préparer et laver les aliments et faire la vaisselle, que pour se laver les mains – ne parlons pas de la toilette du corps, on l'évoquera dans la salle de bains – ou encore pour faire la lessive.

Avoir une dalle en pente : un vrai luxe !

Pour ce qui était de la vaisselle – que l'on décrira bientôt mais qui était, disons-le dès maintenant, extrêmement réduite – elle n'était pas lavée, au sens où on l'entend aujourd'hui. On ne disposait guère de produits dégraissants et l'eau chaude était elle-même assez rare, avant de disposer des bouillottes, intégrées aux cuisinières. Chacun ayant sa propre écuelle la conservait dans un tiroir ou sur une étagère, sans forcément se donner la peine de la laver. Dans certaines régions reculées, on avait même longtemps trouvé des tables pourvues de cavités creusées à même le bois, et dans lesquelles les aliments étaient servis, comme ils l'étaient encore naguère sur les plateaux métalliques à cases des réfectoires militaires. Ce n'est que tardivement qu'un équipement spécifiquement consacré à la vaisselle – avec notamment au XIXe les égouttoirs – se développera autour de l'évier, avant que ne soit finalement inventé le lave-vaisselle.

L'évier était lui-même des plus rustiques. À l'origine, le mot ne désignait qu'un *canal où l'on jette l'eau des choses lavées pour la faire vuider hors*, ainsi que *les lavures et autres immondices*. L'évier n'était donc qu'un trou d'évacuation, aménagé dans le mur, pour évacuer les eaux des cuveaux ou bassins si souvent

Les « travailleurs dévoués » chargés des corvées de lavage

Savez-vous que notre terme **robot** est d'origine slave ? Ignoré des dictionnaires jusqu'à la dernière guerre, il vient du mot tchèque *robota*, signifiant « travail, corvée » ou du polonais *robotnik*, signifiant « travailleur dévoué ». Il a été lancé en 1921 par l'écrivain tchèque Karel Capek, dans une pièce de théâtre, pour désigner des humains mécaniques artificiels, machines qui ont nourri l'imaginaire de la génération d'après-guerre.

Le **lave-linge**, apparu en France vers 1830, avait d'abord été mécanique et était constitué d'une boîte en bois, que l'on remplissait d'eau chaude savonneuse, dans laquelle on remuait le linge manuellement, en faisant tourner de lourdes pales.

Si le premier lave-linge électrique vit le jour aux États-Unis en 1901, l'année avant que l'Allemand Carl Miele ne conçoive un modèle à cuve de bois, il faudra attendre 1923 pour que ce dernier envisage d'en fabriquer, 1937 pour que le premier lave-linge automatique soit commercialisé et 1960 pour voir arriver les machines à tambour horizontal.

Le **lave-vaisselle**, qui a lui aussi d'abord été mécanique, a été conçu aux États-Unis dès 1855. Avec la diffusion de l'électricité, il sera équipé d'un moteur en 1912, pour être automatisé dès 1940 mais n'être exporté vers l'Europe qu'à partir de 1960. ■

---

signalés et dans lesquels on faisait la vaisselle. Ce n'est guère qu'au XVIIIe siècle que l'on verra le sens du mot évoluer, pour désigner une *pierre en forme de table et légèrement creusée, sur laquelle on lave la vaisselle, et qui a un trou pour l'écoulement des eaux*. On parlait d'évier ou de *lavier* – en Bretagne de *nave* ou de *navier*

– et le mot désignait parfois une simple tablette, sur laquelle on pouvait poser un seau, mais plus souvent une sorte d'auge ou une simple dalle de pierre plate, scellée dans le mur et positionnée de façon inclinée, afin de faciliter l'évacuation : une dalle... en pente, qui se trouve à l'origine de nos expressions familières et très imagées, *avoir la dalle* ou *avoir la dalle en pente*.

Dans les intérieurs plus aisés, l'évier – et avec lui l'eau – était souvent cantonné à un espace réservé, nommé selon les cas *office*, *bassie*, *souillarde*... et c'est la multiplication de ces lieux, dans les immeubles urbains, qui va favoriser le développement de la plomberie, sachant que l'évier restera malgré tout très longtemps le seul point d'eau de la grande majorité des maisons et appartements. Tout comme l'eau courante, à la campagne, a longtemps marqué le clivage social, la multiplication des pièces à eau et leur spécialisation sera un signe incontestable de confort et d'évolution, avec l'apparition des salles de bains et des cabinets que l'on visitera prochainement, ou celle des buanderies, consacrées à la lessive.

Item une cuve à buer : la fête de la lessive

Avant l'ère de la machine à laver séchante, la lessive était une des pires corvées. Une opération que l'on préférait donc faire le plus rarement possible, et qui effectivement n'avait souvent lieu qu'une ou deux fois l'an. Non pas que nos ancêtres aient été sales, mais du fait que les importantes quantités de chemises et de coiffes qu'ils entassaient dans leurs coffres ou leurs armoires le leur permettaient sans problème.

Faire la lessive se disait alors *faire la buée* ou *la bue*, terme à l'origine de notre *buanderie*, sachant que le mot lessive désignait en fait l'eau de lavage.

Le jour de la *bue*, que l'on programmait plutôt en été ou au printemps, pour profiter des meilleures journées, était obligatoirement choisi en dehors d'un vendredi, jour de jeûne ou de pénitence pour les chrétiens, assorti de très nombreux interdits, dont celui de laver le linge, qui serait revenu à laver son propre suaire et donc à programmer sa mort prochaine. Il en allait de même pour d'autres jours, une bonne dizaine dans l'année, comme la Chandeleur, la Saint-Marc, le jour de la fête de la Purification de la Vierge ou de l'Assomption…, comme pour des périodes plus longues, telle que la Semaine sainte, précédant Pâques, ou le mois de novembre, considéré comme celui des Morts.

L'opération se faisait volontiers entre voisins, ou plutôt entre voisines, car elle était bien sûr assurée par les seules femmes. Elle durait fréquemment plusieurs jours; le plus souvent trois.

Au cours du premier jour, nommé le « purgatoire », on mettait le linge à macérer dans un grand récipient généralement réservé à cet usage – *item un grand cuvier à faire la lessive, cerclé de bois*, signale ainsi un inventaire vendéen. On l'avait rempli d'orties, parfois de coquilles d'œufs pilées, de plantes aromatiques, et recouvert d'un grand drap, sur lequel on déposait des cendres, traditionnellement utilisées en guise de savon et fréquemment vendues dans les rues des villes par des marchands ambulants. On y ajouta plus tard des sels de soudes, sachant que les premières lessives à base de savon n'apparaîtront qu'à la fin du XIXe siècle, mais que ce n'est qu'à partir des années 1930 que l'on disposera de produits spécifiquement conçus pour le lavage du linge.

Le deuxième jour, le linge, chargé sur des brouettes, était conduit « en enfer », c'est-à-dire à la rivière ou au lavoir – autre

Héritage et vie quotidienne
Laver son linge sale en famille

Si l'expression est très claire, on doit noter que le linge sale se lavait en fait souvent non pas tant en famille qu'entre voisins, la communauté villageoise s'organisant pour gérer la lessive commune. C'était alors plusieurs charrettes et non plus de simples brouettes, que l'on utilisait pour transporter les énormes tas de linge sale. Mais l'effet le plus important était surtout que le linge de toute la communauté, se voyant le troisième jour étalé sur l'herbe, révélait la richesse de chaque maison, en fonction du nombre et de l'état des pièces exposées… Chacun y allait alors de son commentaire, et orgueil et fierté se mettaient de la partie…

lieu de sociabilité essentiellement féminin –, où il était énergiquement battu au battoir, sur une planche à laver, avant que de solides matrones aux bras musclés ne s'y mettent à plusieurs, pour le tordre et le retordre sans ménagement.

Le troisième et dernier jour, il arrivait au « paradis » : on l'étendait sur les buissons ou carrément sur l'herbe verte des prés, avant, cette trilogie achevée, de le repasser et parfois de l'amidonner. Cette étape finale était la plus importante. En témoigne cet épisode, survenu à Lille en 1297 lorsque la ville, alors propriété des comtes de Flandres, était assiégée par les troupes françaises. Un beau matin, alors que l'on avait mis « les nappes aux champs » et « la bue étendue assez près de la porte » (la porte fortifiée de la ville), le capitaine de l'armée flamande, qui voulut faire une sortie pour attaquer les soldats ennemis, fut retenu d'autorité à l'intérieur « tant que les gens de pied eussent cueilli la bue ».

Ce scénario en trois temps, immuable, a été pratiqué jusqu'à ce que la lessiveuse vienne pour partie alléger cette corvée, en pénétrant peu à peu dans toutes les maisons, au cours de la seconde moitié du XIXe siècle, et en permettant, grâce aux poêles et aux fourneaux qui se sont multipliés, de faire bouillir le linge avant de le savonner. Pourtant, l'opération devait continuer à durer trois jours puisque les Manuels de domestiques du début du XXe siècle stipulent encore bien que l'on « savonne et blanchit le mercredi, on repasse le jeudi et on raccommode le vendredi ».

Le lave-linge finira fort heureusement par arriver, trouvant sa place dans la cuisine, revue par un « cuisiniste ». Ce mot inventé en 1977 par un publicitaire sera rapidement popularisé par le milieu professionnel, avec le lancement des cuisines « intégrées » et « encastrées », associant les deux aspects, fonctionnel et décoratif, notamment par une étude rationnelle du mobilier. Une question qui, comme on va le voir maintenant, ne risquait guère de se poser chez nos ancêtres...

Plus blanc que blanc :
des secrets hollandais à la mère Denis

La blancheur du linge a toujours été symbole de pureté.

La technique la plus utilisée, en Europe de l'Ouest, a été très tôt celle du blanchiment sur pré, qui était tout un art, consistant à étendre le linge à plat au soleil sur un pré dont l'herbe était propre, haute et serrée, et à l'arroser régulièrement à mesure qu'il séchait. Le linge devait ainsi demeurer trois jours – et trois nuits – exposé au soleil, et être plié à demi sec, afin d'être repassé. Telle était en effet la méthode académique, décrite par Diderot et d'Alembert dans l'Encyclopédie. Elle s'inspirait de celle des blanchisseries hollandaises de Haarlem, qui savaient atteindre un blanc réputé parfait et considéré comme la référence, au point que Saint-Simon rapporte que la très riche et très dépensière comtesse de Furstenberg, qui possédait des dentelles précieuses et immaculées, « ne se blanchissait qu'en Hollande », quitte à ce que ses précieux ballots de linge se voient, au cours du transport, confisqués comme butin de guerre...

Le blanc hollandais était considéré comme inimitable pour être légèrement bleuté, propriété que l'on attribuait à la fois au climat du pays, à l'action conjuguée du soleil et de la lune et à l'adjonction de petit lait au cours de la phase de rinçage. Des siècles durant, plusieurs spécialistes tentèrent de percer le secret de ce subtil et délicat « azurage », quelques-uns soupçonnant l'utilisation d'une substance à base d'indigo...

Mais une mode chassant l'autre, la recherche du blanc « plus blanc que blanc » fera oublier la Hollande, pour envoyer son linge « aux îles », c'est-à-dire aux Antilles et notamment à Saint-Domingue, avant que les chimistes ne prennent plus tard le relais.

Viendront alors mille recettes de poudres aux effets garantis, bourrées d'enzymes gloutons ou de perles magiques.

On passera enfin par d'autres trouvailles publicitaires, comme « les chevaliers du blanc », sans oublier l'arrivée à l'écran, en 1973, de la célèbre et pittoresque mère Denis – Marie-Jeanne Le Calvé, épouse d'Yves-Marie Denis : une authentique lavandière de Barneville-sur-Mer, dans la Manche, qui devra sa gloire, à soixante-dix-neuf ans, au fait d'être la voisine de villégiature d'un publicitaire parisien. ■

Petite chronologie
de la robotique ménagère

L'année ou l'époque retenue a généralement été celle de la commercialisation de l'appareil en France. Pour ce qui est de sa pénétration et de sa démocratisation, voir page 301).

aspirateur : 1906
chauffe-eau : 1936
cocotte minute : 1953 (SEB)
congélateur : années 1960
conserves : boîte en fer blanc, 1810 ; sardines, 1820
fer à repasser : 1917
filtre à café : 1908
four à micro-ondes : fin des années 1970
gazinière : fin du XIXe siècle
grille-pain : 1925
lave-linge : 1937
lave-vaisselle : 1960
lessiveuse : à partir de 1870
machine à coudre : à partir de 1870
moulin à café électrique : 1954 (Moulinex)
moulin à légumes : 1932 (Moulinex)
poêle Téfal : 1956
poubelle : 1884 (à pédale : 1939)
rasoir électrique : 1928
réfrigérateur : 1931 (Electrolux)
sèche-cheveux : 1926 (Calor)

À table ! À table !
Tables coulantes et chaises caquetoires

Item une table en bois de noyer avec sa tirette (son tiroir)…
Enfin un meuble, le premier ! Un meuble que nous reconnaissons, qui nous est familier et que nous avons tous chez nous. Dont nous n'imaginons d'ailleurs pas pouvoir nous passer. Un meuble indispensable, basique, que tout ménage possède, avant que d'avoir un téléviseur, un canapé ou bien sûr une crémaillère !

Mais n'allons pas trop vite.

D'une part, il faut remarquer que les inventaires n'énuméraient pas toujours de table. Lorsque l'on sait que le greffier n'omettait pas la moindre vieille serviette trouée, qu'il prisait pour quelques sols, il est impossible d'imaginer qu'il ait pu passer sous silence une table, même si ce meuble n'était jamais évalué qu'à quelques livres…

En fait, si nos inventaires ne signalent pas de table, c'est qu'il n'y en avait pas. Dans la maison rurale modeste, la table n'apparaît souvent au mieux qu'à partir de 1630, généralement entre 1680 et 1720, voire parfois bien plus tard dans des régions reculées : pas de table chez le vigneron lorrain Pierrot Pierot, en 1647 ; pas de table chez le laboureur jurassien Claude Guillemin, en 1721, pas plus chez le manouvrier nivernais Joseph Coup, en 1743…

D'autre part la table, lorsque l'on en trouvait une, était bien différente de la nôtre. Devant son nom au latin *tabula*, qui désignait une planche, elle en était bel et bien une, une simple planche, on disait un *plateau volant* que l'on posait – ou dressait – sur un piétement ou des tréteaux, d'où notre expression *dresser la table*. Installée au moment de prendre le repas, elle disparaissait celui-là terminé. Une situation logique, à une époque où l'usage des pièces était comme on le verra indifférencié et où les mobiliers des plus riches les suivaient régulièrement d'un château à un autre, comme ceux des paysans devaient pouvoir être transportés d'une métairie à une autre.

Les plus anciens inventaires le confirment : *item une table, avec ses tréteaux* (Charente-Maritime, 1573) ; *item une table, portée sur une caisse* (Maine-et-Loire, 1639) ; *item une table de bois de noyer, garnye de son châssis* (Seine-et-Marne, 1653) ; *item une table volante de bois de chêne* (Mayenne, 1673)…

La table n'a commencé à devenir fixe que vers 1500-1520, parfois beaucoup plus tardivement.

Mais si elle a varié selon les époques, la table a plus encore varié selon les régions : longue et lourde en Savoie, à deux tiroirs en Flandres, elle était à la fois table et coffre en Bretagne, où son prix était beaucoup plus élevé. On la nommait table *tirante, coulante* ou *courante*, voire aussi *table ventre*, pour avoir un couvercle coulissant, laissant apparaître des casiers, dans lesquels on rangeait à la fois les victuailles, le pain, la vaisselle et les nappes.

Place de la table et places à table

Quelle était la place de la table ?

Une fois pourvue de pieds fixes, elle avait généralement occupé une place centrale. Pas trop près du foyer, pour ne pas gêner les

---

HÉRITAGE ET VIE QUOTIDIENNE
Nos expressions liées à la table

Elles sont aussi nombreuses que contemporaines, avec *se mettre* ou *passer à table* (pour avouer, révéler), *jouer cartes sur table* (franchement, sans détour), *faire table rase* (oublier), et parfois plus anciennes, comme *dresser la table*, *tenir table ouverte* (accueillir, en souvenir des pratiques traditionnelles d'hospitaité).

va-et-vient, mais pas trop loin non plus car, du fait qu'elle était souvent unique, on devait pouvoir y poser les victuailles et les récipients. Généralement, elle était placée devant une fenêtre, et perpendiculairement à celle-ci, afin de profiter au mieux de la lumière du jour.

Mais plus que la place de la table comptait la place à table. La table ronde, plus « égalitaire », était rare. La table allongée, qui dominait largement, induisait une hiérarchie des places, hiérarchie alors davantage présente dans les repas quotidiens, pris à la maison, que dans les repas officiels ou de cour, où le service dit « à la française », pratiqué jusqu'à l'Empire, ne s'y prêtait pas. Cette formule voulait en effet que tous les plats soient présentés en même temps – successivement les potages, les plats et les desserts – et que chaque convive compose lui-même son menu. Elle correspondait à notre « buffet »; le dîner officiel, de gala, au sens où on l'entend aujourd'hui, n'existait pas, même à la cour. À Versailles, Louis XIV prenait son dîner à 13 heures, seul, dans sa chambre et sur une table que l'on « dressait » à cet effet. Le soir, son « souper au grand couvert » était servi vers 22 heures, en musique et en public, devant les courtisans.

Tout changera sous l'Empire, lorsque l'ambassadeur de Russie à Paris organisera des dîners servis « à la russe », avec les invités assis autour d'une table et les plats servis un à un et chauds. C'est alors seulement que de nouveaux codes feront leur apparition, quant à la disposition du couvert, mais aussi quant à l'attribution des places autour de la table, avec le dégagement des règles de protocole.

Chez l'homme de la rue, on n'avait pourtant pas attendu ce changement de mode pour voir chaque convive avoir sa place autour de la table longue, place le plus souvent attribuée en fonction de celle occupée dans la maison ou la famille. À la campagne, le père – ou le maître des lieux lorsque plusieurs couples vivaient sous le même toit – siégeait seul à un bout, en principe

Égalitaire et mythique : la table ronde

Dans la plupart des civilisations, la table apparaît sous une symbolique double pour évoquer à la fois :

– la révélation d'un secret, avec les Tables de la loi du monde judéo-chrétien, tables de pierre, sur lesquelles étaient gravés les lois et commandements divins, remises par Dieu lui-même à Moïse, sur le mont Sinaï, et avec la Table gardée de l'Islam, sur laquelle Dieu a inscrit la destinée des hommes,

– l'hospitalité, avec le repas communiel, donnant chez les chrétiens la Table du Cénacle ou de la Cène (*cena* était le repas du soir) et la Table ronde des légendes du roi Arthur et des chevaliers du Graal, où l'on voit que la table avait également la vocation d'exprimer la hiérarchie.

La Table ronde aurait été selon certains une table fabriquée pour le roi Arthur par l'enchanteur Merlin. Selon d'autres, elle lui aurait été donnée en dot, à l'occasion de son mariage avec la fée Guenièvre. Selon d'autres encore, elle aurait été ni plus ni moins que celle sur laquelle le Christ avait pris son dernier repas, avec ses apôtres, chez Joseph d'Arimathie. Ce dernier aurait par ailleurs recueilli quelques gouttes du sang du Christ dans le calice de la Cène – nommé ensuite le Saint-Graal – et serait venu se réfugier en Bretagne avec ce vase sacré… et sa table.

Adaptation de celle des festins des mythes celtiques, cette table pouvait accueillir, selon les versions, trente ou six cents chevaliers, mais toujours – pour être ronde – sans hiérarchie : *ils siégeaient autour de la Table dans l'égalité la plus parfaite, et c'est dans la plus parfaite égalité qu'ils étaient servis. Aucun d'eux ne pouvait se vanter d'être mieux placé que son égal : tous siégeaient aux places d'honneur, aucun ne se trouvait relégué à l'écart.* Les différents chevaliers appelés à s'installer autour de cette table avaient leur nom inscrit sur leur siège. Seul un siège ne portait aucune inscription, c'était le « siège périlleux », qui restait vacant en souvenir de Judas, et sur lequel pourrait seul s'asseoir le meilleur d'entre eux, celui qui pour avoir le cœur le plus pur parviendrait à trouver le Graal. Ceux qui s'y asseyaient sans remplir cette qualité se voyaient impitoyablement engloutis dans la terre…

face à la porte, afin de voir entrer le visiteur et de l'accueillir. Il avait près de lui la bouteille de vin et surtout le pain. C'était lui qui en servait les convives, après avoir ostensiblement fait le geste de tracer une croix, avec la pointe de son couteau, sur la miche qu'il entamait, afin de rendre grâce à Dieu du « pain quotidien » donné à la maisonnée. À la fin du repas, dès qu'il reposait ou repliait son couteau – avec un bruit sec et généralement étudié – tout le monde devait s'arrêter de manger et se lever, y compris le valet ou le berger, arrivé des champs en retard, qui n'en était qu'à ses premières bouchées.

Tout le monde se levait, pour laisser alors souvent la table aux femmes, car l'habitude voulait aussi, dans de nombreuses fermes, que la maîtresse de maison et les femmes ne prennent pas leur repas assis avec les hommes et restent même debout pour les servir. On a beaucoup glosé au sujet de cette pratique, que l'on a évidemment souvent dénoncée comme profondément sexiste et machiste. Pourtant, elle ne faisait qu'exprimer cet ordre établi et accepté par tous, hommes et femmes, ordre attribuant à chacun et à chacune des espaces et des fonctions propres. Si les prés et les champs, les foires et l'extérieur en général étaient le domaine des hommes, le jardin, la basse-cour et la maison étaient celui des femmes. On se souvient de l'adage déjà cité : *Jamais femmes ni cochons ne doivent quitter la maison.* Personne ne le discutait, y compris justement ces femmes, qui mettaient au contraire ici toute leur fierté à la préparation des repas et à la tenue des intérieurs et qui poussaient alors sa logique jusqu'à recevoir à table leurs hommes, qu'elles entendaient honorer et traiter comme des invités, en les servant elles-mêmes, quitte aussi à mieux se retrouver ensuite entre elles, une fois ceux-ci repartis.

Deux chaises et une bancelle : sur quoi s'asseyait-on ?

Laissons ici encore les inventaires nous renseigner.

Item deux chaises de bois blanc, foncées de paille (à fond de paille, autrement dit « paillées ») ; *item sept chaises, dont quatre garnies en cordes et trois de joncs*, lit-on en 1751 et en 1837. Des descriptions qui semblent bien classiques. Mais en fait, ici aussi les choses avaient évolué, comme les documents antérieurs vont le montrer.

Ceux du XVIIIe siècle, s'ils énumèrent déjà les chaises, en recensent généralement peu, et pas toujours une par personne ! Manifestement, plus l'on en comptait et plus l'on grimpait dans l'échelle sociale : honorable François Goussé, sieur de la Lande, à Ahuillé, en Mayenne, possédait en 1736 *douze chaises ou sièges à colonnes tournés de bois de frêne, une autre chaise avec une layette* (petit coffre) *et cinq tabourets*. On ne trouvait que *quatre chaises de paille* chez le tisserand Daneau en 1718 et généralement une, deux ou seulement trois, souvent en mauvais état et parfois défoncées ou dépaillées.

En fait, les chaises n'étaient alors pas toujours très démocratisées et l'on s'asseyait encore – hormis sur les coffres, dont on reparlera – essentiellement sur des bancs, qui avaient auparavant pratiquement été les seuls sièges en usage. *Item une table avec ses deux bancs ou encore une table à deux bancelles* : tel était l'équipement le plus courant au XVIIe siècle, sachant que ces bancs étaient

---

🐛 Héritage et vie quotidienne
Nos expressions liées au banc

Certaines expressions semblant évoquer le « banc » ne s'y réfèrent nullement, comme en témoigne d'ailleurs leur orthographe.

Être en rupture de ban, se rapporte à l'ancien ban féodal, qui était le pouvoir d'édicter des lois et qui a donné notre *forban* (qui était « hors ban », parfait synonyme de « hors-la-loi ») et notre *bannissement* (qui signifiait envoyé « hors du ban », soit hors du territoire, sur lequel une ville ou un seigneur exerçait son pouvoir de police).

Le ban et l'arrière-ban se reportaient plus précisément au pouvoir de mobilisation militaire, faisant convoquer les vassaux de premier degré ou ceux des degrés suivants, que l'on nommait l'*arrière-ban*.

fréquemment très rustiques : *item deux bancs taillés à la serpe; item une table de bois de noyer et deux formes de bois, servant à s'asseoir à icelle table* (1683).

Mais allons plus loin, ou plutôt remontons plus avant dans le temps, et voilà que l'on ne trouve ni chaise ni banc, comme c'est le cas chez Pierrot Pierot (1647), homme pourtant plutôt aisé et évolué, puisque sachant signer. C'est aussi le cas dans un inventaire briard, daté de 1653, où l'on décrit pour tous sièges *un gros billot de bois garni de trois pieds et deux petites scelles de bois servant à se chauffer auprès du feu...*

Le simple billot de bois avait généralement été le siège habituel de nos ancêtres jusqu'à l'époque du bon roi Henri IV et l'était parfois longtemps resté dans certaines régions. On se rend compte que l'histoire des sièges est aussi celle de la posture. Nos ancêtres vivaient debout ou couchés, rarement assis et plutôt accroupis. Ils ne s'adossaient jamais...

Dis-moi sur quel siège tu fais asseoir un visiteur et je te dirai qui tu es. Ou du moins comment tu le considères... Ma grand-tante Yvonne le pensait, et, lorsqu'elle entrait dans une maison, elle regardait toujours les sièges et d'abord celui qu'on lui offrait. Pour elle, le choix du siège et son niveau de confort permettait à lui seul de mesurer l'éducation et le raffinement d'une hôtesse et d'apprécier les égards avec lesquels elle vous accueillait.

Aurait-on pu réagir comme elle chez les paysans du XVIe siècle ? Certainement non, puisque le nombre et la variété des sièges étaient comme on vient de le voir on ne peut plus réduits. Il est cependant malgré tout très clair que ces sièges, dans les siècles passés, ont toujours été de parfaits révélateurs des niveaux d'aisance et de distinction. Personne ne s'y trompait et qui réussissait socialement y attachait toujours de l'importance, comme vont en témoigner certains de nos documents d'archives.

La recherche de sièges confortables a été constante, et au rustique et misérable billot de bois avaient donc peu à peu succédé d'autres formules. En 1613, un notable berrichon s'installant dans une nouvelle et belle demeure fait fabriquer des meubles par un menuisier : un bois de lit, plusieurs tables, une maie, un buffet et une « table tirante », à quoi s'ajoutait une panoplie de sièges, avec *six chaises sans bras et une à bras pour mettre près du lit*, et encore *six placets hauts* – sans doute des tabourets – et *six petites chaises caquetoires*, petits sièges à dossiers hauts et étroits, avec deux accoudoirs rectilignes et des assises trapézoïdales, alors très à la mode et qu'utilisaient les dames pour bavarder. On était très loin du billot, sans doute encore en usage courant chez ses métayers...

Mais ce billot s'était peu à peu affiné. Travaillé à la hache ou à la serpe, il avait, dès le Moyen Âge, donné le tabouret, dont le nom n'était autre qu'un diminutif de *tambour*, à cause de sa forme. Ce meuble, qui s'était surtout diffusé au XVIe siècle, avait eu longtemps cours dans certaines régions – notamment en Bretagne, où l'on relève, en 1698, *un escabeau et six tables pour s'asseoir* : des *tables pour s'asseoir* qui devaient être elles aussi des tabourets.

Nommé parfois *escabeau*, ce siège s'était rapidement allongé, pour donner les bancs (appelés fréquemment à l'origine *escabeaux longés*) et des bancelles (petits bancs) qui, recouverts d'étoffes ou de tapisserie, ont préfiguré nos canapés. On leur avait parfois adjoint un coffre, à moins que ce ne soit du coffre qu'on ait fait un banc, peu importe, sachant que l'on avait parfois doté ce banc d'un dossier, pour obtenir cet *archebanc* que l'on a décrit, meuble imposant que l'on n'hésitait pas à faire bénir par le curé lors de son entrée dans la maison. Meuble que l'on avait aussi parfois rencontré en pierre et carrément intégré au mur dans certains intérieurs médiévaux.

Était ensuite venue la chaise, nommée souvent à l'origine *chaire* ou *chayère*, qui avait été une adaptation de la chaire, siège de bois à dossier, réservé aux grands et aux évêques. Garnie de paille, de corde de chanvre ou de joncs, elle gagnera du terrain sur le banc, à la campagne, au fil du XVIIIe siècle. Une enquête, menée sur des

Des chaises et des bancs particuliers

La chaise et le banc comptent parmi les meubles aux destinées les plus diverses, avec des déclinaisons particulières, dont :
– *la chaise caquetoire*, chaise évoquée dans ce chapitre.
– *la chaise percée*, dite aussi *chaise d'aisances* ou de façon plus recherchée *chaise d'affaires*, dont on verra la curieuse histoire lors de la visite du « petit coin » ;
– *la chaise à sel*, chaise munie d'un coffre, destiné à contenir le sel et à le dérober aussi aux yeux du gabelou, déjà signalée ;
– *la chaise à porteurs*, qui préfigura nos Vélibs, aux XVIIe et XVIIIe siècles ;
– *la chaise électrique*, mise au point par un ingénieur américain vers 1880, pour proposer un moyen d'exécution à la fois plus propre, plus moderne et moins cruel que la pendaison, et qui sera utilisée aux États-Unis jusqu'en 1999 ;
– *le banc des accusés*, destiné aux hommes souvent *en rupture de ban* (tout étant ici dans la nuance), ou plutôt dans l'orthographe ;
– *le banc d'œuvre* ou *banc de l'œuvre* (cf. page 109) ;
– *le banc public*, sur lequel chacun sait que les amoureux se bécotent, et qui date souvent du Second Empire, pour avoir fait partie, avec kiosques et vespasiennes, du « mobilier urbain » – l'expression était alors inconnue – mis en place par le baron Haussmann dans les rues de Paris. En Alsace, le préfet du Bas-Rhin en avait également fait placer, en commémoration du mariage de Napoléon III avec Eugénie de Montijo, en 1854. Positionnés en principe tous les 2 kilomètres, ils servaient de reposoirs aux villageois se rendant au marché ou à la foire, avec de lourdes charges, qu'ils portaient sur leur dos ou leur tête. ■

archives notariales de Roscoff, en Bretagne, montre cependant qu'à l'époque de la Révolution on comptait encore 40 % des maisons équipées uniquement de bancs, pour 60 % dans lesquelles on trouvait des chaises.

La chaise n'a donc guère pénétré les intérieurs modestes avant les années 1700, alors que les plus aisés commençaient déjà à avoir des fauteuils, directement issus de nos *chaises caquetoires* de la Renaissance, et qui s'étaient vu nommer ainsi (*faudesteuil*) d'après le vieux mot franc, *faldisthol*, désignant étymologiquement un siège pliant, soit très primitif, fabriqué en forme d'X. Doté d'un dossier, permettant de s'asseoir plus confortablement en se renversant en arrière, ce fauteuil, garni de crin et recouvert de tissu, si ce n'est de tapisserie ou de cuir, sera de plus en plus ouvragé, avec pieds tournés, entretoises ondulées, *accotoirs* galbés et équipés de *manchettes* rembourrées. Devenant le meuble de salon et de représentation par excellence, il sera de ce fait l'un des plus tributaires des modes et connaîtra d'incessantes variations, du fauteuil Louis XIII au fauteuil Empire.

L'évolution du mobilier n'a cessé de suivre et de trahir celle du confort : notre canapé, né pour ainsi dire de l'union du banc et du fauteuil, n'apparaîtra que plus tard et sera évoqué au salon.

Il n'empêche que le siège, et plus généralement la position assise, avait toujours été un signe distinctif au plan de la vie sociale, sans oublier l'usage des chaises à porteurs. Si à l'origine seuls certains membres du clergé pouvaient s'asseoir durant les offices, l'usage des sièges était très codifié à la cour du Roi-Soleil. Le roi et la reine, seuls, avaient ainsi droit à une chaise à bras, le dauphin et la dauphine à une *chaise à dos*, les princes et princesses du sang à un tabouret rehaussé, les « ducs et pairs » et leurs épouses à des tabourets ordinaires, les simples ducs et duchesses à des *ployants* (pliants), les autres courtisans n'ayant quant à eux que le droit... de rester debout. Il en allait ainsi à la chapelle et à la comédie, et dans bien des cérémonies.

Quand bourgeois et curés se disputaient les chaises

Devant son nom au gréco-latin *cathedra*, désignant un siège à dossier, la *chaire*, qui a donné notre chaise, considérée comme un symbole de pouvoir, était à l'origine réservée aux églises et à certains personnages précis, notamment à l'évêque, assis sur cette *cathèdre*, dans son église qui s'était vu pour cette raison nommer une *cathédrale*. Tous les autres restaient debout, d'où l'invention des « miséricordes », ces discrètes tablettes pourvues d'une barre de bois, permettant aux moines et aux diacres de s'affaisser discrètement durant certains moments des offices religieux, tout en donnant l'impression de rester debout.

Mais les curés assis, des siècles durant les fidèles étaient restés debout, et le droit à s'asseoir avait été un des effets de la Réforme et une des grandes conquêtes de la bourgeoisie, au XVIe siècle, qui ne supportait plus cette marque d'inégalité. On décida alors de faire abattre, dans les chœurs, des armoires et des cloisons, pour les remplacer par quelques bancs, destinés aux laïcs les plus importants.

Ainsi étaient nés les *bancs d'œuvre*, réservés d'abord aux *marguilliers* (sacristains) et aux *fabriciens* (membres du *conseil de fabrique*, chargé d'administrer la paroisse). Les familles de châtelains n'ayant pas de chapelle privée dans leur château en possédaient généralement également. Ces bancs, imposants par leur taille et par leur décor, plus ou moins ouvragé, étaient majoritairement à proximité de la chaire, de laquelle le curé prêchait, ou pour les bancs privés, dans les chapelles latérales, elles-mêmes propriétés des seigneurs du lieu.

N'avaient alors pas tardé à arriver les chaises, destinées aux gens du peuple, lesquelles étaient rapidement devenues louables, à l'année ou à vie, selon un éventail tarifaire aussi choquant que large. ■

Les chaises à porteurs se louaient comme nos Vélibs !

La chaise à porteurs, qui était une cabine munie de brancards et portée à main d'homme, a été très utilisée en ville, aux XVIIe et XVIIIe siècles, pour effectuer de petits parcours. Proche de l'ancienne litière romaine et du palanquin asiatique, elle avait été rapportée par les conquistadors espagnols, par imitation des objets qu'ils avaient observés chez des peuplades mexicaines ou péruviennes, où la roue était inconnue.

Elle apparut donc au XVIe siècle, d'abord en Italie, où les seggioli, riches seigneurs génois ou napolitains recouraient à ces cabines reliées à des perches, que les malabars locaux portaient sur leurs épaules.

Elle arriva ensuite en Angleterre, dans la station balnéaire de Bath, où les curistes venant de prendre un bain chaud se faisaient reconduire pour transpirer dans leur lit, dans des cabines fermées de rideaux de serge, afin d'éviter tout refroidissement.

Elle pénétra ensuite dans les halls des demeures aristocratiques (châteaux et hôtels particuliers), afin de permettre aux personnes de qualité d'éviter de poser leurs pieds élégamment chaussés dans la boue de la rue, en se faisant ainsi « porter » jusqu'au carrosse qui les attendait.

On vit enfin apparaître des chaises de louage, communes à Londres dès 1634, qui avaient l'avantage de passer plus facilement qu'un carrosse dans les rues étroites et donc d'alléger – déjà ! – la circulation urbaine. Lancée par un courtisan du roi Charles Ier, qui s'en était gardé le monopole, avec des tarifs de 6 pences la course ou de 4 shillings la journée, la formule avait eu d'autant plus de succès que les porteurs se déplaçaient à bonne allure et qu'ils avaient priorité. Les piétons, lorsqu'ils entendaient crier « *by your leave* » (« avec votre permission »), devaient s'aplatir contre les murs, pour laisser passer l'équipage.

Il ne fallut évidemment pas attendre très longtemps pour voir Paris gagné par ce succès, avec à la fois des chaises privées et des chaises publiques, qui n'étaient donc en fait que la parfaite préfiguration… des Vélibs de Delanoë !

C'est à cet ancien mode de déplacement que l'on doit notre expression *mener une vie de bâton de chaise*, évoquant l'inconduite et la vie dissolue, expression née à ces époques en référence aux parcours cahoteux et secoués et aux incessants allers-retours effectués.

Un inventeur pensera ensuite à les équiper d'une roue et de ressorts, ce qui donna un véhicule qu'un seul homme suffisait à tirer et que l'on nomma une *vinaigrette*, du fait de sa ressemblance avec la petite voiture utilisée par les vinaigriers ambulants. Ce nouveau modèle donna également lieu à des véhicules de louage, qui ont eu cours dans quelques grandes villes du nord de la France, jusqu'au début du XXe siècle. ∎

D'un *item* à un autre, notre tableau ne cesse de s'affiner. Il devient très précis au niveau des sièges, même si l'on a pas encore évoqué le coffre, qui bien souvent en tenait lieu. On se rend en tous les cas très nettement compte que ceux des modestes sujets du Vert-Galant qui arrivaient à s'offrir la fameuse poule au pot dominicale – ce qui était, n'en déplaise au Béarnais, loin d'être le cas général – la dégustaient souvent assis sur de simples billots de bois, devant le foyer et, faute de table, sur leurs genoux.

Car le couvert, lui aussi, était comme on va le voir très sommaire.

Mettre le couvert !
Le couteau à droite,
mais à droite de quoi ?

Mettre *le couvert* ne consistait pas, à l'origine, à poser sur une table une assiette et un verre, avec une fourchette à gauche, un couteau et une cuillère à droite, la fourchette tournée les dents contre la table, la cuillère le creux vers le haut, plus éventuellement plusieurs couteaux et fourchettes, placés dans l'ordre de leur utilisation au cours du repas et plusieurs verres destinés à chacune des boissons servies. L'expression *mettre le couvert* disait ce qu'elle disait et c'était bel et bien de « couvrir » qu'il s'agissait : on couvrait les tréteaux du plateau de bois dont on faisait la table, que l'on couvrait également volontiers d'une nappe – mais oui, la nappe était bien là, les inventaires ne cessent de le montrer, pour en énumérer souvent en grande quantité : *item seize nappes de toile; item vingt et une nappes...* Si l'on pouvait en compter jusqu'à quarante-trois chez un drapier de Bourges, on en trouvait jusque dans la masure de notre tisserand de Gambais, en 1718, où le notaire en a prisé deux, tissées en toile de chanvre, identiques à celles signalées quarante ans plus tôt chez un laboureur morvandiaux.

Que couvrait-on ? La table, on l'a dit, comme le montrent les dessins du peintre breton Olivier Perrin, à la fin du XVIIIe siècle, avec des nappes qui, très curieusement et manifestement volontairement – la raison nous en échappe – ne couvraient jamais cette table sur la totalité de sa longueur. La table, oui, mais aussi, lorsqu'il n'y en avait pas, le simple banc ou la petite bancelle, sur laquelle on posait les plats et que l'on plaçait devant les convives. Et l'on appelait alors volontiers cette nappe une nappe *banquetonne*.

Le « couvert » était donc important. Il était ce que l'on pouvait offrir de mieux au visiteur de passage avec le « gîte », tiré quant à lui du vieux verbe « gésir », signifiant « être étendu, couché », qui ne reste plus guère utilisé aujourd'hui qu'au travers de l'ancienne expression très funéraire ci-gît, de la non moins désuète femme en gésine, désignant la femme en couches et encore au travers de nos *gisants* médiévaux et des *gisements* de fer ou de charbon, dont le nom évoquait bien sûr à l'origine les *couches* de minerais.

Mais revenons au *couvert* et avec lui à ses règles sacro-saintes et souvent très bourgeoises. Fourchette à gauche ou fourchette à droite ? Cuillère à l'endroit ou à l'envers ? Verre au centre de l'assiette ou légèrement à droite ? Autant de questions que nos aïeux ne se posaient guère, leur couvert étant très réduit.

Longtemps, en effet, nos ancêtres ont mis le couvert… sans couverts. Lorsqu'ils dressaient leur table tirante ou coulante, ils n'y plaçaient ni couteau, ni fourchette, ni verre, ni même assiette… À se demander ce qu'il leur restait et dans quoi ils mangeaient…

Dans quoi mangeait-on ?

Difficile de trouver rapidement la réponse, car si les inventaires les plus récents énumèrent bien vaisselle et couverts – ainsi chez un artisan limousin, en 1789 : *item s'est trouvé cinq plats moyens, dix assiettes, quatre écuelles et six cuillères d'étain courant, pesant le tout 25 livres, dix mauvaises fourchettes de fer et quatre petits gobelets* – la plupart de ces documents réglaient volontiers le sort de ces objets par une prisée globale : *item 17 livres de vaisselle d'étain à 15 sols la livre ; item 26 livres de vaisselle d'étain, tant creuse que plate.* Il faut dire que bien souvent, l'état de ces couverts, très usés, ne justifiait sans doute pas un inventaire plus précis.

Mais la réponse, ici encore, va varier selon les époques et les inventaires paysans les plus anciens ne vont généralement guère signaler de couverts, ni au détail ni par lot. Presque aucun, en Bretagne, hormis le *couteau crochu*, suspendu à la *table coulante* et destiné à couper le pain. Aucun chez notre ami Pierrot Pierot, qui n'avait décidément rien, sans avoir fait pour autant figure des plus misérables de sa région : on ne trouve dans sa maison qu'un plat – un seul! –, un gobelet – un seul! –, et cinq écuelles – un début d'aisance, car il n'était pas rare, chez les plus modestes de son époque, de n'en trouver qu'une, dût-on peut-être se la passer...

Mais l'inventaire de notre vigneron lorrain est daté de 1647 et c'est manifestement au cours de ce siècle que ces objets se sont lentement démocratisés, pour être d'abord apparus chez les plus aisés. Si l'on ne trouvait ni couverts ni assiettes chez le laboureur morvandiau cité pour ses deux nappes, l'inventaire de son voisin *marchand* (maquignon) énumérait, douze ans plus tôt, aux côtés d'une *aiguère*, d'un moutardier et d'un vinaigrier, *une sellière* (salière), *quatre escuelles, quatorze plats et vingt assiettes*, le notaire prenant bien soin de préciser *le tout d'étain*. Le métal, comme le bois, comptait beaucoup, et comme on précisait l'essence d'un meuble on précisait le métal ou la nature des couverts et de la vaisselle. Assiettes et écuelles étaient ainsi en bois ou en étain, très rarement en faïence – qui restera longtemps, en gros jusqu'à la Révolution, réservée, dans les milieux modestes, aux rares objets décoratifs. Les cuillères étaient pareillement en bois, en fer ou en étain. L'argenterie était bien sûr un luxe, exclusivement réservé à l'élite...

En fait, comme les chaises, les couverts étaient un signe extérieur de richesse, du moins d'aisance et de confort. En 1721, l'inventaire du laboureur breton Jean Gourin le montre aisé sinon snob, avec cinq écuelles et six cuillères (un luxe anormal dans son milieu!) et celui de Philibert Rochette, dressé en 1797 dans la Loire, montrera la pénétration du progrès, avec *onze assiettes de grosse terre, trois de faïences, une écuelle de bois et deux de terre, trois cuillères d'étaing, trois fourchettes de fer, trois petits verres.* On voit que ce n'est qu'au cours du XVIIIe siècle que les verres sont arrivés, que les assiettes ont remplacé les écuelles et que les couverts se sont diversifiés.

Mais faisons quelques arrêts sur image...

Item quatre écuelles et une assiette en fayence

Au début, à savoir au Moyen Âge, on n'avait... rien ! On s'était contenté d'une tranche de pain très dur et très rassis, qui absorbait le jus des aliments et que l'on posait sur une plaque de bois plate, nommée *tranchoir*. Peu à peu était arrivée l'écuelle, avec ou sans anses – que l'on appelait parfois *oreilles*. Écuelle en bois, en terre, puis en métal, le bol ne devant guère arriver qu'au XVIIIe siècle.

L'assiette avait mis très longtemps à se démocratiser. À son origine, elle n'avait été qu'un tranchoir plus chic. Plus solide surtout, ce qui lui avait valu son nom, sa forme plate lui permettant d'avoir une bonne « assise », au sens littéral du terme.

Les premières assiettes, objets de luxe, fabriquées en Italie, avaient été faites en métal, et en métal souvent précieux : d'abord en or ou en argent, ensuite en étain, elles deviendront plus fragiles lorsqu'elles seront fabriquées à Faenza, toujours en Italie, qui a donné en France notre *faïence*. Ce n'est que sous cette nouvelle formule, et ensuite avec les porcelaines, que l'assiette va se répandre et varier à l'infini dans les classes supérieures, avec

---

Héritage et vie quotidienne
Nos expressions liées au couvert

Assiette : *ne pas être dans son assiette* (vaciller, ne pas se sentir fermement assis) ;
Plat : *mettre les pieds dans le plat* (crever l'abcès, dénoncer et aborder le problème gênant, éventuellement commettre une bévue, « faire une gaffe ») ; *en faire tout un plat* (exagérer l'importance d'une chose) ; *mettre les petits plats dans les grands* (faire des cérémonies et des chichis, à table, comme pour un dîner de gala) ; *faire du plat* (draguer, à l'origine en « faisant du plat de la langue », autrement dit en « baratinant »).

assiettes à soupe, à dessert, etc., sachant que le premier mariage où l'on avait utilisé des assiettes – d'argent – aurait été celui de François Ier avec Eléonore d'Autriche, en 1530, et que l'assiette creuse individuelle n'avait été introduite en France qu'en 1653, par le cardinal Mazarin.

Mais même banale, l'assiette n'en restera pas moins longtemps rare dans les milieux modestes, laissant nos ancêtres manger dans des écuelles de bois – jusqu'au XVIIIe siècle en Savoie – puis de poterie, pour ne trouver donc d'assiettes en faïence qu'à titre d'objets décoratifs, comme ces curieuses « assiettes parlantes » que s'arrachent aujourd'hui les collectionneurs. Souvent fabriquées à Nevers, très à la mode entre 1730 et 1850, elles étaient offertes comme cadeau à un fiancé ou à un père, avec l'image de son saint patron, ses initiales ou – plus émouvant encore – quelque discrète et pudique déclaration d'amour ou de respect.

Pour ce qui était des couverts, vous le savez sans doute pour avoir vu des films comme *Les Visiteurs*, présentant des scènes médiévales, on n'en avait aucun, et on mangeait tout avec les doigts. Même les gens les plus distingués se comportaient ainsi, pour s'essuyer ensuite les doigts à la nappe, sorte de serviette collective – habitude qui doit être une des explications de son étonnante fréquence ! Ce n'est que progressivement qu'étaient arrivés le couteau, la cuillère et enfin la fourchette.

Item un canif, quatre cuillères et une fourchette

Parlons d'abord du couteau, dont le nom s'était référé au *v* coupant de la charrue. Lui aussi avait été à ses débuts un objet rare et précieux, que seuls les plus aisés possédaient et qu'ils accrochaient à leur ceinture. Un objet resté d'ailleurs longtemps par définition personnel, avec le couteau pliant que tout homme avait dans sa poche à la campagne, couteau souvent sorti, à partir de 1890, de la coutellerie fondée en Savoie par Joseph Opinel – encore un patronyme devenu nom commun. Couteau qui ne figurait donc pas dans le couvert de la table campagnarde, et que les hommes extrayaient de leur poche en s'atablant...

On en avait d'abord eu de grands et de petits : l'un utilisé dans les cuisines des châteaux médiévaux, par les « écuyers tranchants », pour trancher les aliments et particulièrement les viandes, et l'autre, individuel, nommé parfois le *parepain*, pour justement couper les tranches de pain, afin de les piquer et de les porter à la bouche avec sa pointe, qui allait peu à peu s'arrondir. Mais ce couteau individuel, plus petit, se voyait volontiers également nommé *canivet*, qui a non seulement donné notre *canif*, mais encore le *knife* de nos voisins anglais, qu'ils nous ont tout bonnement emprunté...

Après le couteau était apparue la cuillère, dont le nom vient de l'escargot (en latin *colchea*), sans que l'on sache très bien s'il s'agissait d'escargots utilisés comme cuillères ou de cuillères destinées à permettre d'en manger... Les premières, qui auraient été utilisées pour manger les œufs à la coque, avaient été en os puis en bois, qu'il s'agisse de la fameuse *cuillère à pot*, de celle dite *à tremper la soupe* ou de la banale *cuillère à bouche*, puisque l'on avait soin de distinguer ces trois types. Toutes étaient peu à peu devenues métalliques et étaient alors achetées à des artisans ambulants, qui les fondaient sur place, en public, sur la place du village ou dans la cour de la ferme.

HÉRITAGE ET SYMBOLISME
Le couteau, outil de mort et de sacrifice

Comme tout objet coupant, le couteau se voyait autrefois volontiers associé à la mort et à la séparation. Réputé également capable de modifier la matière, il pouvait, offert par un ami en cadeau, « couper l'amitié » (d'où l'habitude pour celui qui le reçoit de donner une pièce, pour simuler l'achat, et d'où également son absence des ménagères, offertes autrefois comme cadeau de mariage).

Élément essentiel des sacrifices, il avait aussi à ce titre une valeur initiatique (penser au sacrifice d'Abraham ou à la coutume juive de la circoncision).

Depuis quand, des couteaux à bout rond ?

Pourquoi préfère-t-on utiliser à table des couteaux à bouts ronds ?

La réponse qui vient à l'esprit est qu'un accident est si vite arrivé et que l'on a pensé à la sécurité des enfants. Il n'en a pourtant rien été.

Les couteaux se sont arrondis au XVIIe siècle. D'abord naturellement, parce que la diffusion de la fourchette ne faisait plus utiliser leur pointe pour piquer les aliments que l'on voulait porter à la bouche. Ensuite parce qu'un édit aurait officiellement interdit les bouts pointus. On raconte qu'il serait dû au cardinal de Richelieu, qui était un jour devenu plus rouge que sa robe, en voyant les gentilshommes s'en servir pour se curer leurs dents à table, sans la moindre gêne...

Dès lors, la chose ne se produisit plus. Les gens bien élevés se rincèrent les dents à la fin du repas avec du vin, pour n'utiliser éventuellement des cure-dents que dans des lieux dérobés, des cure-dents, fabriqués dans des bois parfumés comme le rosier, la myrte ou le cyprès.

Pourquoi ne pas couper la salade avec un couteau ?

On dit que ça n'est pas distingué, parce que ça n'est en fait pas hygiénique : la sauce de salade étant à base de vinaigre, il n'était rien de pire pour attaquer et oxyder le métal du couteau, avant que n'apparaissent, en 1921, les premiers couteaux inoxydables...

Venons-en à la fourchette, dont le parcours a été plus lent encore. On raconte que c'est la fille d'un noble byzantin, mariée à un doge de Venise qui, pour avoir apporté dans ses bagages ce curieux objet – ne comptant alors que deux dents –, l'aurait fait connaître à l'Italie vers l'an 1100. Dénommée logiquement *fourchette* (petite fourche), elle aurait mis plus de deux siècles à arriver en France, pour être remarquée à la cour du roi Jean le

Bon, vers 1324, où son usage avait été limité à la dégustation... de poires cuites.

Elle aurait été ensuite relancée par Catherine de Médicis, et se serait finalement imposée, pour avoir provoqué un véritable scandale, en 1583, lorsque le fils de cette reine, le délicat Henri III, s'en était servi, en public, pour manger sa viande, ce qui lui permettait de préserver sa belle fraise de dentelles, tuyautée et empesée, un accessoire alors très à la mode, mais que l'on redoutait par-dessus tout de tacher. Mais pour sa démocratisation, il avait fallu attendre la toute fin du XVIIIe siècle. Bref, si l'on fait l'addition, notre fourchette a mis sept siècles pour arriver sur notre table !

Item deux gobelets de bois et une bouteille de verre

Pour boire, on avait à l'origine utilisé des sortes de coupes ou de calices, apparemment collectifs. Les gobelets et *pots à boire*, que l'on nommait parfois *timbales* et qui n'étaient apparus que dans les années 1500-1520, se verront peu à peu remplacés par les verres. Les premiers avaient d'abord été en bois ou en terre cuite, puis en métal. Les seconds, comme leur nom l'indique, en verre, que l'on a déjà vu très long à s'imposer aux carreaux des fenêtres.

Ce n'est donc guère avant le XIXe siècle que les verres sont arrivés dans les intérieurs campagnards, alors que chez les grands,

---

HÉRITAGE ET SYMBOLISME
Nos expressions liées aux couverts

Cuillères: *avaler sa cuillère* (mourir); *en deux coups de cuillère à pot* (rapidement, facilement, soudainement: voir page 68); *être à ramasser à la petite cuillère* (se sentir très faible); *être né avec une cuillère en argent dans la bouche* (avoir une vie facile, pour être né dans une famille riche); *ne pas y aller avec le dos de la cuillère* (agir sans détour ni ménagement, comme on se sert mieux avec la partie creuse de la cuillère qu'avec son dos); *serrer la cuillère* (serrer la *pince*, autrement dit la main).

Fourchettes: *avoir un joli / un beau / un bon coup de fourchette* (avoir bon appétit); *être une bonne fourchette* (être un gros mangeur).

ils sont parfois taillés dans du cristal et ont évolué selon leur destination, qui n'a pas cessé de se diversifier : verres à eau et à vin, à liqueur et à vin blanc, à porto puis à whisky... Comme on verra également apparaître les tasses et les soucoupes, dont la brillante destinée sera parallèle à celle du café et du thé, sachant que nos inventaires décrivaient parfois, même chez les modestes, des tasses en argent qui semblaient être davantage des objets précieux, sans doute souvent des cadeaux de fiançailles, puisque l'on n'avait ni café ni thé à y verser.

À côté des verres, voyons les autres contenants destinés aux liquides.

L'eau était offerte dans des pots, parfois nommés *pots à eau*, mais aussi volontiers dans des *aiguières* ou plus banalement dans des cruches – *des cruches à eau* par opposition à celles dans lesquelles on conservait l'huile de noix ou d'olive, que chacun, au nord ou au sud, tirait de sa récolte. Les carafes et carafons, plus raffinés, nés au XVIIe siècle, se répandront surtout au XIXe.

Item deux bouteilles, dont l'une est de verre et l'autre de terre. La bouteille est la lointaine héritière de l'amphore, puis du tonneau gaulois – qui se disait en latin *buttis* – mais qui pour laisser entrer de l'air ne permettait pas de conserver le vin.

Le verre, au début, a été réservé à la fabrication de flacons,

---

🍇 Héritage et vie quotidienne
Nos expressions liées au couvert

Carafe : *rester en carafe* (être délaissé, désolé, soit « rester seul », être abandonné, comme la carafe reste souvent sur la table, une fois le repas terminé).

Tasse : *ce n'est pas ma tasse de thé* (façon de marquer le dédain ou l'indifférence, en référence au snobisme associé au thé, lorsque celui-ci n'était pas démocratisé) ; *boire la tasse* (avaler involontairement de l'eau, en se baignant).

Verre : *avoir un verre dans le nez* (être ivre) ; *trousser un verre de vin* (même sens) ; *se noyer dans un verre d'eau* (se compliquer la vie pour une vétille) ; *une tempête dans un verre d'eau* (un événement ayant des conséquences disproportionnées).

Champagne : un nom bien plat !

À la fois nom de famille et nom de lieu et de province, *Champagne* vient du mot « campagne », qui désignait à l'origine les champs et plus précisément la plaine, disons les champs en plaine. Telle a été l'origine de la *Campanie* italienne et, avec l'arrivée classique d'un « h » après le « c », de notre province de *Champagne*.

De la région, le nom passera au vin, après la mise au point de la « champagnisation », au XVIIe siècle, par le moine dom Pérignon, bénédictin et cellérier de l'abbaye d'Hautviller, entre Reims et Epernay.

La plupart des grandes marques de champagne portent aujourd'hui des noms doubles, en souvenir de mariages qui ont uni les grandes dynasties de récoltants :

Canard-Duchêne : marque fondée en 1888 à Ludes-le-Coquet, près de Reims, à la suite du mariage, en 1850, de Victor-François Canard et de Françoise Léonie Duchêne.

Chandon-Moët : mariage en 1816, de Pierre Gabriel Chandon de Brailles et d'Adelaïde Moët.

Laurent-Perrier : maison créée en 1812 à Tours-sur-Marne par le tonnelier Laurent, dont le fils épousera Mathilde Émilie Perrier.

Perrier-Jouët : Pierre Nicolas Marie Perrier, fabricant de bouchons, fondera sa maison de champagne en 1811, après avoir épousé Adèle Jouët, qui possédait des vignes.

Ne pas confondre *sabrer* et *sabler* ! Sabrer le champagne consiste à faire sauter le bouchon d'un coup de plat de sabre, en souvenir de l'époque où le champagne agrémentait les banquets d'officiers, toujours prêts à jouer de l'épée... Le sabler consiste à recouvrir de sucre l'intérieur des coupes dans lesquelles on le sert, ce qui permettrait aux bulles de durer plus longtemps. La technique remonterait à l'époque du Second Empire, lorsque le champagne, servi essentiellement après le dessert, était apprécié glacé, au point de prendre parfois l'allure d'un sorbet...

> ***Des noms bibliques***: on ne sait trop comment sont nés les noms des bouteilles de champagne de très grande taille, on sait seulement qu'au-delà du *magnum*, représentant deux bouteilles et signifiant « grand » en latin, toutes leurs dénominations proviennent de la Bible : *jéroboam* (quatre bouteilles), *réhoboam* (six), *mathusalem* (huit), *salmanésar* (douze), *balthazar* (seize), *nabuchodonosor* (vingt), sont des noms de patriarches ou de rois antiques, d'Assyrie ou de Babylone… ∎

que l'on bouchait de cire ou de cuir, et qui, pour être fragiles, ne pouvaient être utilisés qu'à table, et non pour le transport. Tout a changé avec la pratique de la cuisson au charbon, qui a permis d'obtenir des bouteilles épaisses et suffisamment solides pour que l'on puisse leur enfoncer un bouchon de liège. Des bouteilles également au fond évidé, ce qui les rendait plus stables. D'abord produites en Angleterre, et toujours à l'origine en verre foncé, presque noir, elles prendront peu à peu les diverses formes qu'on leur connaît (Bourgogne, Bordeaux, Champagne) et favoriseront le transport, la conservation et donc la commercialisation des vins, comme aussi, grâce au bon moine dom Pérignon, la découverte de la champagnisation. Mais l'une des formes les

HÉRITAGE ET SYMBOLISME
Bouteille à la mer et bouteille de conscrit

La bouteille, pour être bouchée, était autrefois symbole de secrets en tout genre. Associée aux élixirs et aux philtres magiques, elle symbolisait la paix et le savoir divin, que transmet l'apparente ivresse, alors que le navigateur qui jette la bouteille à la mer était quant à lui animé par l'espoir de vaincre la mort.

Autre symbolisme plus folklorique : le conscrit partant effectuer son service militaire – qui avait autrefois duré jusqu'à sept ans – avait l'habitude de pendre une bouteille, marquée à son nom, au plafond de l'auberge de son village. Cette bouteille y attendait son retour pour être bue, sachant que si elle venait à tomber, cela indiquait qu'un malheur lui était arrivé.

> ### Pourquoi les bouteilles de Badoit sont-elles allongées ?
>
> Badoit est d'abord un nom de famille : celui d'un courtier en soieries lyonnaises, nommé Augustin Saturnin Badoit, qui a compris, en 1837, que l'eau minérale avait de l'avenir. Il avait alors abandonné son métier, vendu sa clientèle et les quelques biens fonciers qu'il possédait, pour acheter une source thermale, à Saint-Galmier, dans la Loire, à laquelle il avait donné son nom.
> Mais cet homme a surtout eu l'autre idée révolutionnaire de vendre l'eau... en bouteille, ce qu'il fit d'abord dans les pharmacies, avant que son eau ne passe à la « grande distribution », dès les années 1860, avec le fameux slogan « Et badadi et badadoi, la meilleure eau, c'est l'eau d'Badoit ».
> Mais entre-temps, cette eau légèrement pétillante s'était fait remarquer par un autre trait de génie, dû cette fois-ci à son financier, un Anglais qui, pour s'être trouvé paralysé à la suite d'un accident de voiture, avait dû suivre des séances de rééducation dans un gymnase. Il y avait alors utilisé de classiques haltères en forme de poire, et ces objets lui avaient suggéré la forme audacieuse et originale des bouteilles de Badoit, qui devait largement contribuer au succès de la marque.

plus curieuses sera sans aucun doute celle donnée au XXe siècle aux bouteilles de Badoit, dans des circonstances assez insolites.

Assiettes, couverts, bouteilles... On n'en finirait pas d'énumérer les pièces de la vaisselle – un mot qui vient du latin *vascellum*, désignant à l'origine un récipient, un contenant, et qui a d'un autre côté donné le *vaisseau* navigant. La *batterie de cuisine* n'apparaîtra que plus tard, lorsque la diffusion des fourneaux aura pour effet de la multiplier, ne serait-ce que pour avoir permis de diversifier les modes de cuisson – braisage, poêlage, mijotage, etc. – en même temps que s'étaient diversifiés les produits utilisés pour la cuisine, dont l'éventail n'avait pas cessé de s'enrichir.

Au reste, les principales pièces de vaisselle étaient surtout autrefois les très courants vinaigriers et moutardiers, généralement en terre, quelquefois les saladiers et les soupières, sachant que les buffets des bourgeois regorgeaient de compotiers, de légumiers, de *raviers* – destinés à servir des *raves*, autrement dit des radis noirs –, et même aussi de coquetiers, objets totalement absents des maisons campagnardes, où les œufs étaient gobés, frais, ou mangés en omelette, pochés, au plat, plus rarement à la coque, sachant que dans ce dernier cas, on les tenait… entre ses doigts !

Item dix nappes et douze serviettes

Avant de desservir, il reste à évoquer les linges de table.

On a déjà dit quelques mots des nappes, initialement destinées à s'y essuyer les doigts… et la bouche, et qui sont toujours restées très présentes et importantes. À Versailles, elles étaient gérées par un officier spécial, qui avait le titre très officiel de *garde-nappes*. Dans les milieux aisés et bourgeois, elles deviendront au XIXe siècle une véritable institution, avec le triomphe du damassé et de la broderie à l'anglaise, faisant de la pile de nappes un parfait baromètre de l'aisance et du raffinement.

Parallèlement, au Moyen Âge, les convives disposaient pour

HÉRITAGE ET VIE QUOTIDIENNE
Pourquoi versez-vous les premières gouttes de vin dans votre verre ?

Par politesse, répondrez-vous. Mais d'où vient cette politesse, qui en fait ne rime plus à rien ?

Ce geste remonte au temps des premières bouteilles de verre, trop fines et trop fragiles pour que l'on y enfonce un bouchon de liège. On se contentait donc d'une cheville de bois, que l'on entourait de fillasse de chanvre, ou plus couramment d'un simple petit bouquet d'herbe, pour rendre sa fermeture plus hermétique et empêcher l'air de passer. Ce petit *bouquet* s'appelait un *bouchon*, et il était donc préférable, lorsque l'on versait le liquide, d'éliminer les premières gouttes, qui risquaient d'en contenir quelque débris.

s'essuyer, de *touailles* (toiles) pendues au mur, qu'ils utilisaient ici encore à plusieurs et dont on se servait ensuite pour recouvrir les restes de nourriture. Ce n'est que plus tard que l'on verra se multiplier les *linges de service*, qui se verront donc nommer des *serviettes*, et qui seront pour la première fois utilisées à leur usage actuel au XVIe siècle, en Hollande.

Chez les plus riches, elles ne cesseront de s'affiner et de s'agrandir, pour devenir au XVIIIe d'un blanc éclatant et damassé et pour atteindre aussi très vite la dimension aujourd'hui impressionnante de 1,20 mètre x 0,90 centimètre, ne serait-ce que pour bien les distinguer des nouveautés que seront les serviettes « à thé, à café » ou « à chocolat ».

Mais il faut dire qu'elles avaient entre-temps bien voyagé et surtout beaucoup hésité entre l'épaule, le bras, le col – on les avait nouées à l'époque de la Renaissance, afin de bien protéger les délicates fraises en dentelles – puis les genoux et le buste. Si, à la cour de Louis XIV, l'usage voulait qu'on les attache par une épingle à la poitrine ou les accroche à une boutonnière, les choses auront à nouveau changé, au début du règne de Louis XVI, et leur positionnement devenu des plus compliqués : la serviette doit être étendue sur soi, pour qu'elle « couvre le devant du corps jusques aux genoux, en allant au-dessous du col, mais non la passant au-dedans du même col ». On comprend mieux les dimensions signalées…

On mettra alors au point tout un art quant au pliage, avec des recettes de repassages et de tuyautages que l'on enseignait aux lingères et aux servantes, sachant que l'on ira même au XIXe siècle jusqu'à y consacrer des traités, proposant et décrivant sur des chapitres entiers, l'art de les plier « en pointe », « en double rouleau », « en cravate », « en diamant », etc. C'est alors que la société raffinée en réglementera l'usage, leur prévoyant des places précises – sur l'assiette ou à côté – obligeant à s'en servir avant de porter son verre à sa bouche et interdisant de les nouer autour du cou, excepté lorsque l'on mange des fruits de mer.

Dernières révolutions intérieures : le plastique et le papier

Savez-vous que le premier brevet de bouteille en plastique, déposé par un ingénieur de Lesieur, ne date que de 1963 ? Une invention qui devait alléger les paniers des ménagères, supprimer les lourds systèmes de verres consignés et bouleverser le monde de la conservation et de la récupération...

Autre utilisation du plastique : celle due au génie du chimiste américain Tupper, qui inventa en 1946 le bol hermétique en polyéthylène, qui allait devenir le très fameux *Tupperware* – encore un nom de marque qui deviendra nom commun.

L'affaire avait pourtant mal commencé : la firme fondée par Tupper ne parvenait pas à conquérir le marché ; les ventes en magasin ne décollaient pas. Mais il eut alors l'idée géniale de se tourner vers des vendeurs de porte à porte et surtout vers des démonstratrices à domicile. Le succès fut total, avec en outre l'aura magique d'offrir à des femmes très modestes et sans formation une chance de gains et de réussite, sans exiger le moindre investissement.

Ce succès va par ailleurs se doubler du développement de techniques commerciales de fidélisation – par un système de cadeaux aux hôtesses accueillant les réunions de démonstration – et même, conséquence imprévue, par la promotion d'une nouvelle forme de sociabilité féminine, un véritable phénomène de société, qui passionne aujourd'hui les sociologues.

Le modèle fut exporté et la première réunion, tenue en France, eut lieu à Périgueux, en 1961.

Côté papier, et parallèlement aux productions de PQ et de Kleenex, *Sopalin*, qui a vu le jour en 1946, pour avoir été fabriqué par la *Société du papier linge*, se répandra avec l'ère des supermarchés, en même temps que les serviettes en papier et les assiettes en carton. ■

On prenait bien soin, enfin, de distinguer les serviettes des *torchons à frotter la vechelle*, quant à eux souvent spécialisés, entre *essuie-mains, essuie-verres, essuie-couverts*… Une distinction à l'origine de notre expression encore usuelle « ne pas mélanger les torchons et les serviettes » (le peuple et les gens chics).

Mais était entre-temps apparue la serviette en papier, sachant que les *sets de table* avaient été à l'origine de simples sous-assiettes, destinés à assurer une protection supplémentaire aux belles nappes damassées…

L'évolution de l'alimentation : quelques dates et repères

Longtemps, la nourriture de base est restée constituée de céréales : pain, bouillies, galettes..., avec la soupe et son bouillon ou un *brouet* (sorte de bouillon épais) pour plat principal à tous les repas, et avec pour viandes les salaisons de porc, les volailles et les gibiers à poil et à plumes. Les autres aliments se sont lentement imposés, et là encore d'abord dans les couches supérieures de la société.

- **1400 :** salade romaine cultivée en Avignon
- **1550-1560 :** riz, tomate, haricot blanc ; melon, asperge ; canard
- **1590-1600 :** persil, aubergine, artichaud, chou-fleur, carotte, échalote
- **1750 :** pomme de terre (dite « truffe blanche ») et pâtes (venues d'Italie)
- **1770 :** pains longs (et non plus en boules) ; grosses tomates (Provence)
- **1804 :** premiers bocaux de conserve
- **1815 :** chocolat en barre
- **1850 :** commercialisation des petits-suisses et des camemberts ; culture de l'endive
- **1860 :** démocratisation du café
- **1876 :** ketchup (Heinz)
- **1886 :** *Petit Beurre* (LU)
- **1887 :** *Bouillon Kub* (Maggi)
- **1887 :** *Coca-Cola*
- **1920 :** premiers sachets de thé
- **1922 :** eskimo glacé
- **1928 :** petits pots pour bébés (Gerber)
- **1946 :** *Nutella* (Ferrero)
- **1951 :** Tetra Pak

Quand une armoire valait le prix d'une voiture !

Au fil des inventaires, les meubles se multiplient.

Des *meubles* que l'on a vus peu à peu évoluer, mais qui doivent ce nom générique au fait d'avoir presque tous été à leur origine conçus comme facilement démontables et transportables. Ils avaient été des objets *mobiles* avant de devenir fixes. On a vu que cela avait été le cas de la table, ça l'avait également été pour le meuble principal, celui qui des siècles durant avait régné sans partage dans les intérieurs de nos ancêtres et qui avait été le premier de tous : le coffre.

Item un coffre de bois de chêne fermant à clé

Nommé originellement *arche*, le coffre avait apparemment vu le jour à l'époque de la guerre de Cent Ans qui, si elle avait duré cent seize ans, n'avait pas connu cent ans de combats ininterrompus. Les périodes de trêves avaient été longues. Parfois de plusieurs années. Et comme les armées étaient en ces temps-là essentiellement constituées de mercenaires, ces soldats n'avaient guère d'autre solution, en temps de paix, que de vivre sur le terrain, en s'attaquant aux populations civiles, dont ils pillaient les maisons. Ils se constituaient donc en bande de *routiers* allant par les routes, ou d'*écorcheurs* cruels et sanguinaires, et leurs sinistres actions avaient fait que leur nom de *brigands* (membres d'une *brigade*), alors dénué de toute nuance péjorative, en était venu à prendre son sens actuel.

Parcourant le pays en tout sens, ils semaient partout l'épouvante, et la seule annonce de leur venue suffisait à donner des ailes à nos ancêtres, qui préféraient abandonner leurs maisons et s'enfuir, pour se réfugier au château fort ou dans les bois, afin de garder la vie sauve. L'idéal était alors pour eux de partir avec leurs biens les plus précieux, ou tout au moins de les cacher. Voilà pourquoi ils avaient eu recours à un contenant maniable et facile à transporter, qui avait été le coffre. Parfois très grand – certains atteignaient une contenance équivalente de notre mètre cube – pour y placer un maximum d'effets, il était fabriqué de préférence dans un bois léger et se voyait souvent renforcé de ferrures et équipé d'une serrure, faisant de lui un vrai coffre anti-effraction, le parfait ancêtre de notre coffre-fort.

Apparu en ces temps troublés, le coffre était donc présent partout au XVIe siècle, y compris chez Pierrot Pierot, notre vigneron lorrain ne possédant ni table ni siège, où l'on en signalait deux ! C'était là un nombre moyen ; certains inventaires en livraient beaucoup plus, parfois jusqu'à quinze ou seize…

Cette quantité ne doit guère étonner : pour être le cadeau traditionnellement offert à la mariée par ses parents, le coffre était une véritable institution. Ne pas en offrir – ne pas pouvoir en offrir – était extrêmement mal ressenti. Les plus pauvres, ne pouvant assumer le coût du travail du menuisier, s'efforçaient tout au moins de fournir des planches, de sapin, de cerisier ou de poirier, pour permettre aux époux de le faire fabriquer eux-mêmes, le jour où ils en auraient les moyens. D'autres rognaient sur les accessoires, à commencer par les ferrures, ou se contentaient de fournir des fers de récupération – vieille serrure ou fers à chevaux – que le ferronnier ré-utilisait. Le « must » était pour les plus aisés d'y faire graver les initiales des mariés, au centre d'une frise ou de part et d'autre d'un cœur, avec dessins de marguerites stylisées,

Le mythe du coffre :
de l'*Arche d'alliance* au coffre-fort

Avant de parler de *coffre*, dérivé du mot *coffin*, désignant une corbeille (penser à notre *couffin*) on avait, au Moyen Âge, préféré le mot *arche*, comme en témoignait le nom de l'archebanc déjà décrit. Ce mot renvoyait par ailleurs à de très anciennes références bibliques, qui n'étaient pas pour déplaire à nos aïeux et qui ne pouvaient que renforcer la confiance qu'ils avaient en l'objet.

Après *l'Arche de Noé*, on avait eu *l'Arche d'alliance*, qui était le coffre dans lequel Moïse avait déposé les Tables de la loi, que Dieu lui avait remises sur le mont Sinaï.

De forme oblongue et recouvert d'or, ce coffre aurait été déposé par le roi Salomon dans la partie centrale du temple de Jérusalem, partie que l'on nommait le *Saint des Saints*. On ignore ce qu'il est devenu, sachant seulement qu'il est porté disparu dès le IIe siècle, ce qui avait donné libre cours à nombre d'hypothèses.

Le coffre-fort : le principe du coffre anti-effraction avait fait l'objet d'un premier brevet en 1835, mais c'était un ouvrier serrurier parisien, Alexandre Fichet, qui avait conçu le premier véritable coffre-fort moderne. Vers 1860, Auguste Nicolas Bauche, fabricant de briques réfractaires de la région de Reims, mit au point un super modèle, qu'il baptisa Le Cuirassé, et dont l'intérieur était recouvert d'une couche de substances ignifuges : un bon coffre-fort doit en effet pouvoir supporter une température de 1 100 degrés durant quatre heures. ■

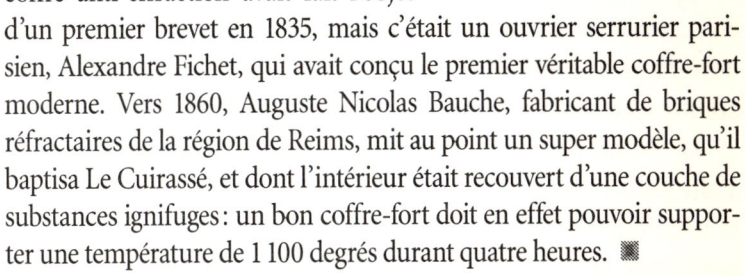

tracées au compas, de guirlandes, de lacs d'amour ou de rosaces, quand ce n'était pas aux côtés de formules magiques ou pieuses.

Ces coffres étaient solennellement livrés dans la maison où les époux allaient vivre, selon les régions la veille, le matin ou le lendemain des noces, sur une charrette ou un char et par une compagnie généralement bruyante. En Béarn, le porte-linge – ainsi nommait-on ce coffre – était transporté sur un char décoré de branches et de fleurs et tiré par deux vaches, elles-mêmes empanachées et couvertes de capes. Les demoiselles d'honneur, assises de part et d'autre, tenaient l'une un balai et l'autre une quenouille, symboles de la bonne ménagère et de la fécondité. Et ce cortège traversait le village, en offrant à boire et en chantant, tout en invitant à la noce. Arrivé à destination, le curé du village, venu pour la circonstance, aspergeait généreusement le tout de grands jets d'eau bénite.

De vrais « coffres aux trésors »

Ce coffre, plein à ras bord, contenait presque toujours le trousseau.

La liste de mariage était bien sûr autrefois inconnue, et jusqu'au XXe siècle, dans les milieux modestes, on ignorait même totalement les cadeaux. En revanche, les parents offraient à leurs enfants des trousseaux, plus ou moins consistants. Toute mariée en recevait un, ainsi qu'un *fardeau*, un terme issu d'un mot arabe désignant le chargement d'un chameau, qui n'est plus employé aujourd'hui dans ce sens.

Le *trousseau*, qui pouvait être rangé dans une trousse, c'est-à-dire dans une poche ou un sac, désignait les vêtements – dont la robe nuptiale – et les linges – disons le blanc : draps, nappes, serviettes, etc. –, alors que le *fardeau* désignait des objets plus conséquents et divers : de la vaisselle, un rouet, un métier à tisser. À la campagne, on y ajoutait volontiers des boisseaux d'orge ou de froment, pour ensemencer les champs au printemps prochain, ou même du bétail, ainsi en Savoie, une *moge* (une génisse) ou *une fée menant son agneau* (une brebis et son agneau). Mais ce fardeau se composait essentiellement de meubles, dont le lit, préfigurant la traditionnelle chambre nuptiale, qui sera plus tard elle aussi offerte à la mariée par ses parents.

En fait, le principe était ici d'apporter aux jeunes mariés, qui allait neuf fois sur dix résider dans la maison d'un des ménages de parents, à la fois tout ce qui était nécessaire sa vie de couple et tout ce qui devait lui permettre de participer à la vie commune. Je dis bien « tout » : chaque ménage s'ajoutant à la communauté devait posséder son lit, ses serviettes et ses draps, draps nommés alors couramment des *linceuls*. Les contrats de mariage, détaillant ces trousseaux, précisaient presque toujours que le lot de ces linceuls était composé d'un certain nombre de tissés de toile fine et de deux de grosse toile, spécifiquement destinés – « tout » étant prévu – à être ce que nous continuons à nommer des linceuls, soit les draps dans lesquels, le jour de leur mort, les époux seraient inhumés.

Ce coffre de mariage, bourré d'objets en tout genre, était évidemment ouvert, en présence de toute la noce, chacun y allant de son commentaire et s'exclamant devant la richesse de son contenu. Il en ira de même, plus tard, avec l'exposition du trousseau, soigneusement empilé sur les rayons de la belle armoire lingère.

Une fois refermé, le coffre prenait place aux côtés de ceux d'autres frères et sœurs aînés déjà mariés et de ceux des parents. Parfois de ceux des générations précédentes. Puisque voulus solides, ils n'en duraient que forcément plus longtemps, quitte à devenir plus ou moins vétustes et bancals. Un inventaire dauphinois de 1797 montre à côté de deux armoires trônant dans la pièce principale et apparemment récentes, pas moins de neuf coffres, manifestement plus anciens, dont *quatre mauvais et un très mauvais et tout pourri*.

Par leur nombre et leurs caractéristiques, ces coffres étaient eux aussi de parfaits indicateurs de la fortune et de l'aisance des familles. Leur valeur variait en effet selon leur taille – petits ou grands – selon leur bois – coffres de chêne ou de noyer chez les plus riches, simple caisse sapine chez les plus modestes – ou encore selon leur finition : *coffre ferré et fermant à clé* – le must ! – ou *coffre sans ferrure ni clavure* (sans ferrure ni serrure).

Que contenaient-ils ? Livrés avec le trousseau de l'épouse, leur contenu ensuite se diversifiait, pour renfermer, en fonction de leur propriétaire et de leur état, aussi bien de la vaisselle et des pots que du linge et des vêtements. On y trouvait très souvent les précieux papiers de famille – contrats de mariage, actes de ventes et reconnaissances de dettes ou de créances – mais aussi les réserves de lin ou de chanvre, à filer ou déjà filé et tissé, sachant que les plus anciens et les plus abîmés terminaient leur carrière dans les greniers ou les caves, remplis de farine ou de grains, quand ils n'étaient pas transformés en charniers et remplis de viandes salées, avec souvent des couvercles renforcés et alourdis, pour mieux déjouer l'intrusion des rats.

À ces coffres classiques s'en ajoutaient volontiers de plus petits, parfois spécialisés, comme la panetière, que nous nommons volontiers de nos jours huche à pain, mais qui était d'un genre particulier. *Item un panetier suspendu aux solives pour éviter les souris* : on a plutôt ici l'équivalent de la panetière provençale, modèle du genre, qui s'affinera au XIXe siècle, en se voyant dotée de petites colonnes de bois tourné. Placé en hauteur, pour être moins accessible aux rongeurs, ce meuble très prisé par nos antiquaires n'avait été à l'origine qu'une vulgaire caisse de bois ajourée, posée sur la maie, et se rattachant donc directement à la famille des coffres.

Des meubles multi-fonctions

Item une grande mée bois de chêne, couverture fouteau (couvercle de hêtre). Appelée souvent une *huche* ou *hugemet* (huche-maie), ou encore, parce qu'on y faisait tous les mois le levain, *maie à pétrir, maie à paster* (à faire la pâte), *pétrin, patière* (meuble à pâte), la maie pouvait, avec l'âge, recevoir elle aussi des contenus très variables.

En fait, bien des meubles avaient autrefois des fonctions multiples. Les coffres servaient ainsi de sièges, voire de table. Dans la région de Vannes, on trouvait communément des tables-coffres, sous lesquelles on pouvait étendre ses jambes. Voilà en tous les cas la grande explication à l'absence de table, de bancs et de chaises dénoncée dans beaucoup d'intérieurs et d'inventaires. Ni table ni siège, chez Pierrot Pierot, mais des coffres, servant de valise pour transporter les biens que l'on voulait mettre à l'abri en période troublée, et sur lesquels on pouvait s'asseoir et prendre son repas, chez soi, en toute quiétude, lorsque tout danger était écarté.

Ce genre de vocation plurielle était donc habituelle. Comme on a aujourd'hui des canapés-lits ou des téléphones-appareils photos, nos ancêtres avaient leurs archebancs, à la fois donc coffre et banc, et aussi des *marchepieds*, sachant qu'entre marchepied, coffre et escabeau, il était assez difficile de faire la différence… Car ces *marchepieds* étaient bel et bien des coffres, du moins de petits coffres, comme le montrent nos inventaires : *item un marchepied faict à deux estages, l'un desdits estages ferrés fermant à clé, auquel s'est trouvé trois couvrechefs*, autrement dit dans lequel étaient rangés trois chapeaux (1573). Ces petits meubles, installés devant les lits – lits que l'on verra alors toujours très haut – permettaient d'y accéder, tout en servant de rangement.

Mais ce coffre omniprésent et polyvalent va évoluer. Les seigneurs, nantis de châteaux, ont progressivement perdu l'habitude de se transporter de l'un à l'autre accompagnés de leur mobilier. L'insécurité, en régressant, a favorisé la sédentarisation. Les meubles ont eu moins besoin d'être *mobiles.*

Dès lors que l'on n'a plus eu à prévoir d'aller à tout moment les cacher à l'église ou au château, nos coffres ont pu devenir moins maniables et prendre du volume et du poids. Ils se sont haussés sur des pieds, afin de ne plus reposer à même le sol, souvent en terre battue ou fait de pavés grossiers que l'on lavait à grande eau. C'est ainsi que notre coffre a donné d'autres meubles, comme l'*armoire*, dans laquelle on a à l'origine rangé… des armes et que l'on distinguera désormais des *bahuts*, restant quant à eux en principe des *huches basses* et conservant justement la vocation de coffre facile à manier, on peut même dire de coffres de voyage. En fait, ces deux meubles étaient nés du mariage un peu forcé du coffre et du placard, à l'origine « plaqué » quant à lui sur le mur ou plutôt « dans » le mur, dans l'épaisseur duquel on avait pris l'habitude, en Corse et dans bien d'autres régions, d'aménager des espaces de rangement, avec de simples étagères, que l'on avait éventuellement équipées de portes.

Item une paire d'armoires

Et voici donc notre armoire, restée longtemps confinée aux églises, sacristies et couvents, où elle était utilisée pour le rangement des objets et des vêtements de culte. Apparue ici au Moyen Âge, elle ne pénétrera pas les intérieurs laïques avant le XVIe siècle, et même guère avant 1650.

HÉRITAGE ET VIE QUOTIDIENNE
Avec armes et bagages

Le mot *arme* désignait à l'origine l'ustensile, l'équipement, que l'on rangeait dans une armaire, sorte de coffre, voisin de nos *cantines militaires*, mais auquel on finit par donner des pieds, d'où son autre appellation courante à ces débuts de haulmoire.

Armé jusqu'aux dents signifiait donc bien équipé, notamment pour avoir ces instruments défensifs qui sont ce que nous nommons aujourd'hui des « armes ».

Avec armes et bagages : le mot bagage, qui semble avoir initialement désigné la vaisselle, en était venu à évoquer le matériel militaire et les objets de l'intendance, en dehors de l'armement. Cette expression évoquait donc la lourdeur et la variété des chargements, transportés par les régiments lorsqu'ils partaient en campagne.

Comme toute nouveauté, elle arrivera des villes et entrera d'abord dans les maisons aisées, et cela bien sûr comme un meuble cher, demandant plus de bois, plus de travail, comme l'adjonction de ferrures, parfois d'une serrure et d'une clé, sans oublier enfin de la munir de *tirants*, soit de tiroirs. En témoigne cet inventaire, dressé en 1732 chez un coq de village bourguignon, qui énumère, à côté d'un très classique *coffre de bois de noyer fermant à clé : item une armoire de bois de frêne, composée de deux liettes* (coffrets, compartiments, à l'origine tiroirs sans poignée) *et fermant de clé*. Ce coffre est estimé à 6 livres et cette armoire à 25 ! Une simple et rustique armoire vaut quatre fois le prix d'un coffre ou d'une maie.

Très rarement signalée dans les inventaires antérieurs à 1700, l'armoire se démocratisera lentement mais sûrement au fil du XVIIIe siècle, pour n'arriver dans certaines régions reculées, comme le Faucigny, que vers 1800, mais pour se voir aussi de plus en plus souvent décrite, même si son nom variait. Nommée dans plusieurs régions une *garde-robe* (en Flandres, en Savoie, en Limousin, en Velay…), elle était une *presse* en Bretagne, sachant que le greffier prenait toujours soin de préciser le nombre de ses portes, qu'il appelait parfois *battants* ou *volets*, ce qui lui faisait alors parler d'une « paire d'armoires » : *item une paire d'armoires à quatre battants de bois de noyer, ornée de ses liettes* (tiroirs) *au milieu et une cournemant* (corniche) *du dessus*. Et ce beau meuble, prisé en 1718 chez un marchand de fil manifestement aisé, était évalué à 55 livres : une vraie fortune ! Cette seule armoire représente à elle seule près de 2 % de son patrimoine, correspondant proportionnellement à ce que peut représenter aujourd'hui une voiture, dans le patrimoine d'un Français moyen.

Mais son prix ayant rapidement baissé, notre armoire va s'imposer, pour remplacer le coffre, alors volontiers relégué dans une remise et rempli comme on l'a vu de denrées très diverses. C'est elle désormais que les parents vont offrir à leur fille pour son mariage, et sa démocratisation, au cours du siècle, provoquera une inflation parallèle des trousseaux, de plus en plus fournis et volumineux. Le gonflement de l'un entraînant celui de l'autre, pour mieux « capitaliser » les stocks de toile et de linge, l'armoire va passer du meuble plus étroit à un seul battant, qui sera alors appelé une *bonnetière*, juste bonne à héberger les bonnets, au format à deux battants, parfois décorés de glaces, d'où le surnom familier d'*armoire à glace*, que l'on donne familièrement à nos malabars body-buildés.

Comme naguère le coffre, l'armoire sera livrée sur le char fleuri, tiré par les bœufs pomponnés. Elle se verra aussi l'objet de tous les raffinements, avec les traditionnels motifs sculptés à son fronton, dans son bois de chêne ou de fruitier, ou souvent l'année de célébration du mariage. C'est sur ses rayons que l'on empilera les linges et les vêtements composant les trousseaux, avec sur le plus haut, les chapeaux et casquettes d'hommes et les coiffes et bonnets de dentelles.

Car le trousseau se maintenait farouchement dans tous les milieux. En pays d'Orthe, aux confins du Pays basque et du Béarn, la coutume voulait que les fiancés des familles pauvres aillent quêter du lin de maison en maison, pour se le constituer.

Mais il avait souvent augmenté de volume.

Dans les familles modestes, il était de ce fait préparé de longue date, à la fois par la mère et par la future mariée, qui le brodait elle-même des années durant.

Dans les familles bourgeoises, les mères avaient souvent l'habitude d'acheter de la toile au mètre, qu'elles faisaient ensuite coudre ou broder par une lingère ou dans un monastère. Mais les grands magasins avaient rapidement proposé des modèles « standards », ainsi le *Bon Marché*, dont le trousseau basique était, vers 1900, composé de *six paires de draps, deux douzaines de taies d'oreillers, deux douzaines de serviettes de table, trois nappes, un service complet damassé de douze couverts (nappes et serviettes), deux douzaines de torchons, une douzaine d'essuie-mains, deux douzaines de serviettes de toilette et six tabliers*. Un ensemble d'un bon prix, sachant que, dans ces milieux, on estimait que le trousseau devait représenter 5 % de la dot...

Et ces piles de linges bien repassés, linges d'un blanc éclatant, qui étaient également volontiers parfumés avec des sachets de plantes diverses, lavande, géranium, serpolet ou pétales de roses, faisaient régulièrement la fierté des maîtresses de maison. Pliés au carré, ils étaient soigneusement empilés sur les rayonnages de ces armoires et lingères, où on les effleurait du bout des doigts ou des yeux. Comme l'explique en 1923 Mme Léon Daudet, dans son livre au titre évocateur, *Comment élever nos filles ?*, l'armoire est devenue un véritable outil d'éducation : « C'est surtout devant l'armoire à linge que la fillette commencera à éprouver le sentiment grave des choses de la maison. En effet, l'armoire à linge n'est-elle pas la représentation la plus importante de la sécurité et de la stabilité familiale ? » Et Mme Daudet d'ajouter, à propos des douzaines de draps frais et de nappes damassées qui y sont empilés : « Rien n'est plus reposant à voir qu'une belle armoire à linge ! »

De tout point de vue, ce meuble, amoureusement ciré, devient la vitrine de la maison et un objet d'apparat qui, telle la fameuse armoire normande qui peut en être considérée comme le prototype, va jalousement se transmettre dans les familles au fil des successions. Elle sera parfois cause de disputes ou de brouilles et se voit souvent aujourd'hui achetée à prix d'or, dans les ventes aux enchères et chez les antiquaires.

Item un dressoir et un vaisselier

Si, avant 1700, la fortune de nos ancêtres pouvait être mesurée au nombre de leurs coffres, elle le sera ensuite au nombre et à la variété de leurs meubles, avec des pièces plus chères et plus recherchées, surtout plus fonctionnelles, nées d'une évolution générale du mobilier, qui n'a pas cessé d'aller dans un sens de spécialisation, exactement comme les pièces de la maison – comme on le verra bientôt – vont se multiplier et se spécialiser.

On a vu alors se répandre toute une série de meubles procédant eux aussi du croisement du coffre originel et du placard ou plutôt de l'étagère. Ainsi la *crédence* et le *dressoir*, deux meubles d'inspiration et de vocation très voisines, qui étaient de simples coffres rehaussés à hauteur d'homme, placés au-dessus d'une tablette ou d'une étagère, destinée au dépôt des plats durant le repas, mais plus encore au rangement des fameux pots, si nombreux, et en Flandres à celui des cannettes de bière – alors grosses bouteilles cylindriques et allongées. Pour être munis de portes, ces meubles permettaient surtout de mieux préserver les aliments, notamment des rongeurs. Ils furent à leur tour à l'origine du *cabinet*, le modèle ayant été apporté d'Italie. Meuble grosso modo de même principe, avec multiplication des cases et des tiroirs, et donc de fabrication plus complexe et de coût supérieur, et que l'on ne rencontrait par conséquent que dans les milieux bourgeois.

On pensa enfin à mixer le tout, pour donner ce nouveau meuble, décrit en 1754 chez le fermier du comte de Ségur : *item un bas d'armoire à deux volets, deux tiroirs au-dessus et un dressoir à vaisselle sur icelui*. Le notaire en ignore le nom, mais nous reconnaissons sans difficulté le vaisselier. *Item une vaisselière avec ses rayons* (ses étagères) : à l'origine moins sophistiqué, simplement constitué d'étagères et d'un fond en bois, ce meuble, assez courant, était utilisé pour « dresser » – comme les dressoirs – la vaisselle de tous les jours. Avec d'abord les écuelles, ce qui lui avait souvent valu le nom de *porte-escuelles* ou d'*escudier* – puis les assiettes et les plats. Il s'était assez vite répandu, y compris dans les intérieurs modestes, quitte, chez les plus riches, à se voir agrémenté de moulures et de motifs sculptés. Quitte aussi, plus tard, à intégrer, dans sa partie centrale, une caisse hébergeant une horloge, avec son balancier ou ses poids.

On avait enfin vu arriver le *buffet*, sachant que tous ces meubles se ressemblaient en fait beaucoup et que leurs noms étaient plus ou moins synonymes, donnant ainsi longtemps l'impression d'être mal définis : *item un dressoir de bois, au-dessous duquel il y a un armoire; item une crédence de chêne à deux volets fermant à clé et à trois tiroirs au milieu; item un buffet avec son vesselier au-dessus,* trouve-t-on dans un inventaire de 1783, où ce dernier est grosso modo évalué pour un prix situé entre celui du coffre et de l'armoire. *Item un buffet à deux volets l'un vers l'autre et un petit tiroir au milieu fermant à clé, dans lequel sont renfermés titres, vaisselles et autres effets...* Le buffet, peu à peu, se démarquera et se codifiera : en bas, la vaisselle et en haut, les verres, certains se spécialisant carrément dans le luxe, en devenant des *argentiers*.

Armoires, buffets, vaisseliers..., l'arrivée cette nouvelle génération de meubles, concomittente de celle du fourneau, a surtout permis à nos ancêtres de se relever, alors que les coffres les obligeaient à se baisser. Un progrès évidemment décisif...

Fabriqués à domicile !

Tous ces meubles, décrits dans les inventaires, l'étaient toujours en détail. On en précisait la contenance – *item une grande arche d'environ 40 septiers* – et le bois. Exactement comme il avait signalé que l'assiette était de terre ou d'étain et la cuillère de fer blanc ou de *fer battu*, le greffier précisait l'essence du meuble. Bois de pauvre, comme le sapin – le mélèze en montagne – ou plus tard le peuplier, souvent arrivé tardivement dans bien des contrées. « Bois de feuillus », qui variera selon les régions, avec le hêtre, dit communément le *fou* – d'où ce *bois de fouteau* –, l'orme, le saule, le châtaignier, très fréquemment utilisé en Corse, le bouleau, le frêne ou bien sûr le chêne – le plus cher, régulièrement utilisé au Moyen Âge pour les meubles des églises – ou bois fruitiers, tels que le noyer, le poirier, le cerisier, qui seront ceux dont on fera la majorité des meubles nouveaux, tels que buffets, armoires ou vaisseliers... *Item une vieille ourmoire, bois de poirier et un lit de bois de cerizier.* Quitte à ce que parfois, par souci d'économies, on trouve *un coffre de noyer, au couvercle de hêtre.*

Dernière caractéristique étonnante : la plupart de ces meubles avaient été fabriqués sur place. Ainsi que la majorité des artisans, le menuisier était itinérant. Comme le notaire allait rédiger le contrat de mariage chez les parents de la future mariée et un testament chez le moribond, comme le tailleur allait tailler une houppelande ou un pantalon chez son client, comme on a vu l'étameur fondre les couverts dans la cour même de la ferme, le menuisier du village ou du hameau venait travailler à domicile, apportant avec lui ses outils, tel le notaire son papier, son encre et sa plume. Un chercheur breton, Jean Le Tallec, est ainsi tombé, au hasard d'une recherche, sur un document l'attestant. Il s'agit d'une enquête judiciaire, diligentée en 1657, à Saint-Martin-des-Prés, un village des Côtes-d'Armor, à l'occasion de laquelle *Guillaume Bausser, âgé d'environ quarante ans, charpentier et menuisier de son métier, demeurant à Kersaudy [...] dépose que, il y a dix ou onze ans passés, sans autrement pouvoir cotter le temps, il travailla [...] entre la place de la maison et l'étable chez Pierre Collin, au village de la Ville-ès-Coquen...) et y fit un buffet et une arche pour y mettre du lait, et un charlit* (un lit) *dans la chambre basse de ladite maison*. Il ajoute même qu'à cette occasion *il fut payé et nourri* par son client... Une fois de plus, le témoignage direct des archives est étonnant : même si vous assemblez vous-même, chez vous, votre *bibliothèque Ikea*, vous n'imaginez pas M. Ikea sciant des planches dans votre bureau ou le réparateur Darty, contrat de confiance en main, fabriquant de toutes pièces votre téléviseur sur le tapis de votre salon...

Bien sûr, ce curieux témoignage date du milieu du XVIIe siècle, et il ne s'agit par ailleurs que de meubles très primitifs. Mais l'habitude devait être courante, car nos inventaires décrivent volontiers, dans les greniers, des réserves de planches qui semblent bien attendre la venue du menuisier. Ils s'attachent aussi régulièrement à préciser la finition du meuble. Un Limousin distingue *une grande table et deux bancs faits en menuiserie d'une autre table et un banc, le tout fait en charpente*, ressemblant sans doute à ce *lit, façon de village*, que décrit de son côté un notaire bourbonnais.

Cette formule de fabrication à domicile aura sans doute cessé, avec l'apparition des meubles plus sophistiqués. Et c'est justement alors que la spécialisation, la multiplication et la variété des meubles vont, en augmentant, trahir le souci de paraître de leurs propriétaires et par-là leur rang, en même temps qu'elles vont permettre de mesurer la pénétration du confort. En Alsace, si l'armoire n'est présente en 1700 que dans un inventaire après décès sur cinq, elle le sera dans plus d'un sur deux en 1789. Dans un canton de la Brie, pour une seule signalée en 1700 chez un gros laboureur, on en comptera cent vingt trois-quarts de siècle plus tard, à la fin du règne de Louis XV...

Item une commode à deux tirants

Mais avant les hobereaux, c'est évidemment l'aristocratie et la cour qui ont donné le ton. Aussi bien au plan de la recherche des bois qu'à celui de la décoration (avec tablettes de marbre, bronzes, dorures...) et des finitions (marqueterie, émaillage, tournages et moulures...). De plus en plus compliqués, les meubles sont de plus en plus pourvus de portes et de *tirants*. Cette tendance culminera avec la commode, apparue à l'époque de Louis XIV et ainsi baptisée vers 1708, et qui deviendra véritablement la coqueluche des riches.

HÉRITAGE ET VIE QUOTIDIENNE
Nos expressions liées aux meubles

Elles sont assez nombreuses et sont généralement restées très claires :

mettre au placard/être dans un placard (surtout employé dans le contexte professionnel, pour signifier « reléguer, être relégué ») ;

danser devant le buffet (avoir faim, pour ne pas trouver à manger dans ou sur le buffet. On disait aussi *manger des regardeaux* ou *aller se coucher bredouille*) ;

coffrer (mettre en prison ; enfermer) ; *avoir du coffre* (avoir de la voix, sortant de la poitrine) ;

mon cul sur la commode, ou plus exactement *parler de mon cul sur la commode* (parler de choses sans intérêt. Maurice Chevalier chantait : « Je prends le frais, le cul sur la commode »).

Tout en restant un meuble de rangement, elle s'affirmera comme celui du raffinement et se fera donc l'expression des modes les plus recherchées, de la lourde commode Régence, dite parfois *commode tombeau* ou *bateau*, à la légère *sauteuse* Louis XV, du plus pur style « rocailles », commode en placage chatoyant ou en bois exotique, d'acajou ou de palissandre, quand elle n'était pas de simple bois de pin, mais peinte de subtils motifs et de scènes délicates.

Cette commode inspirera enfin bien des variantes, tel le *chiffonnier*, petit meuble exclusivement destiné au rangement des menues pièces de linge, ou que le *semainier*, commode en hauteur comptant autant de tiroirs que de jours de la semaine.

Une pendule sonnante dans sa boîte de bois blanc

Terminons en évoquant encore un meuble, lui aussi expression du raffinement et du luxe, mais qui trouvera pourtant volontiers également sa place dans les cuisines et les salles communes de nos aïeux : il s'agit de la *pendule sonnante*, autrement dit de l'horloge. Pratiquement inconnue des campagnes jusqu'à la Révolution, elle est elle aussi arrivée des villes. Au XIXe, elle sera présente partout, avec son coffre de chêne, de merisier ou de noyer et son balancier de cuivre, volontiers décoré, et avec toujours, écrit à

HÉRITAGE ET VIE QUOTIDIENNE
Montre en main

Les constants progrès de l'horlogerie ont permis de découper le temps de façon de plus en plus précise. Si le notaire datait autrefois ses actes en se contentant d'indiquer qu'il opérait *avant* ou *après l'heure de midi*, les premiers horaires des trains – même s'ils étaient toujours très en retard – seront exprimés en heures et en minutes !

La montre gousset dotera chacun d'un instrument lui permettant de maîtriser le temps, et de parler « montre en main », avant que de pouvoir contacter l'*horloge parlante*, instaurée en 1933 (avec jusqu'en 1975 la voix de Marcel Laporte, dit Radiolo).

De l'horloge à la montre-bracelet : remettons les pendules à l'heure !

Si la première horloge publique avait été installée à Paris, en 1300, il faudra attendre un siècle et demi pour en trouver couramment aux clochers des églises et des beffrois.

Les premières horloges mécaniques, apparues au XIVe siècle, étaient munies de poids, entraînant des engrenages, et que l'on remontait – d'où l'expression *remonter sa montre*, que les montres à pile ont rendue désuète. Ces horloges n'avaient qu'une aiguille : celle des heures.

Au milieu du XVIIe siècle, on inventa les *pendules d'horloge*, pourvues d'un balancier pendulaire, retardant et réglant la chute des poids, et le ressort spirale. Arriveront alors la clé-remontoir et... la deuxième aiguille, rendant la lecture des heures plus précise.

Les horlogers jurassiens, au début du XVIIIe siècle, mettront à profit tous ces progrès successifs, pour créer la fameuse *comtoise*, qui régnera sans partage jusqu'à la Grande Guerre.

Entre-temps était apparue la montre *oignon*, qui pouvait tenir dans la poche, grâce à la fabrication d'un ressort de petite taille : une formidable révolution.

Enfin la montre-bracelet, inventée en 1904 par le bijoutier parisien François Cartier, pour l'aviateur Santos-Dumont, se généralisera à la fin des années 1930.

C'est à ce moment que sont apparus les premiers oscillateurs à quartz, d'une précision révolutionnaire, mais qui étaient alors de la taille d'un réfrigérateur et ne seront utilisés qu'en 1975 au niveau de la montre-bracelet, devenue « digitale ». ■

l'anglaise sur son beau cadran blanc émaillé, le nom de son fabricant et sa ville de résidence, y compris pour les plus petites pendules, qui se répandront ensuite et garniront les cheminées : *item une pendule du nom de Rajot, horloger à Auxerre, sous sa chemise en verre* (globe de verre).

À tout cela, on pourrait encore ajouter le miroir, le tapis ou le tableau, mais ce sont là des objets ou des accessoires que nous verrons dans d'autres pièces, parfois dans la chambre, où il est temps d'entrer.

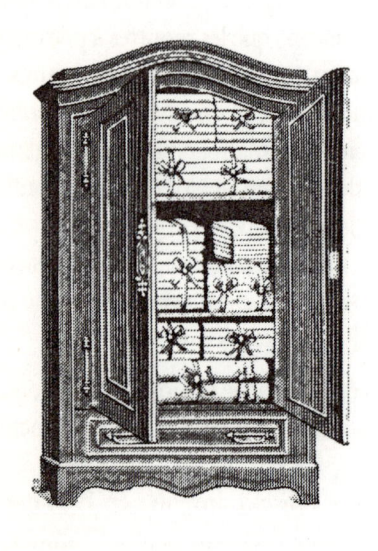

Repères chronologiques
de l'évolution des mobiliers au fil des siècles

Les meubles se sont diversifiés à partir de 1440-1460, tout en restant longtemps encore mobiles et démontables (jusqu'en 1700). Au début du XVIIIe, le paysan ne possède guère qu'une lourde table, des bancs et parfois des chaises, des coffres à usages multiples et éventuellement un dressoir à vaisselle, alors que le bourgeois possède commodes, bureaux, miroirs...

Armoire : apparaît vers 1500-1520, d'abord à un corps, puis à deux ; remplace les coffres chez les paysans cossus de Normandie à la fin du XVIIe ; se répand à partir de 1750, pour se généraliser au début du XIXe siècle.

Buffet : apparu au XVIe, ne se diffusera vraiment qu'au XVIIIe

Bureau : concept du meuble apparu au XVIe ; restera longtemps très élitiste

Canapé : connu dès le XVIIIe ; pénètre les intérieurs bourgeois au XIXe ; deviendra meuble commun à partir de 1960-1970 (*convertible*)

Chaise : remplacera le banc et les tabourets à partir de 1700

Coffre : apparu très tôt (huche), se généralisera rapidement, pour devenir le meuble principal, à fonction multiple (rangement, siège, table), à partir de 1440-1460 et pour ensuite se diversifier (dressoir, bahut) et se raréfier, à la fin du XVIIIe, au profit de l'armoire

Commode : apparue à la fin du XVIIe, restera longtemps élitiste (meuble du raffinement), pour ne guère se répandre avant le XIXe

Crédence et **dressoir** : meubles apparus au Moyen Âge, mais qui ne se répandront qu'au XVIIe, pour laisser la place, au XVIIIe, aux buffets et surtout aux vaisseliers

Fauteuil (chaise à bras) : 1500-1520

Fontaine d'applique pour lavage main et céramique : à partir de 1730

Horloge : apparue vers 1450 dans les intérieurs riches et sur les clochers et beffrois, se démocratisera au XIXe siècle

Lit : jusqu'au XVIIIe, ce mot désignait la literie et non le meuble ; ce dernier se démocratisera à la fin du XVIIe et, toujours fermé de rideaux, se verra pourvu de piliers puis de montants et presque toujours d'un plafond (*ciel de lit*). Le sommier moderne (à ressorts) n'apparaîtra qu'en 1870

Marchepied : petit coffre, qui disparaîtra généralement au début du XVIIe

Miroirs : apparus avec le développement de la verrerie, vers 1560

Secrétaire : se répand surtout au XIXe, dans les intérieurs bourgeois

Table : n'est fixe qu'à partir de 1500-1520 ; est encore rare chez les paysans en 1630 ; ne pénètre qu'au milieu du XVIIIe dans les régions reculées

Toilette (table de) : se répand surtout au XIXe, dans les milieux bourgeois

Vaisselier : « mix » de divers meubles, il se répandra surtout au XVIIIe. ■

Dormir entre le *ciel* et la *ruelle* : les curieux lits de nos ancêtres

Item un lit composé de couette et coussin, *bien replumé, le tout presque neuf* : voici enfin le lit, nous faisant logiquement conclure que nous sommes entrés dans la chambre.

Et pourtant non, car le lit de nos ancêtres n'était généralement pas dans une chambre.

Où couchaient-ils ? Dans la salle commune, à la cuisine, voire au grenier ou à l'étable, mais quasi jamais dans une chambre, pour la bonne et simple raison que la maison du Français moyen n'en avait pas !

Des familles très nombreuses

Des siècles durant, nos ancêtres ont vécu dans une pièce unique, leur servant à la fois de séjour, de cuisine (avec le foyer et la cheminée), de buanderie, de salle à manger – lorsque l'on y dressait la table – de salon, d'atelier, de bureau… et donc de chambre. Cette pièce était généralement nommée une « salle », mais se voyait aussi parfois appelée carrément comme on l'a dit la « maison ».

Cette maison à pièce unique abritait donc un « feu », autrement dit un foyer au sens fiscal et démographique, qui pouvait être composé d'un nombre très variable d'individus. Les anciennes structures familiales voulaient que plusieurs générations et souvent plusieurs couples cohabitent sous le même toit :

un couple de parents, plusieurs couples d'enfants et de très nombreux petits-enfants, dont le nombre variait sans cesse, du fait des naissances très fréquentes mais aussi des décès presque aussi fréquents, la mort frappant pratiquement un enfant sur trois avant son deuxième anniversaire.

Combien un *feu* pouvait-il rassembler d'individus ? Les chiffres ont varié selon les époques et les milieux. On peut estimer qu'un feu rassemblait vers 1500 environ cinq adultes dans les villes et sans doute davantage à la campagne. Avec le temps, ce nombre semble avoir augmenté, pour atteindre parfois les six ou sept personnes et même les dépasser largement dans des régions où la vie familiale communautaire était de règle, notamment avec les *communautés taisibles*, véritables petites républiques de parents, où, hormis le maître, chacun n'avait que le droit de se taire (d'où leur nom). Certaines fermes d'Auvergne, du Bourbonnais ou du Charollais regroupaient plus de vingt personnes, avec des cousins s'ajoutant alors aux frères et aux oncles.

C'était aussi sans compter les valets, servantes et domestiques, eux aussi logés sur place, et eux aussi sans espace propre, qui se retrouvaient avec une paillasse sous l'escalier du grenier ou dans un dortoir improvisé à l'étage. Quand ce n'était pas carrément à l'étable, sur une botte de paille, là où l'on logeait également l'hôte de passage ou le fils aîné, installé près des bêtes – et à leur chaleur – afin de mieux surveiller la part la plus précieuse du patrimoine familial. On était très loin des chambres de bonnes, qui naîtront au XIXe siècle dans le Paris de Balzac et de Sue.

Louis XIV recevait dans sa chambre

Nos ancêtres vivaient non seulement nombreux, mais toujours dans une totale promiscuité. Comme elle faisait la force, l'union augmentait la sécurité, notamment pour défendre la maison des pillards de tout poil. Celle des efforts rendait de son côté les divers travaux – labourage, pâturage, moissonnage, soin du bétail – moins pénibles et plus efficaces. Ce mode de vie communautaire a de ce fait plus ou moins dominé du Moyen Âge au XIXe siècle. Et cela même souvent dans les châteaux.

La promiscuité était donc totale. Non seulement entre les gens, hommes et femmes, jeunes et vieux, mais aussi avec les animaux. Chez nos ancêtres ruraux, les chiens, les poules, et même parfois les cochons, allaient et venaient en totale liberté, dans la cour de la ferme, sur le tas de fumier, comme dans la maison, dont la porte restait comme on l'a vu souvent ouverte, pour mieux évacuer la fumée. Tous entraient, attirés par les miettes des repas tombées à terre, et faisaient le tour de la pièce, prenant souvent le temps de satisfaire un besoin naturel, la poule sur la table, le cochon sur le sol. La bestiole était alors éjectée d'un coup de pied et une gamine jetait au sol un reste d'eau grasse de vaisselle, qui allait s'imprégner dans ses mauvaises dalles bien usées quand il n'était pas de terre battue. De ce « tout au sol » résultait une odeur ambiante à la fois âcre et fétide, qui ne manquerait sans doute pas de nous soulever le cœur, si nous pouvions réellement pousser l'huis de nos ancêtres...

Mais n'y pensons pas trop. Voyons plutôt comment les choses ont évolué, pour passer de ces F 1 à nos F 4 ou F 5.

On va connaître, pour les pièces, les mêmes diversifications et spécialisations que pour les meubles. Dans les châteaux du Moyen Âge, c'était dans la même pièce que le seigneur réunissait sa compagnie, qu'il y prenait avec elle ses repas sur la grande table, que l'on y « dressait » le moment venu, et qu'il se couchait, la nuit, dans un de ces immenses lits, de parfois plus de trois mètres de large, pour y dormir là aussi, toujours et encore... en groupe. L'habitude en était d'ailleurs plus ou moins restée : à la cour, on verra Louis XIV recevoir régulièrement dans sa chambre les ambassadeurs européens en audience extraordinaire.

Chez les humbles, on va assister à un lent changement, qui va peu à peu voir s'affirmer et s'opposer deux espaces distincts. Un premier, collectif, où durant la journée le groupe travaillait, échangeait et prenait ses repas, et un second, privé, vers lequel on se repliait la nuit venue. Dans ces espaces, la disposition des meubles avait alors varié en fonction de leur utilisation. La table était restée perpendiculaire à la fenêtre mais les lits s'étaient alignés le long des murs. Chacun d'eux avait été attribué à un couple précis, qui lui avait collé son coffre ou plus anciennement son arche ou son marchepied, pour ainsi se constituer une sorte d'îlot propre.

La promiscuité n'en était pourtant pas moins ressentie, d'autant que les familles ne faisaient que grandir. Les conditions de sécurité s'améliorant, on avait alors construit des bâtiments plus vastes, ou l'on avait agrandi ceux déjà existants, en leur adjoignant des annexes polyvalentes. On avait alors pu choisir de décongestionner la salle, en y faisant migrer les objets gravitant autour de l'eau : évier, cuves à lessive, batterie de cuisine… et en créant ainsi des espaces servant de buanderie, de cuisine et/ou d'office. D'autres fois, on avait opté pour la solution inverse, en ajoutant une pièce bel et bien appelée une « chambre », mais qui allait autant servir de lieu de couchage que d'espace de débarras et d'entrepôt, et où nos inventaires vont couramment nous décrire d'épouvantables capharnaüms, avec un indescriptible mélange d'outils de jardins, de batterie de cuisine, de pétrins et de coffres que l'on a vus remplis aussi bien de grains que de réserves alimentaires ou que d'écheveaux de fils de chanvre…

Une drôle de chambre, pensez-vous… Pas tant que cela, puisqu'on restait ici dans le parfait respect de son étymologie. Issue d'un mot latin camera, désignant la voûte, la *chambre* ne désignait à l'origine qu'une petite pièce voûtée, donc basse et obscure. Une pièce ressemblant en tout point au cellier, dans lequel on entreposait autrefois les provisions. La chambre avait alors été le lieu où l'on resserrait les richesses, le seigneur ce qui lui était cher et le roi son trésor, et par voie de conséquence le lieu où l'on avait l'habitude de se réunir dans le cadre de certaines missions, d'où toute une série de « chambres », aux vocations les plus diverses. En fait, ce mot était souvent synonyme de « pièce », témoin cet inventaire corrézien, daté de 1767, dans lequel le notaire écrit : *sommes entrés dans une grande chambre, servant de cuisine* avant, cette cuisine une fois passée au peigne fin, de visiter les autres pièces de la maison assez cossue dans laquelle il se trouve, qu'il nommera toutes des *chambres*.

Peu à peu, la maison moyenne va donc devenir ce que nous nommons un F 2, pour comprendre la *pièce à feu*, qui restait la pièce principale, celle où se trouvait le foyer, et une « chambre ». Celle-ci se verra alors assez naturellement récupérée par un couple, ou tout au moins par un ménage. C'est alors seulement que ce que nos sociologues nomment la « famille nucléaire » va véritablement commencer à exister.

Intimité et sexualité

On avait donc d'abord eu des chambres pour couples (parents et enfants), qui étaient rapidement devenues strictement conjugales, résultat à la fois de la hausse des niveaux de vie mais aussi du changement des mentalités, vis-à-vis de l'intimité et de la sexualité.

Le voile épais que jetaient la religion catholique et la morale sur toute manifestation de la vie sexuelle avait fait de la chambre conju-

---

HÉRITAGE ET VIE QUOTIDIENNE
Des chambres en tout genre

La *chambre du roi* était à l'origine gérée par un *camériste* ou un *chambrier*, puis par un *chambellan* qui s'était d'abord vu confier la gestion des linges de lit et en était ensuite venu à gérer tout ce qui touchait à la vie quotidienne du roi, laquelle se déroulait justement pour une large partie dans ce lieu. Il avait ainsi récupéré la charge du trésor royal, puisque celui-ci y était à l'origine déposé.

Les *chambres haute* et *basse*, les *chambres des Députés*, *des Pairs* et *des Communes*, désignaient des lieux de réunion en assemblées, comme l'avait autrefois été la *Chambre du roi*, puis ces assemblées elles-mêmes, comme il en allait de la *chambre des Comptes* ou comme il en va des *chambres d'Agriculture* ou *de commerce* et encore des *chambres criminelle* et *civile* dans les tribunaux.

gale un endroit quasi sacré et une sorte de « temple de la génération », puisque c'était entre ses murs que la femme accouchait.

Très privé, ce lieu qui était réservé à la vie à deux était parfois interdit aux domestiques. Aménagé avec soin, il était agrémenté de meubles et d'objets propres, à commencer par l'armoire pleine de linge, et, chez les plus riches, de commodes et de coiffeuses, sans oublier pendules, crucifix, gravures, vases ou bouquets de mariée, avec plus récemment l'arrivée d'un téléviseur, permettant d'y savourer un bon film au lit.

Mais ce lieu redevenait parfois ouvert au public. Après un accouchement, avec le défilé des voisines et des parentes venant offrir leurs vœux à la mère et à l'enfant. Au moment du décès, lorsqu'on l'aménageait en chambre mortuaire, en un temps où la mort était mise en scène...

De conjugale, la chambre était ensuite devenue réellement « individuelle », avec l'apparition, dans les châteaux, de boudoirs, placés entre les chambres et les salons, réservés aux causeries féminines intimes, mais aussi parfois aux ébats furtifs et interdits.

Dans les milieux aisés, les chambres se sont alors vues couramment consacrées à une seule personne, y compris peu à peu aux enfants.

C'était là un besoin nouveau. Longtemps, dans les classes dominantes, ceux-ci ont en effet passé très peu de leur enfance chez leurs parents, pour avoir été traditionnellement d'abord mis en nourrice, chez quelque paysanne du voisinage, puis ensuite envoyés en pension. Ce n'est donc guère avant le XXe siècle que la chambre d'enfant apparaîtra, pour que sa décoration fasse finalement l'objet des plus grands soins.

Ces chambres à soi évoluent vers des espaces véritablement réservés et intimes, que leurs occupants s'approprient et personnalisent et où ils entreposent leurs effets les plus précieux : objets pieux, souvenirs, bijoux, argent... On pense aux chambres des jeunes filles de la bourgeoisie de la Belle Époque, tapissées de papiers imitant les toiles de Jouy, avec leurs vases de fleurs, un petit oratoire de coin, une cage à oiseau et un secrétaire, dans lequel leurs locataires conservaient leurs lettres et leurs journaux intimes...

Le mouvement sera malgré tout très lent, pour avoir été une véritable révolution. Au XVIIIe siècle, même à Paris, 75 % des foyers étaient concentrés en une seule pièce et en 1870, en Touraine, 70 % des logements n'avaient de même qu'une pièce unique, de souvent 30 à 40 mètres carrés, où étaient rassemblés tous les membres de la famille, et où étaient entreposés tous les meubles, objets et outils possédés ! La chambre individuelle ne se répandra guère qu'à partir du XIXe et d'abord chez les bourgeois des villes, qui y installeront par ailleurs souvent une table à toilette, avec son broc et son bassin. À la campagne, il faudra pratiquement attendre l'entre-deux guerres, pour voir les propriétaires les plus évolués faire cloisonner les salles communes, en attendant que les aides à l'amélioration de l'habitat rural ne viennent en accélérer le processus au cours des années 1960.

Item un lit garni avec son bois, paillasse, couette...

Le lit était évidemment le meuble ou l'équipement mobilier le plus important. Si important que dans certaines régions, comme le Limousin, l'Auvergne et le Forez, les inventaires le signalaient

---

HÉRITAGE ET VIE QUOTIDIENNE
Nos expressions liées au lit

Lit: *comme on fait son lit on se couche* (la réussite dépend des efforts déployés); *faire le lit de quelqu'un* (aider quelqu'un, souvent sans le vouloir).

Draps: *être dans de beaux draps* (par ironie: être dans une mauvaise passe); *aller à la halle aux draps* (expression désuète, signifiant tout simplement « aller dormir »).

L'Hôtel du Lion d'or: cette ancienne enseigne était en réalité un rébus, l'image d'un « lion d'or », signifiant tout simplement, ici: « lits; on dort ».

en première position, avant la traditionnelle et symbolique crémaillère !

Comment s'en étonner ? Le lit n'était-il pas plus encore chargé de symboles que le foyer et la cheminée ? Centre sacré des mystères de la vie, puisque c'était sur lui que l'homme naissait, s'accouplait et mourait. Lieu de la régénérescence, à la fois dans le sommeil et dans l'amour. Objet à lui seul capable à la fois de communiquer et d'absorber la vie, et que le curé bénissait à son entrée dans la maison, avec parfois même, dans certaines régions, les deux époux étendus côte à côte, afin de bénir leur union et de la rendre féconde.

Un lit que l'on va voir lui aussi évoluer, à la lumière de nos inventaires, aussi fidèles qu'indiscrets.

– *item un charlit sans quenouille, garni d'un lict de plume, avec son traversier et un banlin* (drap de lit, en patois local) *servant de ciel de lit* (1573, Saintonge) ;

– *item un grand charlit de bois de noyer fait à l'antique, garni de sa paillasse* (1639, Anjou) ;

– *item un charlit de bois de chêne avec platfond pareil et son tour d'étoffe* (1735, Berry) ;

– *item un bois de lit à la duchesse, en bois dur, garni de son ciel, tringles, rideaux et pentes* (Drôme, 1837).

Ici encore, on a besoin d'un interprète. Le meilleur des traducteurs Internet ne renseignera pas. Seul l'historien peut expliquer : le *charlit de bois* désignait le cadre du lit, nommé en Provence un *banc de lit* et en Bretagne une *équerre de lit* et que nous nommons aujourd'hui plus simplement un bois de lit. Le *lict* lui-même, alors écrit avec un « c », en souvenir du mot latin lectus, désignait en fait la literie (sommier et/ou matelas). L'ensemble, *charlit* et *lict*, bois de lit et literie, était appelé une *couchette* ou dans certaines régions un *lit bien garni*.

Mais la traduction ne suffit pas. Pour comprendre les lits *sans quenouilles* ou *à la duchesse* et se les représenter, il faut ici se reporter à l'histoire même du lit, qui peut se résumer à un seul mot et à une seule volonté : s'isoler.

Isolation et isolement : les effets du baldaquin

Plus encore qu'ils avaient à se protéger contre les rongeurs, les insectes et les serpents toujours prêts à s'introduire dans les intérieurs, nos ancêtres avaient à se protéger du froid. Du froid qui était souvent très humide, pour monter des sols de terre battue et être renforcé par l'humidité des murs, souvent détrempés par les pluies et couverts de salpêtre. Du froid qu'augmentaient encore les courants d'air, s'engouffrant en permanence sous les portes et les fenêtres, alors bien peu hermétiques.

C'était cette constante et obsédante recherche d'isolation qui avait dicté l'évolution du lit.

Le mot latin *lectus* venait du mot *legere*, signifiant amasser, du fait que notre lit n'avait d'abord été qu'une simple litière, posée à même le sol glacé, et constituée d'un vulgaire sac de bure, que l'on bourrait d'un amas de feuilles mortes ou de foin, mais plus volontiers de copeaux de bois ou de feuilles de fougères, matières réputées isolantes et absorbant l'humidité. En fonction de ses ressources, chaque pays, chaque région y était allé de sa formule. Si les Égyptiens de l'Antiquité avaient dormi sur des feuilles de palmiers amassées au sol, les Bressans couchaient sur des paillasses de barbes de maïs séchées, les habitants de la côte flamande sur des sacs de varechs, d'autres encore sur des sacs de gousses de pois, les plus riches préférant les remplir de plumes de poulet ou mieux encore d'oies. Mais peu importe. Tout cela, que chacun prenait soin de remuer chaque jour, se voyait indifféremment appelé des paillasses et leurs housses des *garde-paille*. De *paillasse*, l'objet avait été renommé un *materas*, par les croisés rentrant d'Orient – en référence au mot arabe *matrash*, désignant un coussin jeté à terre – pour donner finalement notre *matelas*.

Pour une meilleure isolation, on avait placé ces équipements « hauts de terre », grâce à des cadres de bois, sortes de chevalets généralement munis de pieds – nos *charlits*, caisses de lits taillées souvent très grossièrement à la hache ou à la serpe, puis assemblées en queue d'aronde. On y avait parfois ajouté un *sommier*

– mot ayant eu à l'origine le sens de « poutre », puisque originellement constitué d'un treillis de branches entrelacées, puis de lattes de bois assemblées de cordes ou de cuir. On avait ensuite isolé ces lits des murs, par des clisses d'osier ou par des montants très hauts, donnant alors les lits dits *à tombeau*.

On avait enfin ajouté des plafonds, ou plutôt des *planchers*, car ce que nous nommons *plafond* était alors nommé *plancher*, pour être fait de planches mal jointoyées, laissant passer également l'air froid, venu du grenier ou du toit. On avait donc équipé nos couchettes de sortes de dais, que l'on avait appelés tantôt des *plats fonds* ou encore des *carries*, ou plus fréquemment et de façon plus imagée des *ciels*. Supportés par des bâtons, que nous nommons des colonnes mais que l'on appelait alors plutôt des *quenouilles*, ces ciels étaient en principe fabriqués en bois, mais pouvaient se réduire, chez les plus modestes, à une simple pièce d'étoffe.

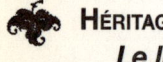

HÉRITAGE ET VIE QUOTIDIENNE
Le lit de justice

Le lit de justice est une manifestation de la justice royale, laquelle se trouvait par définition à l'origine de toute autre justice. Dès lors, la coutume et la loi le proclamaient sans ambiguïté : *quand le prince arrive, les magistrats se taisent !*

La procédure du « lit de justice » était donc utilisée par les souverains, pour faire enregistrer par les parlements certains actes ou édits auxquels ces derniers s'opposaient. Elle était bien sûr réglée par tout un cérémonial.

Au parlement de Paris, le roi, après avoir fait ses dévotions, entrait accompagné du chancelier, des princes du sang, des ducs et pairs, des cardinaux et des maréchaux, et prenait place sur un trône, situé dans un angle de la salle et la dominant. Il commençait par prononcer quelques mots, puis passait la parole au chancelier par la formule consacrée : « Mon chancelier vous dira le reste. » Celui-ci donnait alors lecture d'une déclaration royale, selon laquelle « le roi, en son lit de justice, a ordonné et ordonne qu'il soit procédé à l'enregistrement des lettres sur lesquelles on a délibéré ».

Mais pourquoi parler ici d'un lit, puisque le souverain n'était nullement couché ? L'explication était très logique : le trône en question, surmonté d'un dais, rappelait les lits à ciels alors en usage...

Pour terminer, on avait enfin pourvu ces couchettes de tentures et de rideaux, aussi nommés des *pentes*, que l'on pouvait nouer aux colonnes, et cet assemblage rappelant au Moyen Âge les murailles reliant les tours d'angle des châteaux forts avait été nommé comme elles des *courtines*. Plus tard, chez les nobles et les bourgeois, pour lesquels le rythme de la journée ne se réglait pas sur celui du jour, ces rideaux seront également là pour éviter au dormeur de se voir réveiller par les rayons du soleil ; on les nommera alors des *garde-jour*.

Pour faire ces tentures et ces rideaux, les plus riches achetaient des étoffes précieuses, rappelant celles de soie et d'or fabriquées en Orient, dans la lointaine Baldacco – devenue depuis Bagdad – étoffes de ce fait nommées des *baldaquins*. Du rideau, le nom en était peu à peu venu à dénommer le dais ou le ciel lui-même.

Cette histoire permet de mieux comprendre et d'imaginer les quatre lits décrits par nos inventaires, qui retracent et concrétisent cette évolution, tout en montrant la variété des équipements en fonction de l'aisance, passant du lit simple, sans *quenouilles-colonnes*, au lit à plafond avec rideaux d'étoffe, puis au lit plus moderne, dit « à la duchesse », avec souvent un baldaquin soudé au fond du lit, et qui n'avait dès lors plus besoin des anciennes colonnes.

De mieux en mieux isolé au plan thermique, le lit de nos ancêtres était d'autant plus chaud, qu'il se voyait bien sûr placé dans la salle commune, la « pièce à feu », et le plus près possible du foyer, plutôt que dans les chambres ou les annexes, presque toujours dépourvues de cheminée. Voilà pourquoi le lit ne migrera que tardivement, commençant souvent par se diriger vers des alcôves, avant que de véritablement gagner les chambres, lorsque celles-ci pourront être chauffées, avec l'apparition des poêles.

Le lit de nos ancêtres était d'autant plus chaud que l'on disposait d'ustensiles destinés à le réchauffer. D'abord les *moines* et à partir du XVe siècle les *bassinoires*, que l'on emplissait de braises incandescentes et qui se feront, avec les couvertures, de plus en plus fréquentes à la fin du XVIIIe siècle, avant que les premières ne cèdent le pas aux *chaufferettes* et bientôt aux populaires *bouillottes*, de grès puis de caoutchouc. Enfin, si tout cela ne suffisait pas, on n'hésitait pas à s'habiller au lit.

Courtines, tours de lit, rideaux, garde-jour: tout cet attirail était donc essentiel, non seulement pour calfeutrer le lit et y enfermer la chaleur, pour y assurer l'obscurité propice au sommeil réparateur, mais encore pour assurer à l'individu, et plus encore au couple, un minimum d'intimité dans ce monde où l'on n'était jamais seul. Rideaux et baldaquins offraient isolation et isolement. Derrière eux, le malade pouvait souffrir ou reposer en paix. Le jeune ménage accomplir son devoir conjugal, à l'abri des regards, sinon des oreilles. La paysanne retrouvant son homme, qui avait travaillé toute la journée à l'extérieur, pouvait lui faire le rapport détaillé de la vie domestique, l'informer de l'évolution du groupe des femmes, lui décrire les relations qu'elles entretenaient entre elles…

Lits clos ou « à la chartreuse »

La *couchette* de nos ancêtres constituait en quelque sorte une véritable petite maison en miniature, dont le parachèvement avait été la formule du lit clos.

Il s'agissait d'une sorte de grand lit-armoire, en bois, fermé de rideaux et plus couramment de portes, ajourées ou non, et juché sur des pieds, toujours par souci d'isolation. En Bretagne, et plus particulièrement en Basse-Bretagne, dans la partie ouest de la province, il était présent dans tous les intérieurs et s'y était maintenu très longtemps – notamment dans le Finistère. C'était là également que l'on avait pu en trouver les plus beaux spécimens, sculptés et ornés, aux panneaux parfois historiés de motifs religieux, représentant la terre, le ciel et l'enfer, sujets de fierté de leurs propriétaires et qui ont fait les fortunes des antiquaires du XXe siècle. Beaucoup ont souvent terminé leur carrière en bibliothèques ou en meubles pour

Le saviez-vous ?
le pyjama était un vêtement de plage !

Beaucoup de témoignages, du moins chez les grands, semblent laisser penser qu'ils – et elles – dormaient volontiers nus.

Pourtant, le froid ambiant conduisait semble-t-il la plupart de nos ancêtres à porter des vêtements au lit. Ne serait-ce que, pour les hommes, la chemise, et pour les femmes, le cotillon qu'ils et elles avaient porté durant la journée.

Avant le pyjama avait donc régné la *chemise de nuit*, longtemps absente des inventaires, pour avoir été un vêtement bourgeois et citadin, car relativement coûteux. Et pratiquement toujours un vêtement unisexe.

Elle avait pour éventuel complément le *bonnet de nuit*, très prisé des hommes chauves, et donc souvent vieux et peu portés sur l'amusement, d'où l'expression ironique *être un vrai bonnet de nuit !* En fait, ce bonnet avait été très à la mode au Grand Siècle, y compris hors des lits, à l'intérieur des appartements, lorsque les hommes avaient ôté leur perruque.

Le *pyjama*, dont le nom vient d'un terme persan signifiant « vêtement de jambe », avait d'abord été porté par les femmes, et à l'extérieur, puisqu'il avait été conçu dans les années 1920… pour la plage, au temps où l'acteur américain Rudolf Valentino et où la couturière parisienne Coco Chanel avaient lancé la mode du bronzage. Il avait été rapidement récupéré par les hommes comme vêtement d'intérieur et était finalement devenu un vêtement de nuit masculin, bien que les hommes aient continué à lui préférer la chemise de nuit jusque dans les années 1940… ■

---

téléviseur, mais quelques-uns aussi, qui ont été soigneusement restaurés, permettent aujourd'hui à certains hôteliers ou tenanciers de gîtes ruraux typés, de « vendre » au touriste des nuits originales dans d'authentiques lits clos du pays.

Classiquement associé au folklore breton, le lit clos n'est pourtant pas une exclusivité de cette province, pour avoir été très courant dans beaucoup d'autres, notamment en Poitou, dans les Pyrénées, en Auvergne, en Alsace du sud. En Savoie, où on le nommait un « lit à la chartreuse », il était souvent installé à l'étable, où on le trouvait volontiers surélevé au-dessus des moutons, utilisés ici comme des radiateurs naturels.

La *ruelle* et le *chevet*

Tout autour de la salle commune, les lits, clos ou fermés de rideaux, constituaient donc autant d'espaces privés, que leurs occupants devaient s'efforcer de gérer, en fonction des règles de la vie communautaire. Un lit défait était ainsi jugé impudique par la maisonnée et plus encore par les voisins et les étrangers en visite. Il était donc obligatoire, chaque matin, d'en refouler les couvertures, ce que la femme faisait à l'aide d'un grand bâton.

Si le lit était du domaine intime et privé, il en allait de même de ses abords immédiats. Souvent placé à l'angle d'une pièce, il ne touchait qu'à un mur par son *chevet* – son « chef », à prendre ici au sens ancien de tête, comme dans *chef-lieu* et *couvre-chef* ou pour le *chef* militaire – pour être séparés de l'autre mur par un espace, nommé la *ruelle*, qui faisait lui aussi partie du périmètre « réservé » à ses occupants. C'était notamment là que l'on plaçait les berceaux des bébés ou encore le coffre propre au couple, dans lequel l'épouse rangeait soigneusement leurs vêtements et les linges constituant son trousseau. Cet espace privé rassemblait les meubles personnels, ceux qu'emportaient avec eux le couple qui déménageait, le fils qui prenait son indépendance ou la veuve qui se remariait, ce qui ne manquait évidemment pas de donner lieu à maintes discussions et disputes, quand ce n'étaient pas à des procès.

Larges et courts !

Les lits de nos ancêtres étaient encore traditionnellement à la fois larges et courts.

Larges, pour avoir souvent comme on l'a vu accueilli toute une famille au Moyen Âge et avoir longtemps continué à le faire

À propos du berceau : pourquoi y faisait-on des trous ?

Le berceau, comme plus tard la bercelonnette, servait évidemment à bercer...

Bébé y était en principe solidement maintenu par des bandes de toile, entrecroisées sur le dessus et fixées à des tenons, ce qui permettait, lorsque l'on travaillait aux champs, de le suspendre à un arbre, ou encore de le transporter facilement à dos de mulet ou sur celui... de la mère.

Confectionné par un membre de la famille ou acheté à la foire, parfois offert en cadeau de mariage, le berceau était volontiers placé dans la ruelle du lit, sachant qu'en Bretagne on ajoutait parfois un étage au lit clos, pour y faire dormir les enfants au-dessus des parents. Une situation qui n'a apparemment rien de choquant, mais qui pouvait avoir des inconvénients fâcheux, lorsque le berceau était conçu à l'image de son homologue savoyard, nommé le *bri* et presque toujours percé de trous, destinés... à faciliter l'écoulement de l'urine... ■

---

dans certaines régions, notamment en Corse. On pouvait facilement y trouver six personnes, chacune participant à le chauffer, même si elles s'y partageaient aussi les puces et les poux, qui infectaient la paillasse.

Courts, du fait que nos ancêtres étaient, comme on le sait, plus petits que nous, puisque nos historiens ont démontré que l'homme n'avait pas cessé de grandir – la taille moyenne du conscrit a ainsi augmenté de 10 centimètres entre 1880 et 1992. Courts aussi, du fait des postures adoptées autrefois pour dormir, sachant que la position horizontale était souvent bannie, du fait qu'elle évoquait la mort et les gisants. On préférait alors dormir à demi assis, adossé parfois à trois ou quatre oreillers. Voilà pourquoi bien des lits clos bretons ne dépassaient pas 1,60 mètre !

Comme la *princesse sur le pois*...

Le lit de nos ancêtres était-il douillet ?

Chacun se souvient du conte de *La Princesse sur le pois* dans lequel, pour vérifier la qualité de princesse d'une voyageuse, son hôte la fait dormir sur une montagne de matelas, au-dessous desquels il avait pris soin de déposer un petit pois. Un banal et minuscule pois, qui avait suffi à l'empêcher de dormir et qui avait valu à son corps délicat de se retrouver couvert de bleus. Cette montagne de matelas n'étonnait nullement les enfants, à qui l'on racontait autrefois cette fable. Tous y étaient parfaitement habitués et n'y voyaient – comme sans doute la princesse elle-même – que l'expression d'un raffinement de l'hospitalité accordée.

Item un marchepied fait à deux étages proche le lit : nos inventaires en témoignent, avec autrefois ces marchepieds-coffres primitifs ou ces nombreux *escabeaux*, plus ou moins hauts et tenant pratiquement lieu d'échelles. Avant que sommiers et matelas ne se perfectionnent, on multipliait les paillasses, autant pour se protéger de l'humidité du sol que pour s'assurer un couchage douillet. Tout corps allongé sur un lit devait s'y enfoncer mollement : le lit idéal était tout le contraire de celui que nous recommandent nos médecins et nos kinés. C'était peut-être ce qui faisait, en plus des durs travaux des champs et de la position imposée par la charrue, que nombre de paysans terminaient leur vie cassés en deux...

Pour être douillets, les lits de nos ancêtres l'étaient donc. Au maximum, comme s'il s'en était allé ici d'une véritable surenchère, sans doute pratiquée à l'aulne de ses moyens : dis-moi à quelle hauteur tu couches et je saurai combien tu es riche !

Non seulement on multipliait les épaisseurs en dessous, mais encore au-dessus, aimant à dormir entre paille et plume, sur une pile de matelas et sous une autre de couvertures et d'édredons. Les inventaires, ici, se lancent dans des descriptions-fleuves, et cela autant chez les bourgeois que chez les humbles.

Un notaire du Morvan décrira ainsi ce que l'on peut considérer, vers 1700, comme l'équipement type : *un lict garny de double coueste, deux grands et deux petits cuissins, une couverture de drap de trois aulnes, huit linceux,* le tout sur un *châlit de bois fait à main d'homme.* Chacun, à cette lecture, imagine le corps du dormeur s'enfoncer lentement dans les épaisseurs. Au contraire, celui vu quelques années plus tard chez un tisserand d'Ile-de-France révèle une maison sans confort et un couchage misérable : *un meschant bois de lit à bas piliers, garny de tringles et enfonssures* (fonds de lit, montants) *de bois, sur lequel s'est trouvée une paillasse, un lit* (un matelas) *et traversin de coutil, et un autre petit lict* (un autre matelas) *de thoille, rempli de plume, deux draps de toile, une couverture de laine blanche, deux pièces de tour de lict garnie de sa frange de fil, deux custodes* (rideaux), *une nappe servant de bonne grasse* (petit rideau de chevet).

Au gré des rédacteurs d'actes, des temps, des régions et des formules, un même mot pouvait, selon les régions, désigner deux accessoires différents. Disons que dans les lits de nos ancêtres, on trouvait généralement :

– nos paillasses et couettes, fabriqués à la maison, les premiers emplis d'abord essentiellement de paille et les seconds de balles de seigle ou d'avoine, séparée des grains lors du battage au fléau, de duvet ou de plumes. Une fois le sommier apparu, ces deux éléments n'avaient finalement fait plus qu'un, pour donner notre seul matelas, d'abord rempli d'étoupe ou de bourre de chanvre ou de lin, puis de laine de mouton ou de crin de cheval, travaillés par les *cardeurs*. Enveloppés dans des housses de toile, ils étaient alors fabriqués par des *plumassiers* ou des *matelassiers*, travaillant généralement à domicile et venant notamment régulièrement recarder la laine fatiguée, rénover le crin et recoudre les toiles, sachant que, à condition d'être rassidîment retourné, un bon matelas de laine devait faire cinq ou six ans sans se tasser ;

– des couvertures, autrefois souvent nommées *lodiers* ou *courtepointes*, pour couvrir les *pointes*, c'est-à-dire… les pieds. Elles aussi étaient faites de laine, mais aussi fréquemment de peaux de mouton, sinon de chèvres – c'était le cas en Corse – voire parfois... de chiens. Les plus grandes, souvent fabriquées dans le Midi, en Provence et en Roussillon, étaient nommées *mantes*, pour avoir la même origine que notre *manteau*. On leur a peu à peu ajouté des *plumons*, emplis comme leur nom l'indiquait de plumes, et qui n'étaient autres que nos *édredons*, autre mot obtenu par déformation d'*ederdaun*, venu de la lointaine et froide Islande, où il se référait au duvet du canard plongeur des mers arctiques nommé l'*eider*. Longtemps rare, ces accessoires étaient d'autant plus chers que généralement remplis de *duvet vif*, prélevé sur des animaux vivants, et nettement préféré par les gens délicats au duvet commun, récupéré dans les poulaillers pour y avoir été perdu par les volailles ;

– des traversins, dits *traverlits, traversiers, travers...*, généralement assez plats ;

– des oreillers, d'autant plus nombreux du fait de la posture du repos décrite, nommés *orilleux, cheveciers* (en référence au *chevet*, évoqué précédemment) mais plus généralement nommés *coussins*, *cussins* ou *cuissins* (pour avoir été à leur origine conçus pour être mis sous les cuisses, ou plus exactement sous les hanches, et être issus du latin *coxa*, la hanche). On les trouvait avec leurs taies, dites

HÉRITAGE ET VIE QUOTIDIENNE
Peau de balle et balai de crin

Qui pense ici trouver la balle de seigle ou d'orge se trompe lourdement. La *balle* dont il est ici question n'est en effet autre que celle que l'on nomme plus trivialement *roubignolle* ou coucougnette, autrement dit... le testicule. Notre expression est donc parfaitement synonyme de *peau de zob* et de *peau de zébi*.

Cette « balle » étant fort précieuse à son propriétaire, sa peau ne l'est pas moins, au même titre d'ailleurs qu'une autre peau de la même région, comme le clame l'autre expression familière selon laquelle *ça coûte la peau des fesses* – ou *du cul...*

Reste à savoir ce que vient dès lors faire ici le *balai de crin* qui lui est associé. En fait, cette expression semble avoir été très banalement construite selon le principe des suites de locutions (*bonne à tout faire – fer à repasser – passez-moi le sel !*).

aussi des *fourres* ou des *souilles*, qui étaient chez les riches brodées au fil d'or et se voyaient abondamment garnies de dentelles et de mousseline. La somptuosité déployée au XVIII€ siècle au niveau du linge de maison ne connaîtra pas de limites ;

— enfin les fameux *tours de lit, courtines, custodes, pentes* et autres accessoires en tout genre et pouvant tous recevoir la dénomination de *rideaux*, pour faire des *rides*, des plis. Tous étaient épais et sombres, pour mieux répondre à leur vocation qui était, comme on l'a dit, de garantir aussi bien la chaleur que l'obscurité.

Item quatre paires de draps

Voici enfin les draps, qui avaient donné notre drapeau, et que l'on sait appelés communément *linceux*. Ils étaient faits comme les nappes et les serviettes, de toile d'étoupe ou de chanvre, plus rarement de toile plus fine de lin – toile de Hollande à la cour de Versailles et dans les châteaux – avant d'être tissés en coton, sachant que le lit du pauvre n'en comptait bien souvent qu'un seul – et qui était fréquemment en loques.

La pratique d'associer draps du dessous et du dessus, notamment dictée par des considérations hygiéniques, sera lente à s'imposer, et provoquera encore une augmentation du nombre de ces draps, depuis longtemps déjà de plus en plus nombreux dans les coffres, les armoires et les trousseaux : on en avait ainsi compté par centaines, à la fin du XV€ siècle, dans le trousseau de la duchesse Anne de Bretagne, future reine de France, et on en dénombrera facilement cinquante à soixante, au XIX€ siècle, dans la grande armoire lingère d'une maison bourgeoise.

D'une couette à l'autre

Mais le progrès ne cessera évidemment pas de produire ses effets et s'il était parfois lent à pénétrer – en Bretagne, il faudra parfois attendre l'entre-deux-guerres pour voir le matelas de laine détrôner l'ancienne poche de balle d'avoines – rien ni personne n'aurait su le freiner.

La petite histoire de notre drapeau

Aujourd'hui, 4 septembre 1827, acte de naissance de François Lubin, enfant trouvé dans la boîte de l'hospice, enveloppé d'un drapeau gris, avec un mouchoir à carreaux rouges et pour marque une faveur rose (état civil de La Rochelle).

Voilà un acte d'état civil très classique pour un enfant abandonné, déposé ici dans la *boîte*, ou le « tour », sorte de porte tambour aménagée dans l'épaisseur des murs des couvents et des hôpitaux, pour permettre aux mères obligées d'abandonner leur enfant de le faire anonymement. L'officier d'état civil décrit l'enfant comme porteur d'une *faveur* rose, soit d'un ruban rose, et enveloppé d'un *drapeau*, autrement dit d'un petit drap, tout bonnement ici d'un lange...

À l'origine un drapeau était en effet un petit drap, une petite pièce d'étoffe.

D'une pièce d'étoffe à une autre, le mot avait été utilisé, sous Charles IX, vers 1570, pour désigner les enseignes des régiments d'infanterie, puis pour dénommer des étendards nationaux.

Celui de la France, inscrit dans la Constitution de 1958, avait été dessiné en 1794 par le peintre David, à la demande de la Convention.

On entend souvent dire qu'auparavant le drapeau des rois de France était le drapeau blanc, ce qui est faux.

En fait, le blanc avait été la couleur de la bannière de Jeanne d'Arc, sur laquelle étaient portées les initiales de la Vierge. Lorsque Louis XIII avait décidé de consacrer son royaume à Dieu sous la protection de Marie, qui avait exaucé son vœu en lui donnant un fils, la couleur blanche avait été considérée comme celle du royaume. Pour marquer la présence du roi sur un champ de bataille, on faisait de ce fait flotter une étoffe blanche, mais le bleu à trois fleurs de lys d'or n'en restait pas moins la marque personnelle du souverain et de sa famille. ∎

Un inventaire de 1880 décrit ainsi le couchage d'un boulanger vosgien : *un lit monté, composé de son bois de noyer, sommier élastique, matelas, couverture et duvet*. À quoi s'ajoutait même – grand luxe – une descente de lit !

Le sommier est là, non plus seulement à lattes, mais bénéficiant depuis 1870 de l'invention de l'Américain Simmons, père du sommier moderne à ressorts, et le matelas va successivement se remplir non seulement lui aussi de ressorts, mais finalement de fibres artificielles, de mousses de caoutchouc, dès les années 1950, pour connaître vers 1980 l'arrivée de la poche de vinyle et de la formule du matelas à air.

Sans oublier, du côté des draps, la révolution qu'avait été l'arrivée des premières balles de coton dans les manufactures du XVIIIe siècle, faisant parler « d'explosion cotonnière ». C'était notamment cette explosion qui avait favorisé cette folie de la broderie dans les classes aisées. Mais d'un blanc autrefois idéalement immaculé, le drap allait peu à peu prendre des couleurs, d'abord douces et pastel puis parfois plus vives, à des imprimés en tout genre – de la fleurette aux grands ramages, en passant par les personnages de l'univers de la bande dessinée, de plus en plus courants avec l'utilisation des fibres synthétiques, apparues au cours du XXe siècle. Siècle qui a par ailleurs connu l'invention du drap-housse, avant d'assister au cours des vingt dernières années au retour triomphal de l'ancienne couette, juste relookée et recomposée, afin de mieux répondre aux exigences du monde moderne.

Le vert, couleur du sommeil

Cette revue générale de la literie nous fait également découvrir l'immense et complexe éventail des étoffes et tissus d'antan, mélangeant pour beaucoup la laine et le fil de lin et ayant souvent bien peu de valeur, dont les noms nous sont généralement totalement inconnus. Au côté de la *bure*, ou de la *serge*, on trouvait en effet la *berlinge* et la *meslinge*, le *poulangeon*, la *catalogne*... Les tours de lit étaient dits en *toile de bergame*, en *tiretaine* ou en *droguet*, comme on parlait aussi de la *serge de Caen* et de la *mante d'Avignon*, selon leurs lieux de fabrication. Autant de termes que l'on aura très bientôt l'occasion de revoir.

C'est enfin la literie qui nous offrira pratiquement les seules couleurs présentes dans le décor de nos ancêtres : *item un charlit de bois et son tour de meslinge couleur de marron ; item un lodier de toile teinté de roux ; item un tour de lit de serge feuille-morte et un autre de berlinge jaune.*

C'est ainsi que l'on peut remarquer ici l'évolution de la couleur verte. Pour être chère en teinturerie, elle était longtemps restée cantonnée aux classes aisées et avait de ce fait été considérée comme la couleur du raffinement, d'où sa pénétration lente et progressive dans les milieux plus modestes, où elle était généralement devenue la couleur traditionnelle et incontournable des rideaux de serge qui entouraient le lit. Sans doute aussi parce que le vert, situé dans l'éventail des couleurs entre le bleu, couleur du ciel, et le rouge, couleur de l'enfer, était généralement regardé comme la couleur de l'espérance. Espérance à laquelle on s'accrochait en s'endormant : espérance de se réveiller le lendemain et peut-être aussi d'un lendemain meilleur... Dans tous les cas, le vert était au fil des ans devenu la couleur des chambres à coucher, pour être quasi universellement considéré comme la plus favorable au repos du corps et de l'esprit, Goethe lui-même le proclamant haut et fort.

Une vraie fortune !

Pièce essentielle et hautement symbolique du mobilier de nos ancêtres, la « couchette », désignant l'ensemble lit et literie, était un meuble cher. D'autant plus cher que les produits issus de l'industrie textile utilisés pour l'équiper l'étaient eux-mêmes – et cela même s'ils étaient pour la plupart tissés sur place. D'autant plus cher que son prix augmentait avec la teinture. Que les plumes d'oies et le *duvet vif* faisaient figure de denrées de luxe, au point d'être volontiers pesés par les notaires, désireux de pouvoir les estimer, dans leurs inventaires, à leur très exacte valeur.

On ne saurait dès lors s'étonner de voir le lit et la literie représenter à eux seuls une partie importante des dots – souvent le cinquième ou le quart – et une proportion tout aussi importante des patrimoines. Tout particulièrement chez les pauvres, dont le lit semblait finalement être le seul luxe, même si ce luxe n'était que très relatif – n'oublions pas, malgré tout, que certains dormaient sur la paille des étables… S'il le fallait, on économisait sur le prix des rideaux ou des pentes, mais le lit, complet, avec son bois, ses piliers – hauts ou bas, selon les cas –, ses couettes et tout le toutim était généralement bel et bien là, au grand complet.

La réalité est indéniable. Les inventaires le confirment et permettent d'avancer des chiffres. On peut dire que l'ensemble de la « couchette » représentait en moyenne au minimum le cinquième de la valeur totale des biens possédés, et même fréquemment jusqu'au quart. Seulement 13 % des biens laissés en 1713 dans la Beauce par le tisserand Simon Daneau, mais chez qui la totalité des meubles (lit, coffre, table) dépassait le quart des avoirs. Elle représentait 20 % de la succession de Nicolas Belloguet, manouvrier aux environs de Gray, avec un lit complet estimé à 30 livres, et de celle de Nicolas Langlois, décédé dans le Vexin en 1749. Plus de 23 % des 86 livres représentent le montant total des misérables effets que laissait à son décès, en 1753, Louis Sauvage, journalier de l'Avranchin, avec deux humbles lits, estimés ensemble à 20 livres ; 34 % des avoirs du pourtant aisé sieur de La Lande, décédé près de Laval en 1673 et dont l'inventaire signale trois lits assez cossus, si l'on s'en réfère aux couleurs des étoffes. Et encore, un de mes amis, historien, lui aussi amoureux des inventaires, m'a dit avoir rencontré, en Sologne, des lits représentant jusqu'à 40 % des biens de certains défunts !

Mais restons-en à la proportion moyenne de 25 à 30 % : ramené au montant de l'actif d'une succession moyenne en 2010, que l'on peut évaluer à environ 100 000 euros, cela donnerait, pour la seule literie, l'énorme somme de 25 000 à 30 000 euros. Vive Ikea, les magasins But et les nouveaux couchages !

Il n'empêche que chez notre boulanger vosgien de 1880, son *lit monté, composé de son bois de noyer, sommier élastique, matelas, couverture et duvet, le tout estimé 95 francs*, représentait encore 8 % de son patrimoine. Le sommeil coûtait décidément très cher à nos arrière-grands-parents…

Nos ancêtres dormaient-ils bien ?

La question est évidemment délicate. Car comment lui trouver une réponse, ou des éléments de réponse ? Si l'on sait que l'on dormait souvent dans un cadre vert – derrière les fameux rideaux de serge verte –, que l'on dormait éventuellement nu, mais plutôt en chemise – de nuit ou carrément de jour –, et que l'on ne dormait autrefois rarement allongé, comment en revanche savoir si l'on dormait bien ?

Tout ce que l'on peut dire, c'est que nos ancêtres mettaient sans aucun doute toutes les chances de leur côté pour dormir le mieux possible. Pour s'endormir rapidement, pour éviter les insomnies et pour avoir un sommeil réparateur et calme – ils redoutaient particulièrement les cauchemars, comme annonciateurs de malheurs. Mais ils craignaient aussi les dangers de la nuit, sachant qu'un sommeil trop profond, s'il permettait de ne

---

Héritage et vie quotidienne
Les Arabes dormaient-ils mieux ?

Si notre mot *matelas* est issu du mot arabe *matrash*, désignant un coussin jeté à terre pour dormir, notre *sofa* est lui aussi directement issu de l'arabe *suffa*, désignant également un coussin, tout comme le mot *divan* désignait un conseil d'administration turc, tenu sur une estrade, où chaque participant siégeait sur un coussin, et où était à l'origine présenté le registre de comptabilité, nommé justement quant à lui *diwan* en perse.

Les couchages plus récents porteront des noms plus européens, qu'il s'agisse du *lit-cage*, qui fit un temps fureur, et était un lit pliant métallique et à barreaux, lequel une fois replié évoquait une cage, du *lit de camp* ou encore du cosy anglais, appelé souvent à l'origine *cosy-corner*, soit « lit de coin ».

pas être réveillé par le bruit des grignotements de rats et de souris sous les coffres ou sur le grenier, pouvait aussi empêcher d'entendre les pas du voleur de poules dans la cour, ou de se rendre compte que le feu reprenait, dans l'âtre, parmi les braises mal éteintes...

Contre tout cela, ils ne connaissaient guère qu'un recours : la religion. Ils en respectaient scrupuleusement les lois. Ils en imploraient les saints, sachant qu'il en était toujours, parmi cette légion céleste, un ou plusieurs que les circonstances rendaient particulièrement compétent à intercéder auprès de Dieu. Il en allait ainsi pour toute maladie, toute catastrophe ou toute situation.

Dès lors, avant de s'endormir, nos ancêtres disaient leur prière – un pater, un ave –, parfois un chapelet, le plus souvent seulement quelques mots de charabia, à mi-chemin entre foi et superstition. Chez les plus aisés, où l'on avait des chambres individuelles, on avait souvent un oratoire, aménagé dans un angle de la pièce. Dans l'Yonne, chez le fermier Edme Rétif, vers 1750, on voyait un prie-Dieu, devant un tableau de la Vierge à l'Enfant. Ailleurs, on se contentait souvent d'une prière, récitée en commun devant l'âtre, une fois la veillée terminée et le feu couvert, ou tout au moins d'un signe de croix accompagné d'une formule quelconque. C'était le minimum !

HÉRITAGE ET VIE QUOTIDIENNE
Nos expressions liées au sommeil

On dit souvent dormir comme *un loir, une souche, une marmotte, une vache, un sabot* (en fait, ici *comme un cibot*, sorte d'ancienne toupie, qui ronflait en tournant), *à poings fermés* (expression dont l'origine reste floue, pouvant être une référence aux nourrissons, qui dorment ainsi et apparemment toujours profondément).

On dit encore dormir du *sommeil du juste, sur ses deux oreilles* (sans avoir à se soucier des éventuels bruits, susceptibles de trahir une présence ou un élément inquiétant) ou au contraire *ne dormir que d'un œil* (afin de surveiller).

Le chapelet était un chapeau de fleurs !

Le chapelet, représentant une guirlande de prières, est un objet très ancien et universel. En Extrême-Orient, il était offert aux hôtes que l'on souhaitait honorer.

Hérité de la *mâla* brahmanique, le chapelet bouddhique était composé, au Tibet, de cent huit grains – nombre sacré – alors que les mahométans africains faisaient couler six mille six cent soixante-six grains en les ponctuant chacun de la louage « Allah est grand ! ». Partout, dans toutes les religions, il a été utilisé pour compter les prières, dites ou à dire, y compris chez les chrétiens.

On en a donc trouvé des plus divers. Les uns fabriqués dans des métaux précieux (en or, argent ou ivoire, dans l'Inde antique) et les autres faits de pierre ou de morceaux de bois, de noyaux, de coquillages, de corail, de morceaux d'os ou même parfois – en Afrique – de dents humaines… Mais on en trouvait aussi de fleurs, et c'est ce qui avait donné à l'objet le nom qu'on lui connaît.

Le *chapelet*, comme son nom l'indique, avait en effet été à l'origine un petit chapel, autrement dit un petit chapeau, mais un chapeau… de fleurs. Plus précisément, il s'agissait d'une couronne de roses – d'où son appellation fréquente de *rosaire* – comme celle que l'on plaçait sur la tête des statues de la Vierge, à l'occasion des cérémonies mariales.

Appelé aussi *paternoster*, du nom latin de la prière enseignée par le Christ – ce qui donnera *patenôtre* en langage courant –, le chapelet était autrefois vendu par des artisans spécialisés dans la fabrication des objets de piété, nommés de ce fait *patenostriers*.

Il existait enfin, dans la religion catholique, plusieurs sortes de chapelets, le plus populaire étant le *chapelet de la Vierge*, composé de soixante grains, dont cinquante petits, destinés aux prières à la Vierge, sachant qu'on avait mis au point une formule « réduite », dénommée la « dizaine », comportant onze grains, dont dix petits, souvent faits de billes de verre coloré ou de cristal taillé, et que l'on proposait sous forme de bracelet, afin, l'ayant au poignet, de réciter un chapelet complet par étapes successives. ■

Un minimum incontournable, car ce que l'on redoutait sans doute plus que tout était que Dieu vienne sans prévenir : la mort subite, pendant le sommeil, sans que l'on puisse recommander son âme au Créateur et appeler le curé pour recevoir le saint viatique. Contre cette éventualité, on priait la Vierge Marie, saint Joseph et l'archange Gabriel, considéré comme le spécialiste de la communication et de la transmission des messages célestes, depuis l'annonce qu'il avait faite à Marie. On priait aussi saint Michel, le « prince des archanges », l'archange de « premier rayon » qui, pour avoir chassé lui-même Satan du Paradis à l'origine des temps, devait bien pouvoir les éloigner de la maison et du lit, lui et toutes ses créatures, sorciers, lutins, mauvais esprits et démons en tout genre. On priait en priorité son saint patron ainsi que son « bon ange gardien », qui veillait sur soi jour et nuit.

Pour ne pas, comme l'on disait alors, « chevaucher le cauquemar », on avait également recours à des prières particulières, réputées pour leur efficacité, comme celles à saint Athanase ou à saint Marcoul, très en usage aux Antilles. Les crucifix, enfin, étaient toujours là, souvent pourvus d'un petit bénitier, que l'on remplissait régulièrement d'eau bénite – même si celle-ci avait en principe la vertu de ne pas s'évaporer. Crucifix que l'on accrochait, avec la branche de buis bénit, au-dessus du lit, à son *chevet* ou même carrément à l'intérieur du lit, lit-clos ou lit fermé de ses rideaux. On avait encore le chapelet, gardé à portée de main, et l'abondance ne nuisant jamais au plan des précautions, on attachait volontiers, aux *quenouilles* ou aux montants du lit, des croix de paille que l'on avait soi-même tressées et fait bénir avec le buis lors de la messe des Rameaux.

Chaque soir donc, on se préparait au sommeil. Avec ou sans cérémonie. Le coucher du roi ou d'une marquise était bien sûr plus long que celui du laboureur. George Sand décrit sa grand-mère, bonne bourgeoise, se faisant longuement arranger chaque soir sur la tête et les épaules une douzaine de bonnets et de fichus de toile, de soie, de laine et d'ouate, en écoutant le rapport du jour fait par sa femme de chambre... Ailleurs, on se déshabillait rapidement devant le feu, pour se glisser derrière les rideaux, entre les draps soigneusement bassinés.

Il ne restait ensuite qu'à bien gérer son repos. Conformément aux mentalités. Se coucher tôt était partout considéré comme vertueux et se coucher tard suspect. Pareillement, il importait de se réveiller tôt. Faire la grasse matinée était signe de paresse et on ne pouvait être plus mal vu. La fermière de ma grand-mère, dans les années 1950, faisait tous les jours sonner son réveil à 5 heures, se levait, allumait la lumière de sa cuisine, et partait se recoucher jusqu'à 8 heures, assurée que les voisins la penseraient tous au travail avant l'aube – sans jamais s'être demandé si eux-mêmes n'en faisaient pas autant...

Item une coiffeuse avec ses miroirs

Que trouvait-on enfin dans la chambre de nos ancêtres ou du moins près de leur lit ?

Une ou plusieurs des commodes déjà évoquées, souvent surmontées d'une pendule – un luxe ! – et de la couronne ou du bouquet de mariée. Parfois une *commode-coiffeuse*, dite couramment *coiffeuse* tout court, chez les riches, meuble des plus raffinés, qui avait été une évolution élégante de la table de toilette. Souvent de style très soigné, recouverte de marqueterie, d'acajou ou de bois de roses, elle offrait tout un jeu de miroirs, autour desquels étaient étalés flacons, pots à fards, brosses, houppettes – en duvet de cygne –, baignoires d'yeux... Elle était généralement utilisée, avec l'assistance d'une femme de chambre, pour la « deuxième toilette », la toilette mondaine, consistant à se parer, se maquiller, se poudrer et se parfumer, et qui avait lieu après la première, celle de la propreté, faite au lavabo ou à la baignoire. On terminait l'opération en s'y coiffant – d'où son nom – et l'homme, parfois, venait lui-même s'y asseoir, pour s'y raser ou pour y ajuster cette petite touffe de barbe qu'il avait été un temps très à la mode de porter sur la lèvre inférieure et que l'on nommait une *mouche*.

Autre objet de luxe, le miroir lui-même, souvent présent au mur des chambres, au-dessus des cheminées, puis sur les portes des fameuses armoires à glace. Il est cependant longtemps resté petit et discret, non seulement parce que cher mais pour être jugé impudique et peu moral, puisque offrant la tentation de voir son corps dénudé. De ce fait, il sera plutôt évoqué au salon, en même temps que les tapis, eux aussi très volontiers disposés dans les chambres, même s'ils étaient souvent réduits au format de la descente de lit, accessoire qui fera son apparition à la fin du XIXe siècle, en même temps que les tables de nuit, dont la destination première – dissimuler le « vase de nuit » – les fera évoquer elles aussi ailleurs.

Arrêtons-nous enfin sur un dernier objet, classique et obligatoire : le réveille-matin, avec l'ancien réveil mécanique à ressorts, resté aujourd'hui caricatural, avec son sonore et lancinant tic-tac et ses deux cloches que frappait frénétiquement le marteau, réveille-matin que ceux au sommeil profond n'hésitaient pas à placer sur des assiettes métalliques remplies de pièces de monnaie, pour en augmenter le son. Mis au point par Antoine Redier, horloger à Paris sous la monarchie de Juillet, il avait très vite connu une étonnante diffusion dans toutes les classes de la société, et s'y était maintenu, jusqu'à l'apparition de nos réveils électriques et digitaux, ou volontiers radiophoniques...

Dans les coffres
et les armoires,
du cotillon à la minijupe

Mais avant de quitter la chambre, soyons curieux et soulevons le lourd couvercle de nos massifs coffres de bois de chêne ferrés et fermant à clé ! Entrouvrons les portes des armoires ! Et si nous n'osons pas le faire nous-mêmes, laissons agir notre notaire dressant son inventaire et contentons-nous de regarder.

– ... *dans lequel coffre il s'est trouvé quatre robes de différentes couleurs, deux corps de coton, trois mauvaises paires de culottes rapiécées, trois paires de bas de fil blanc et deux de laine, l'une couleur bleue et l'autre noire, une paire de guères de toile...*

– *dans laquelle armoire s'est trouvée une jupe de pinchina brun, un pourpoint rouge, un manteau de bouracan, trois chemises de toile, trois tabliers, quatre grandes coiffes et sept petites...*

Lisons aussi les contrats de mariage, dans lesquels les mêmes notaires décrivaient le trousseau apporté par la mariée et entreposé dans ledit coffre, trousseau constitué par exemple d'*une douzaine de coiffes, tant de toile pleine que de toile claire, six chemises à usage de femme et quatre à usage d'homme, une demi-douzaine de mouchoirs propres à mettre sur le col, trois paires d'habits de tiretaine, une brassière de toile blanche...*

Lisons ou écoutons, tout en comptant. Ici encore, les chiffres seront plus d'une fois impressionnants : *item trente-cinq chemises d'homme et dix-huit de femmes ; dix-huit grandes coiffes et douze petites ; cinquante et un mouchoirs de poche et trente-trois paires de bas de laine !* Des vêtements en quantité d'autant plus grande que l'on sait que, pour être inusables, ils passaient volontiers d'une génération à l'autre.

Avec les meubles de nos ancêtres, les archives nous font donc découvrir leurs *hardes* – tel était le nom, dépourvu de toute nuance péjorative, communément donné autrefois aux vêtements. Leurs *hardes* ou leurs *nippes* – mot venu de guenipe, variante de guenilles et qui convient ici fort bien –, comme les meubles où elles se trouvaient, étaient fréquemment qualifiées de *méchantes, mauvaises, déchirées, rapiécées*, sachant que là encore elles conservaient toujours une valeur minima, quitte à les faire priser par lots. Mais certains détails auront parfois plus d'importance qu'il n'y paraît : la chemise de toile *blézie*, ainsi qualifiée par un notaire des Baronnies drômoises, était une chemise de toile usée – selon le sens de ce terme local –, mais c'était là en fait une qualité qui en augmentait la valeur, pour la rendre nettement moins rêche que la chemise de toile de chanvre neuve.

Une culotte de panne et une veste de ratine

Comme pour les meubles, l'interprète sera évidemment ici aussi souvent nécessaire, avec beaucoup de vêtements dont les noms nous sont inconnus, ainsi un *corps* (corsage), un *devantier* (tablier) et des *brasselières* (*brassières*, chemises de femme, couvrant les bras et le haut du corps)…

Beaucoup de tissus, aussi, aux noms tout aussi étranges…

Selon leurs habitudes, nos notaires, comme ils avaient précisé le métal des ustensiles de cuisine et le bois des meubles, indiquaient toujours la matière des vêtements.

La plupart étaient faits de chanvre ou de lin – chaque maison avait sa *chènevière* et parfois aussi sa *linière*. C'est ce lin qui avait donné son nom à notre linge, de nature généralement gris ou beige, pour n'être blanc qu'après avoir été trempé dans du petit lait et étendu sur les prés. Le coton n'apparaîtra qu'au XVIIIe siècle, avec le développement de la Compagnie des Indes, et surtout avec sa culture massive dans nos colonies. Des Indes lointaines étaient également arrivées les *mousselines*, ainsi nommées pour être fabriquées dans la ville de Mossoul, et qui avaient rapidement rivalisé avec la soie, magique, produite depuis le Moyen Âge par les magnaneries de la région d'Uzès et des Cévennes, qui s'étaient développées pour répondre à la forte demande des papes, établis en Avignon et qui en raffolaient.

Mais la difficulté est ici augmentée du fait qu'à ces matières classiques et à ces termes bien connus s'en ajoutaient des centaines d'autres, variant selon les époques et les lieux et désignant des étoffes ou des tissus le plus souvent totalement inusités de nos jours : *une camisole de froc rouge* (chemise faite dans une laine grossière, ressemblant à celle dont on faisait les vêtements de moine [les frocs]) ; *une paire de bas d'estame* (d'étamine, nom d'une étoffe de laine légère) ; *un gilet sans manche de Silézie* (la silésienne était une étoffe mi-laine, mi-soie) ; *une culotte de panne* (sorte de velours).

On n'en finirait pas de détailler ces tissus, que les notaires eux-mêmes semblaient tous parfaitement connaître et savoir différencier, au point de décrire sans difficulté *une veste et un gilet de droguet d'Angleterre, une jupe de siamoise blanche, un manteau de camelot et un autre de drap gris de Tournon, une veste de pinchinat. Droguet, siamoise, camelot, pinchinat, serge rase, berlinge, meslinge, tiretaine...* : autant de matières, dont les noms nous parlent nettement moins qu'aux greffiers des siècles passés...

Avaient-ils, en plus de leur connaissance des lois et du latin, effectué un stage professionnalisant chez un drapier ou une couturière ? Faute d'informations, on en conclura que nos ancêtres, même de condition modeste, s'intéressaient de très près aux textiles, ce qui serait assez logique, puisque nombre d'entre eux arrondissaient leurs fins de mois par une activité de tissage à domicile...

On ne saurait pourtant énumérer et définir cette impressionnante variété d'étoffes, d'autant plus large qu'à celles de fabrication locale s'en ajoutaient d'autres, importées des régions voisines, si ce n'était de l'étranger. Chaque ville, chaque canton avait autrefois ses foires, qui avaient lieu plusieurs fois l'an, et dans lesquelles se faisait notamment « grand commerce de draps et d'étoffes de toutes les manufactures du royaume, apportées par les marchands des villes les plus considérables du pays ». Voilà comment l'on trouvait notre *serge de Caen*, notre *drap gris de Tournon* ou notre *droguet d'Angleterre*. Ces produits « d'importation », du fait des multiples péages et droits de douanes à acquitter pour passer autrefois d'une province à une autre, augmentés encore des droits d'octroi pour les entrer en ville et des droits de place pour les vendre sur les foires et marchés, coûtaient évidemment bien plus chers que les autres, mais leur réputation suffisait généralement à garantir leur succès. Les modes, déjà, s'imposaient. Les cotonnades avaient, dès leur apparition au XVIIIe siècle, fait ainsi véritablement fureur. Louis Simon, tisserand dans la Sarthe, l'a noté dans ses mémoires : « Les dames les plus riches s'en paraient d'abord, puis les femmes du commun et enfin les domestiques et même les pauvres. Ensuite les toiles d'Orange et les indiennes sont venues à la mode chez les grandes dames puis chez les autres. »

Item une brassière cramoisie

Tous ces vêtements étaient évidemment toujours décrits avec leurs couleurs : *un tablier couleur citron et un justaucorps à mouches roses ; un pourpoint rouge ; un petit cotillon jaune et une chemisette de serge orange ; une brassière cramoisie ; un haut-de-chausse couleur du roy* (bleu)... Pourtant, même si le prix des teintures augmentait sensiblement leur prix, la valeur totale des

À l'origine du *froc* et du *fute* !
Quelques étoffes et tissus en usage autrefois

Berlinge : grosse étoffe très résistante, de fil et de laine mélangée, surtout utilisée pour les vêtements de travail

Bouracan : grossière étoffe de laine, parfois en poils de chèvres, utilisée notamment pour la fabrication des manteaux

Brin : belle toile fine, de premier choix

Brussequin : drap de piètre qualité

Bure : grosse étoffe de laine rousse

Cadis : étoffe de laine

Camelot : tissu venu d'Asie Mineure, où il était à l'origine fait de poils de chameau (d'où son nom). Réputé imperméable, il était utilisé pour les manteaux et les jupons

Cariset : tissu de laine grossière, fabriqué à l'origine à Kersey, un village anglais du Suffolk

Coutil : toile de fil de chanvre ou de lin, lissée et très serrée

Droguet : étoffe moitié laine moitié fil, spécialité du Poitou ; drap mince et peu cher

Escot : étoffe de laine croisée, dont on faisait surtout les robes de deuil et les vêtements des religieuses

Estame : laine tricotée avec des aiguilles

Étamine : étoffe légère et mince, de fils non croisés

Froc : étoffe de laine grossière, ressemblant à celle dont on faisait les vêtements de moine (les *frocs*)

Futaine : tissu croisé de fil et de coton, fabriqué à l'origine dans un faubourg du Caire, nommé *Fostat*, d'où son nom

Indienne : étoffe de coton peinte ou imprimée, fabriquée à l'origine en Inde

Meslinge : variété de serge

Mulquin : sorte de toile de batiste, couramment fabriquée dans le Nord

Panne : sorte de velours (étoffe *velue*)

Pinchina : gros drap de laine

Poulangis : grosse étoffe de laine, fabriquée autrefois en Picardie

Rarèse : autre nom du cariset

Ras : étoffe très lisse
Ratine : étoffe de laine frisée (dite aussi *serge de Florence* ou encore *serge d'Elbeuf* ou de *Caen*), souvent utilisée en doublure
Réparon : chanvre de dernière catégorie
Serge : tissu de laine grossière
Siamoise : étoffe de coton, imitée de celle fabriquée au Siam
Taffetas : étoffe de soie, tissée comme de la toile
Tiretaine : étoffe de drap de peu de valeur, sorte de droguet

On aura remarqué ici deux mots à l'origine de deux termes argotiques modernes : le *froc* et le *futane*, ce dernier couramment abrégé en *fute*, et désignant le pantalon.

---

vêtements allait rarement loin. Si le *lit garni* avait représenté 20 % des avoirs de Nicolas Belloguet, manouvrier en Haute-Saône, sa garde-robe, bien qu'apparemment en assez bon état, dépassait à peine les 5 %, ce qui, ramené à notre succession moyenne de 100 000 euros, ferait environ 5 000 euros, soit une somme très honnête.

L'habit faisait le moine

Ce livre n'étant l'histoire ni du costume ni des modes, on ne saurait entrer dans tous les détails, pour se contenter d'un balayage rapide. Mais opter pour les raccourcis – avec les risques que cela comporte – aura finalement l'avantage de permettre de mieux « zoomer » sur certains aspects de cette histoire, les plus intéressants ou les plus insolites.

Ici encore, la priorité sera donnée aux vêtements courants, à ceux portés par nos ancêtres laboureurs plutôt qu'à ceux portés à la cour. On passera donc volontairement sous silence les modes ponctuelles ou particulières, comme celle des chaussures dites « à la poulaine », ainsi nommées au Moyen Âge pour être revêtues d'une peau importée... de *Poulogne* (notre Pologne), celle des très curieux, très pointus et très hauts *hennins* médiévaux, devant leur nom à un mot hollandais désignant le coq, porteur d'une crête, comme on ignorera encore celle des fraises et des vertugadins de la Renaissance, ces derniers pouvant être considérés comme les ancêtres des crinolines du XIXe siècle, équipées quant à elles – comme nos parapluies – de baleines, ainsi nommées pour être de véritables fragments de mâchoires de ces animaux, utilisés ici pour leur flexibilité.

Plus encore que les meubles, les vêtements n'ont évidemment pas cessé d'évoluer, pour devenir plus chauds, plus confortables, plus fonctionnels, plus « sexy » aussi, même si, à ce dernier plan, les choses ont été assez lentes…
Mais de façon générale, la silhouette elle-même a changé, pour avoir connu son principal virage à l'époque de la guerre de Cent Ans.
Jusqu'alors paysans et paysannes portaient presque tous une *tiretaine*, ample robe de toile grossière, avec un chaperon, qui était un manteau doublé de fourrure, des *housseaux*, chausses de toile ou souliers à lien, sachant que beaucoup – et surtout les femmes – allaient pieds nus. La chemise de chanvre était alors réservée aux gens aisés.
Désormais va régner la mode du costume court, avec pour l'homme, chemise ou pourpoint en haut et chausses en bas – lesquelles évolueront en culotte – et pour la femme, coiffe, corsage agrafé ou lacé, ainsi qu'une jupe avec plusieurs jupons ; hommes et femmes étant tous majoritairement chaussés de sabots.
Mais, ici encore, bien sûr, tout dépendait du milieu. Les modes descendant toujours des classes supérieures vers les inférieures, et circulant de Paris vers les grandes villes des provinces, pénétraient toujours très lentement les campagnes.
Le costume, de plus en plus, va cependant s'affirmer comme signe distinctif de la condition sociale. On se souvient tous que les sans-culottes révolutionnaires n'étaient pas nommés ainsi pour

Hennins et vertugadins

Les hennins, qui n'ont été portés guère plus d'un demi-siècle, entre 1440 et 1490, ont toujours fait rêver ! Ne serait-ce que par leur hauteur, presque démesurée, puisque certains allaient jusqu'à dépasser nos 60 centimètres... Mais ne disait-on pas que cette longueur était proportionnée au rang occupé par leur propriétaire dans la société... ? Pourtant, ils n'étaient en fait pas toujours aussi pointus que le suggèrent les images de l'époque, et se présentaient en réalité comme une coiffure haute et... à deux cornes.

Le XVIe siècle connaîtra une longue bataille : celle opposant la traditionnelle robe « à la française », aux manches amples, à celle rapportée des guerres d'Italie et dite « à l'italienne », promouvant au contraire les manches collantes. Cette dernière, en remportant la victoire, va préparer le terrain à la mode du fameux *vertugade*, aussi appelé *vertugadin*, mot issu d'un terme espagnol signifiant « baguette », et qui n'avait donc strictement rien à voir avec la vertu.

Il s'agissait en fait d'un jupon, empesé et encore raidi par une baguette, laquelle était destinée à faire bouffer la jupe, à l'image d'une cloche, afin de mettre la taille en valeur. Il n'en demeurait pas moins que la masse de ces étoffes, aussi amples que lourdes, entravait considérablement la marche et les déplacements et que nos grandes dames ne pouvaient donc autrefois envisager de se déplacer sans troussoir, sorte de canne-crochet leur permettant de soulever le tout, lorsqu'elles devaient monter un escalier ou slalomer sur le pavé des villes, jonchés de saletés. ■

---

se promener les fesses à l'air, mais pour porter des pantalons, alors que nobles et bourgeois portaient des culottes. On pourrait évoquer le fait que sous l'Ancien Régime, le port de l'épée était réservé aux nobles et que de nombreux édits royaux, dits « édits somptuaires » – on en comptera onze en moins d'un siècle, de François Ier à Henri IV –, étaient intervenus pour réglementer divers aspects du vêtement : certaines fourrures, comme le petit-gris et l'hermine, étaient ainsi réservées à l'élite, le velours interdit aux gens de basse condition, ainsi que les dentelles et certains ornements. Jusqu'aux livrées des valets, qui étaient réglementées : ceux des nobles pouvaient seuls être vêtus de costumes de drap teint ; ceux des bourgeois devaient porter des vêtements de bure brune. Il n'était pas question que le vêtement puisse tromper : l'habit devait alors, comme on le dit encore aujourd'hui, faire le moine !

Mais effectuons donc une rapide revue de détail de la garde-robe de nos ancêtres, en les observant de *pied en cap* ou plutôt, en fait, de la tête aux pieds.

Que portaient-ils sur la tête ?
La question est fondamentale. Plus que toute autre pièce du vêtement, la coiffure était primordiale, pour jouer un double rôle.

À son rôle premier et naturel, destiné à protéger l'homme du froid, de la pluie et du soleil, comme aussi – c'est le cas du casque – des éventuels coups, s'en ajoutait un second, de nature sociale. Elle trahissait en effet tout à la fois la fonction, la place dans la société, la naissance ou la réussite. Parfois aussi l'origine géographique ou ethnique, comme elle marquait encore – et ce n'était pas là le moins important – l'éducation et le savoir-vivre, codifiés et régis par des règles complexes. En 1889, le comte de Larlandie n'écrivit-il pas un *Guide du coup de chapeau*, spécifiquement consacré à la présentation et à l'interprétation des différentes façons de s'en servir pour saluer !

Mais la coiffure trahissait encore la mode, aussi impérieuse que fantaisiste, depuis celle des chapeaux en peau de castor de l'époque de Charles VII – mode que l'on accuse d'avoir alors provoqué la quasi-disparition de l'espèce en Europe – à celle du canotier dans les Années folles, en passant par les perruques pou-

Respecter les usages!
L'homme au volant devait garder
son chapeau…

La morale, la religion, le protocole avaient également contribué à dégager des règles de conduite. Principes d'éducation et règles de bienséance étaient consignés dans divers traités de savoir-vivre, particulièrement nombreux au XIXe siècle, lorsque la concurrence fut ouverte entre la bourgeoisie et l'ancienne noblesse. L'habit était plus que jamais signe de distinction sociale, chacun entendant tenir sa place et son rang. Les fautes de tenue « déclassant » ceux qui les commettaient, ces règles concernaient aussi bien les gestes, comme le baise-main ou la poignée de main, que les présentations et les conversations, les lettres, avec leurs adresses et formules de politesses, qu'enfin bien sûr la tenue vestimentaire, avec par exemple :

▶ **l'usage du chapeau**, qui avait varié :
– selon les conditions : à Versailles, aucun homme n'aurait su se présenter en chapeau devant le roi, hormis un officier, dont il faisait partie intégrante de l'uniforme, ou un ambassadeur, représentant son souverain, qui était par définition l'égal du monarque. Le roi, qui ne le quittait quant à lui jamais, pas même à table, ne l'ôtait qu'à la chapelle, en présence de Dieu
– selon les sexes : l'homme l'ôte pour saluer une femme, ou un homme aîné ou supérieur, ainsi que devant un mort ou son cercueil, alors qu'une femme le garde toujours. Il l'ôte en visite et à l'église, alors que la femme, ici encore, le garde. Seule exception : l'homme doit garder son chapeau, lorsqu'il conduit une voiture, et cela même au côté d'une dame ;

▶ **l'usage des bijoux et des parfums** : les hommes ne portent aucun bijou, hormis leur alliance ou leur chevalière, avec leurs armes. Les dames ne doivent jamais porter de brillants le matin, ni de bracelet-montre avec une robe de bal ;

▶ **les usages du deuil**, sachant que les périodes de deuil variaient selon l'ancienneté du décès et/ou le lien de parenté. Durant le « grand deuil »,

> toute couleur était bannie et le noir était seul admis, tout parfum et tout bijou féminin étant proscrit. Durant le demi-deuil, on pouvait porter certaines couleurs, comme le violet, ainsi que des perles et des bijoux en or. ■

drées du XVIIIe siècle, que l'on a sérieusement incriminées d'avoir été pour partie responsables des famines de l'époque, estimant que la farine utilisée sous Louis XVI pour leur poudrage aurait sans doute permis de nourrir dix mille pauvres !

> ## De Lucky Luke à Geneviève de Fontenay : les chapeaux les plus célèbres
>
> Le club des porteurs de chapeaux a toujours eu ses personnages et ses chapeaux emblématiques, l'un n'allant jamais sans l'autre, ainsi :
> – Maurice Chevalier et son *canotier*
> – le commandant Cousteau et son *bonnet rouge*
> – Geneviève de Fontenay et ses chapeaux (blanc à ruban noir ou noir à ruban blanc)
> – Henri IV et *son chapeau à panache blanc*
> – Louis XI et *son chapeau rond, orné de médailles pieuses*
> – Jean Moulin et son *chapeau mou*
> – Frank Sinatra et son *panama*
>
> **Personnages de fiction :**
> – Lucky Luke et son *chapeau de cow-boy*
> – Charlie Chaplin (Charlot) et son *melon*, comme les frères Dupond-Dupont (dans *Tintin*)
> – Spirou et son *képi de groom*
> – Scherlock Holmes et son *deerstalker* (chapeau de chasse, dont le nom signifie « traqueur de daims »), que le succès des livres de Conan-Doyle va intégrer à la panoplie du parfait détective, avec la loupe et la pipe. ■

Certes, il en allait ainsi à tous les étages du corps et de la tenue vestimentaire en général, mais ce que l'on mettait sur la tête, pour se voir en premier, était plus important encore et devait permettre d'identifier ou de situer la personne que l'on apercevait du premier coup d'œil. La couronne du roi, le képi de colonel avec ses cinq galons, la mitre de l'évêque, comme autrefois le bicorne du gendarme. À la Révolution, le bonnet phrygien avait sauvé des têtes et au Moyen Âge, le chapeau de pèlerin à larges bords, orné éventuellement de coquilles de Saint-Jacques par le pèlerin rentrant de Compostelle, devait suffire à lui garantir l'hospitalité. Malheur à qui le revêtait indûment, notamment pour détrousser les hôtes lui ouvrant leur porte : ce *coquillard* ou encore ce *coquin* – telle est l'origine du mot – arrêté *manu militari* et convaincu de faux, pouvait se voir condamner à être pendu haut et court et parfois même à être… bouilli vif !

De la couronne royale au chapeau de clown, en passant par le mortier du magistrat ou le bonnet d'âne, les coiffures renseignaient sur celui qui les portait et d'abord sur sa place dans la société.

Sous l'Ancien Régime, le noble selon le titre qu'il portait « timbrait » ses armoiries d'une couronne de duc, de marquis, de comte ou de vicomte, d'un tortil de baron ou d'un simple casque de chevalier.

Dans les années 1900, dans les rues du Creusot, la cité industrielle de la très paternaliste famille Schneider, qui y avait pratiquement tout hiérarchisé, de la crèche au cimetière, les ingénieurs portaient un haut-de-forme, les employés un melon et les ouvriers une casquette. Et tous croisaient des paysans arrivés de leur ferme, coiffés d'un chapeau de feutre les grands jours et à l'ordinaire d'un béret. Les dames – de la bourgeoisie – portaient des chapeaux à la mode du temps, les femmes du peuple des coiffes et des bonnets. Celles qui allaient tête nue passaient pour sans éducation ni moralité – on amalgamait volontiers ces deux notions – et lorsque mon arrière-grand-mère, parisienne, parlait, dans les années 1970, d'une « femme en cheveux », autrement dit allant tête nue, elle en tremblait encore d'indignation.

Les coiffures n'ont donc pas cessé et ne cessent encore parfois de varier.

Elles ont varié selon les nécessités : les bicornes et tricornes sont ainsi apparus, lorsque l'on s'est aperçu que tout en continuant à protéger efficacement les gens de guerre de la pluie et du soleil, leur forme évidée facilitait le port des armes.

Elles ont varié aussi selon les modes, comme encore selon les régions et les pays, avec les fameux chapeaux ronds des Bretons ou le béret basque, la *chèche* turque et la *chéchia* arabe, le chapeau tyrolien ou la *chapka* russe.

Mais c'est sans conteste au plan religieux que tout cela a culminé, avec ainsi, chez les catholiques, à la fois des coiffes litur-

---

HÉRITAGE ET VIE QUOTIDIENNE
Nos expressions liées au chapeau

Chapeau! et *chapeau bas!* : félicitations! (en référence au suivant) ; le premier peut aussi se dire par ironie, pour marquer le mépris, l'indignité.

Tirer son chapeau et *donner un coup de chapeau* : reconnaître le talent, la compétence, la réussite, rendre hommage (ôter son chapeau est signe de respect).

S'occuper du chapeau de la gamine : se mêler des affaires des autres.

Sortir quelque chose de son chapeau : agir comme l'illusionniste, sortant lapins ou colombes de son haut-de-forme.

Avaler son chapeau : être obligé d'accepter une situation dérangeante.

En baver des ronds de chapeaux : agir très difficilement ; on disait volontiers *en baver* tout court, et l'expression renforce cette idée, on dit aussi des *rondelles de citron*.

Porter le chapeau : endosser la responsabilité ; le *chapeau* était synonyme de réputation (voir le suivant).

Faire un chapeau à quelqu'un : lui tailler une (mauvaise) réputation.

Travailler du chapeau : déraisonner (le chapeau désigne ici la tête, et par analogie le cerveau).

giques, des ornements sacerdotaux et de simples couvre-chefs, allant de la tiare pontificale à l'ancienne barrette de curé, en passant par la mitre, le chapeau cardinalice – il en existait en fait trois modèles, variant selon les circonstances –, les cornettes et les voiles des religieuses et jusqu'aux mantilles pour les simples fidèles, comme on avait, chez les juifs, le chapeau de rabbin et la simple *kippa*.

Du hennin à la casquette, plus de cent cinquante coiffures sont ainsi recensées dans les dictionnaires, sans compter les innombrables képis et casques professionnels ou les infinies variétés de coiffes féminines, variant autrefois d'une ville à l'autre, chacune voulant avoir la sienne, avec tuyaux et dentelles et si possible plus compliquée que celle de sa voisine. Sans compter les bonnets de laine, car on a oublié que sous bien des chapeaux, hommes et femmes en portaient, pour mieux se protéger le crâne en cas de coup, de chute ou d'accident, toujours si vite arrivé : *item un chapeau noir, avec son cordon, deux perruques et deux petits bonnets de laine, pour mettre sous perruque; item dix-huit coueffes de toile blanche...*

La tête une fois protégée et équipée, il fallait protéger le corps. Le protéger lui aussi du froid et de la pluie, sachant que rien n'était alors réellement efficace, et que l'on se contentait souvent de multiplier les épaisseurs, pour mieux les diminuer par temps chaud, les tenues d'été étant alors inconnues.

Continuons donc notre revue de détail. Et, à tout seigneur tout honneur, tournons-nous tout d'abord vers l'homme, puisqu'il était en ces temps-là seigneur et maître chez lui, et voyons quels étaient ses vêtements.

Dix chemises de toile, à une livre la chemise

Évolution de l'ancienne tunique, qui était coupée toute droite, en forme de T, la chemise, d'abord pourvue de manches, s'était ensuite vu rajouter des manchettes et un col amovibles, accessoires évidemment réservés aux plus riches : *item quarante-huit chemises, dix paires de manchettes, dont la moitié garnie de dentelles de Cambray et trente faux-collets de toile de batiste* (chez un marchand du Quercy, en 1718). Elle était également longtemps restée dépourvue de boutons, qui seront rapportés d'Orient par les croisés et qui, alors objets de luxe, seront très lents à se diffuser.

Enfilée par la tête, à la façon de nos pulls, la chemise était ordinairement de chanvre et donc rêche, mais portée cependant à même la peau, les sous-vêtements étant inconnus. On sait que sa matière la rendait inusable et que les moins pauvres en avaient en principe en nombre suffisant pour pouvoir *s'approprier* (se mettre propre) chaque dimanche.

Celle des riches était tissée dans des toiles plus fines, essentiellement de lin, avant que n'arrivent les cotonnades. Elles étaient parfois de soie, dans les milieux plus raffinés.

Ce sera surtout au XIXe siècle que la chemise bourgeoise, classique, va se définir et s'imposer, tout en se compliquant. La chemise élégante est blanche. Ses pans s'allongent. Elle est pourvue de poignets – boutonnés de boutons spéciaux, dits « de manchettes » – de cols amidonnés et empesés, toujours rapportés – comme ceux des Dupont-Dupond des albums d'Hergé – et se voit parfois assortie d'un plastron, qui est à lui seul presque une œuvre d'art.

HÉRITAGE ET VIE QUOTIDIENNE
Nos expressions liées à la chemise

Être comme cul et chemise (être inséparables, amis intimes, comme le pan de chemise et les fesses, avant l'apparition des sous-vêtements) ; *changer d'avis comme de chemise* (être inconstant) ; *mouiller sa chemise* (s'impliquer, faire un effort, en référence à la transpiration) ; *donner sa chemise* (marque d'amitié et de dévouement) ; *s'en souvenir, soucier aussi peu que de sa première chemise ou culotte, paire de chaussettes…* (n'y attacher aucune importance) ; *perdre (jouer) sa chemise, y laisser sa chemise* (tout perdre) ; *plier ses chemises* (faire ses valises, au sens propre ou figuré, mourir).

Mais tout bourgeois se fait faire ses chemises sur mesure. La chemise industrielle ne se répandra vraiment qu'au XXe siècle, ne cessant alors jamais d'obéir aux caprices des modes, avec notamment l'ajout récent de la petite poche sur la poitrine, qui n'apparaîtra pas avant la fin des années 1950.

Vestes à la mode basque et pourpoints cousus au point

Item une veste de meslinge et une biaude de toile rousse… : par-dessus la chemise, le paysan portait un tablier mais plus fréquemment une blouse, dite ici une *biaude*, là un *sarrau*… On lui trouvait parfois des *habits*, au sens assez flou, mais peut-être très proche de la blouse, et parfois aussi des *vestes*, sans doute plus courtes et longtemps à quatre pans – dites *vestes à la mode basque* ou encore *veste à basques* – et autrefois surtout des *pourpoints* – tenant plus ou moins lieu à la fois de veste et de pull-over, pour être matelassés, rembourrés de laine sur la poitrine et les épaules, le tout étant cousu au point, d'où leur nom. Courts, ces pourpoints allaient du cou à la ceinture et se fixaient aux chausses. En principe sans manches, ils se voyaient plutôt appelés *justaucorps* lorsqu'ils en avaient.

La veste, telle que nous la connaissons aujourd'hui, ne s'imposera qu'au XIXe siècle, avec diverses formules comme, à ses débuts, la très commune *jaquette*, qui a depuis glissé vers les cérémonies et dont le nom ne devait rien au prénom Jacques, pour venir d'un mot catalan.

Porté avec la chemise blanche, va apparaître le *costume*, dit parfois le *complet*, pour être appareillé, et que tout homme cherchera à avoir. Costume unique, qui doit durer toute la vie, que le tailleur est venu couper à domicile pour le paysan, qui l'achète pour se marier et qui en sera revêtu sur son lit de mort. Costume qui va devenir, avec chemise et cravate, le standard du vêtement masculin durant plus d'un siècle, tant pour l'ouvrier endimanché qu'au quotidien pour l'employé de bureau, le patron et le bourgeois, ces derniers ayant quant à eux auparavant porté couramment l'habit, avec la fameuse queue-de-pie, indissociable du haut-de-forme « huit reflets » !

Item un manteau de camelot

Enfin, dernière épaisseur, voici le manteau. Évolution de l'ancienne houppelande et des anciens *pelissons* de peaux de bêtes (lapin, bique, martre, loutre…), il est manifestement l'article le plus précieux de la garde-robe masculine d'antan. Et bien sûr le plus cher, constituant en fait à lui seul un bien patrimonial, que les notaires décrivaient et prisaient volontiers à part dans leurs inventaires. En 1724, un gros manteau de bouracan, grosse étoffe faite de laine et de poil de chèvre, est ainsi prisé 16 livres dans un inventaire breton, soit seize fois plus cher qu'une bonne paire de chaussures.

Mais parfois aussi, il n'y figure pas, afin peut-être de ne pas augmenter l'actif successoral à déclarer, mais aussi souvent parce qu'un fils l'avait déjà récupéré. En principe le fils aîné. Car la destinée de ce vêtement ne saurait être anodine : il n'était pas rare que, dans son testament, le moribond, pourtant autrefois nettement plus préoccupé du salut de son âme que du sort de ses biens terrestres, désignât officiellement le membre de sa famille auquel il l'attribuait. Chaud et épais, ce manteau était généralement à peu près imperméable – notre imperméable restant très longtemps inconnu, pratiquement jusqu'au XXe siècle. Ce manteau, qui était donc en quelque sorte l'équivalent de nos parkas,

---

HÉRITAGE ET VIE QUOTIDIENNE
Des expressions liées aux vêtements

Manche : *faire des effets de manche* : expression concernant les avocats, accompagnant volontiers leurs plaidoiries de grands gestes théâtraux.

Manteau : *sous le manteau* : en secret.

Veste : *prendre une veste* : être « réchauffé » par une bonne déculottée, physique ou autre ; *retourner sa veste* : en la portant dans l'autre sens, comme si elle était réversible, changer de parti, comme on trouve aussi *tourner casaque*, *tourner bride*, avec généralement le sens de trahir.

se verra, au cours des deux derniers siècles, l'objet de très nombreuses variantes, allant de la *redingote* à *l'anorak*, en passant par le *pardessus*, le *caban* et le *duffle-coat*.

Mais descendons d'un cran et passons sous la ceinture.

Les incontournables hauts-de-chausses

Item six grandes culottes de différentes étoffes (1742) ; *item un pantalon de coton bleu* (1822)…

Les anciennes *braies* d'Obélix avaient été nommées au Moyen Âge des *chausses*, parce que enfilées par les pieds. Parfois de laine grossière, plus rarement en fourrure, elles étaient le plus souvent découpées dans des draps de chanvre. Serrées autour de la jambe par des bandelettes, elles étaient devenues moins amples et s'étaient allongées pour donner des *hauts-de-chausses*, allant de la ceinture au genou, faisant donc de plus en plus fonction de *pantalon* et de *culotte*. Cette dernière, qui en était en fait une version plus collante, était portée dans les classes les plus aisées, comme l'ont montré les *sans-culottes* de 1789, qui portaient quant à eux des *pantalons*.

Plus directement issu des chausses, qui s'étaient allongées, muni d'une braguette, le pantalon était apparu au XVIe siècle, pour ne guère pénétrer les campagnes qu'à la fin du XVIIIe siècle. Il se généralisera au XIXe, pour se voir notamment associé à l'habit ou à la veste avec laquelle il formera le costume. Parfois surnommé « tuyau de poêle », du fait de sa couleur noire, le pantalon de drap se verra au XXe siècle concurrencé par le jeans, qui opérera alors, en une vingtaine d'années, une des plus grandes révolutions de l'histoire du vêtement, pour devenir la tenue universelle, portée dans tous les pays, dans toutes les classes sociales et tant par les hommes que les femmes.

Six paires de bas, tant de laine que de coton

Item trois paires de bas de fil et deux paires de bas de laine et deux paires de guêtres de toile… Continuons notre descente.

Quand on faisait mûrir les poires dans sa braguette...

La *braguette* n'a longtemps été qu'un accessoire rapporté à ce qui tenait lieu de pantalon et était nommé des *braies*, en souvenir de celles portées par les Gaulois, sachant que cette *petite braie* ou *brayette* était alors une poche, attachée à la ceinture.

Avec l'apparition, à la Renaissance, de la mode des vêtements ajustés et collants, et la diffusion des *hauts-de-chausses*, cette poche avait été conservée et fermée, parfois par des boutons, plus souvent par un lacet ou une aiguillette – aiguillette que l'on pouvait symboliquement nouer.

Souvent constituée d'une pièce d'étoffe colorée, cette braguette était en général très voyante, sachant que les mœurs largement impudiques de l'époque poussaient à la valoriser, elle et son contenu, dont on aimait suggérer le volume flatteur. Montaigne s'en irritait, dénonçant le ridicule de cet accessoire protubérant, qui « accroît la grandeur naturelle par fausseté et imposture ».

Il est vrai que l'on pouvait s'en procurer de toutes rembourrées, mais que l'on n'hésitait pas non plus à la remplir soi-même. Beaucoup y mettaient leur bourse – une de plus –, leur mouchoir, leurs gants et même parfois des fruits – une pomme ou une poire, que l'on voulait disait-on faire mûrir. Un fruit que l'on n'hésitait pas à extraire alors de cet appendice, pour l'offrir ostensiblement à une dame, sans que cet acte semble nullement l'offusquer.

Avec la mode des culottes aristocratiques, la braguette évolua en un « pont », rabat boutonné de façon voyante sur le bas-ventre, alors que le pudique XIXe siècle, estimant qu'elle cachait une partie honteuse du corps, s'évertuera à la rendre la plus discrète possible. Elle le restera, avec pour dernière évolution, dans les années 1960, le remplacement des boutons par la fermeture *Éclair*, devant son nom au fait d'avoir été fabriquée à l'origine par la Société Éclair-Prestil. ∎

Pourquoi les dents de belettes étaient montées en bague

Au catalogue des maléfices proposés par les sorciers, le *nouage de l'aiguillette* avait pour but de rendre un homme impuissant. Le sorcier l'accomplissait généralement à la demande de « clientes » éconduites par un amoureux et cherchant à se venger ou pour des parents, blessés par la rupture d'un projet de mariage.

Pour cela, il ne manquait pas de recettes, parfois bien curieuses, telles que celle-ci, publiée dans *Les Petits Mystères de maître Albert* : « Ayez la verge d'un loup nouvellement tué, et étant proche de la porte de celui que vous voudrez [sous-entendu "rendre impuissant"], vous l'appellerez par son propre nom, et aussitôt qu'il aura répondu, vous lierez ladite verge de loup avec un lacet de fil blanc, et il sera rendu impuissant à l'acte, qu'il ne serait pas davantage s'il était châtré. »

Le sorcier officiait aussi souvent caché au fond de l'église ou par le trou d'une serrure, pendant la cérémonie du mariage. Au moment où le prêtre prononçait sa bénédiction, il faisait alors symboliquement, les mains dissimulées derrière un chapeau, un ou plusieurs nœuds à un lacet de cuir ou de laine, objet évoquant bien sûr le membre viril du marié.

Cette recette, s'apparentant à la pratique de l'envoûtement, voulait que seul le sorcier ayant agi puisse défaire ce nœud et rendre au malheureux sa virilité, sachant que si le lacet venait à être coupé, l'enchantement devenait irrémédiable.

Le seul moyen d'échapper à ces maléfices était pour l'époux de mettre un pied sur la robe de la mariée pendant la cérémonie, pour empêcher, disait-on, le sort de « monter ». Un autre moyen éprouvé et reconnu consistait également à porter, dans le chaton d'une bague, une dent de belette...

Mais c'était quelquefois l'épouse – notamment celle mariée contre son gré – qui demandait à nouer l'aiguillette du mari. Elle pouvait s'en charger elle-même, disait-on, en jetant son anneau de mariage sur le seuil de l'église, lorsqu'elle en sortait, ou bien en enfouissant une aiguille – ici encore très symbolique – sous un tas de fumier, après l'avoir soigneusement enveloppée dans un drap mortuaire... ■

Le *jeans* est né à Nîmes !

Oscar Levi Strauss était un jeune tailleur bavarois qui s'était embarqué pour chercher fortune en Californie vers 1847, à l'époque de la ruée vers l'or. Non pas en tant que prospecteur, mais comme commerçant. Avant de traverser l'Atlantique, il s'était endetté en se procurant d'énormes stocks de rouleaux de cotonnades.

Il avait choisi une étoffe particulièrement résistante, de couleur marron et comptait la proposer aux prospecteurs, pour y découper des toiles de tentes ou de bâches. Mais la clientèle espérée n'avait pas suivi. Les chercheurs d'or n'en avaient nul besoin : ils dormaient à la belle étoile !

Pour écouler sa marchandise, notre homme eut alors l'idée d'y tailler de solides pantalons. L'idée était géniale : en quelques semaines, il écoula son stock et décida immédiatement de se réapprovisionner, en commandant cette fois-ci une toile plus souple, fabriquée à Nîmes, et teintée d'un bleu qui aurait été celui des vêtements que portaient les marins gênois.

On le nommait de ce fait couramment « bleu de Gênes ». Prononcé à l'anglaise, cela donna le « blue jeans », qui allait conquérir le monde, même si, aux États-Unis, on le nomma *levis*, en souvenir de notre homme.

Quant au nom *Denim*, donné alors au tissu utilisé, il n'était autre que la contraction de « de Nîmes », et faisait référence à son origine géographique.

En 1866, le siège de sa société fut installé à San Francisco, où Levi Strauss reçut un jour la visite d'un tailleur du Nevada, Jacob Davis, qui venait de mettre au point un système pour riveter le coin des poches de pantalons, afin de répondre à la demande d'une cliente, dont le mari était bûcheron.

Les deux hommes s'associèrent et perfectionnèrent leur produit, notamment en y ajoutant successivement, en 1886 et 1892, l'étiquette en cuir et le bon de garantie, cousus à la fois à l'intérieur et à l'extérieur du pantalon. ▪

Sous les *hauts-de-chausses* étaient les *bas-de-chausses*, bientôt nommés des « bas » tout court, faits de laine ou souvent de fil d'estame – et dès lors fabriqués par des *badestamiers* – ou encore des *guêtres*, qui n'étaient parfois que des bas de toile, sachant que les plus pauvres allaient quant à eux jambes nues. Ce sont ces bas qui évolueront en *chaussettes*, petites chausses, dont le nom et le principe s'imposeront au fil du XIXe siècle, leur taille variant ensuite entre les hautes, dites aussi *montantes*, et les basses, dites quant à elles *socquettes*, selon un mot anglais signifiant « petit bas ».

Trouver chaussure à son pied

Item une paire de sabots et une paire de souliers, avec boucles de fer; item une paire de pantoufles d'étoffe... Si les plus aisés pouvaient posséder des bottes ou des brodequins et les citadins se procurer des savates de cuir, achetées à prix d'or chez les savetiers, les autres portaient ce qu'ils pouvaient, les plus pauvres allant souvent, comme on l'a dit, pieds nus.

La chaussure commune était souvent la *galoche*, à semelle de bois et couverte de cuir, fabriquée par des *galochiers*. Mais elle était d'abord le *sabot* de bois, qui semble s'être généralisé à partir de la Renaissance, sans doute du fait qu'il était facile à mettre et à quitter et qu'il proposait un excellent confort, en isolant le pied du sol froid et de l'humidité et en lui évitant le contact avec l'eau

---

🍇 HÉRITAGE ET VIE QUOTIDIENNE
Expressions liées aux vêtements

Bas: *bas de laine* (ancienne cachette des économies); *chier dans ses bas* (avoir la diarrhée, parce que l'on a peur); *être un bas percé* (être dissipateur); *une merde dans un bas de soie* (Talleyrand, vu par Napoléon Ier).

Chausses: *faire (une omelette) dans ses chausses* (même sens que *chier dans ses bas*).

Linge: *blanc comme un linge* (bleu de peur, très pâle); *du beau linge* (des gens chics et importants, portant autrefois du beau linge); *laver son linge sale en famille*.

De la pantoufle de vair à la charentaise : une aventure très silencieuse

Le « lancer de pantoufles » est devenu dans certaines régions le dernier jeu à succès des kermesses et des fêtes foraines. Mais de quelle pantoufle s'agit-il ? Les formules et les dénominations ont toujours été variées, avec un petit florilège, aux origines les plus diverses.

Le mot *pantoufle*, qui était déjà connu à la Renaissance, semble avoir une origine plus ancienne, pour avoir désigné, en Beauce, de gros chaussons – les *panufles* – que l'on portait dans les sabots. On nommait aussi *panoufle* des peaux de moutons non tondues, dont on garnissait parfois le dessus des sabots. Quoi qu'il en soit, le terme est courant sous Louis XIV, comme en témoigne la célèbre *pantoufle de vair*, évoquée dans *Cendrillon*.

La *mule*, qui semble avoir été une dénomination plus ancienne, ne doit pas son nom à l'animal à quatre pattes mais au poisson à quatre nageoires, que l'on nomme le mulet, et qui est de couleur rouge. Sans talon, elle était en effet destinée d'abord à être chaussée lorsque l'on souffrait d'engelures ou d'autres ecchymoses, qui rendaient… les pieds rouges. La *babouche*, qui lui ressemble, portée autrefois dans le désert par les Bédouins, doit quant à elle son nom au mot persan *papuch*.

Enfin la fameuse *charentaise*, modèle en feutre avec lequel on fait paraît-il les meilleurs lancers, avait été créée au XVIIe siècle et fabriquée à partir des rebuts de feutre des papeteries. Cet article était devenu une spécialité charentaise, du fait que les moulins à papier étaient particulièrement nombreux sur les bords des cours d'eau de la région.

Les premiers modèles avaient été de simples chaussons, à glisser là encore à l'intérieur des sabots, mais un cordonnier de La Rochefoucauld avait eu un jour l'idée de les équiper d'une semelle rigide. Les *charentaises* étaient nées. Elles devront leur plein succès à un certain docteur Jeva, qui les fabriquera en série, et dans des écossais de couleurs vives, à partir de 1907, dans une usine installée à Chasseneuil-sur-Bonnieure. Elles étaient alors couramment offertes par les bourgeois à leurs valets de chambre qui, en les utilisant, pouvaient marcher sans bruit et les laisser dormir. On les appelait de ce fait des *silencieuses*…

L'origine de nos *baskets*

Sans la mise au point, au XIXe, de la semelle en caoutchouc, par l'Américain Charles Goodyear – celui des pneus –, nous ne courrions certainement pas comme nous courons. C'est en effet son invention qui avait permis la fabrication des premières chaussures en toile, lancées en 1868 par une société de New Haven et destinées aux sportifs.

En 1890, l'Anglais Foster fabriquera des chaussures d'athlétisme à pointes, pour la course, avant que ses petits-fils ne fondent Reebok, en 1958, dont la *Freestyle* se vendra à 65 millions d'exemplaires…

En 1908, la société américaine Converse Rubber Shoe Company avait lancé une chaussure destinée aux basketteurs, qui devait donner la célèbre *Converse All Star*, née en 1920.

Enfin, dix ans plus tard, deux Allemands, les frères Adolf et Rudolf Dassler, cordonniers près de Nüremberg, révolutionneront à leur tour le marché de la chaussure. Surnommés Adi et Rudi, ils fabriquaient jusqu'alors des pantoufles, avec leurs parents, et vont se lancer dans la production de chaussons de gymnastique et pour sprinters. Ils se sépareront en 1948, pour fonder chacun sa propre marque : *Adi Dassler* créera *Adidas*, avec ses célèbres trois bandes, en référence aux trois bandes de cuir utilisées pour la fabrication de ses modèles, et Rudi, *Puma*. La marque mythique *Nike* ne sera quant à elle créée qu'en 1972.

Depuis les années 1980, les baskets se sont imposées dans la mode au quotidien, pour devenir un des emblèmes de la culture populaire et donner avec le jeans et le T-shirt une tenue universelle et unisexe, dans laquelle chacun pourra se dire *bien dans ses baskets*.

---

de la flaque, la boue, la neige et le fumier. Aéré naturellement, il pouvait être bourré de paille en hiver et de fougères en été – voire d'herbes odoriférantes, pour combattre les mauvaises odeurs – tout en pouvant aussi être porté avec des chaussons.

À son sujet aussi, on pourrait écrire un livre tout entier, tant il comptait de variétés, avec les *bourbettes* solognotes, les *saburons* vendéens, les *cliques* d'ailleurs, mais surtout tant il était fait d'essences diverses.

Les sabots portés dans les plaines étaient souvent faits dans du bois de bouleau, alors qu'en montagne, pour devoir mieux résister aux sols rocheux, ils étaient en hêtre, plus dur. Car chaque essence avait ses avantages et ses inconvénients. Le peuplier, léger mais également très tendre, s'usait plus vite. Le bouleau était réputé chaud en hiver et frais en été. L'orme était moins glissant, et le saule, extrêmement tendre, intégrait rapidement les menus gravillons de la route, qui le rendaient antidérapant.

Mais le sabot n'étant pas très cher, il est quasi absent de nos inventaires. Il faut dire qu'il ne pouvait guère retenir l'attention du greffier, sinon lorsqu'il était neuf, puisqu'il s'usait très rapidement. Et cela même si on avait l'habitude de le ferrer et de le clouter pour le prolonger. Un paysan en consommait en moyenne trois paires chaque année et si l'on sait qu'entre 1650 et 1700 la paire valait entre 4 et 5 sols – soit le prix d'un mauvais tabouret ou d'une taie d'oreiller –, cela faisait un budget annuel de 12 à 15 sols, soit à peu près une journée de travail d'un journalier, sans parler du prix des sabots des jours de fête, ouvragés, sculptés, ornés de bandes de cuir et de clous de cuivre...

HÉRITAGE ET VIE QUOTIDIENNE
Nos expressions liées aux chaussures

Chaussures: *trouver chaussure à son pied* (trouver l'objet qui vous convient; souvent un conjoint).

Pantoufle: pantoufler, être un pantouflard (ne pas quitter ses pantoufles, ne pas aimer sortir de chez soi, préférer son petit confort).

Sabot: *comme un sabot* (maladroitement, grossièrement; on dit aussi *comme un manche*); *avoir du foin dans ses sabots* (être à l'aise); *voir venir quelqu'un avec ses gros sabots* (deviner les intentions d'une personnes peu fine); *ne pas avoir / mettre / ses deux pieds dans le même sabot* (être débrouillard, à l'inverse d'être empoté).

Mais l'homme, à la maison, était souvent en chaussons de laine, faute de connaître les pantoufles.

Après le règne du sabot, la généralisation de la chaussure de cuir sera de courte durée, sans doute parce que trop chère, pour retrouver, avec les « baskets » une nouvelle mode universelle et éliminant, comme le jeans, toute représentation sociale, contrairement aux anciennes habitudes vestimentaires.

Un tablier de mousseline et un autre d'indienne
Item quatre robes de différentes couleurs une autre flottante avec une jupe...

Passons maintenant chez les femmes. Que trouvait-on sous leurs blouses, plus ou moins identiques à celles des hommes, ou derrière leurs tabliers, dits aussi couramment des *devantiers* ou des *garde-robes* (protège-robe) ?

Une *robe*, oui, dans la mesure où ce terme, comme le mot *habit*, semble avoir couramment désigné la blouse et le vêtement du dessus.

La robe, dans son sens actuel, était en effet fort rare, du moins chez les modestes, pour être un vêtement de luxe : *item une robe de droguet sur soie à petits carreaux couleur bleu clair, une autre robe à petites raies rouges et vertes, une autre de satin à raies blanches et vertes, une autre de rat de Saint-Maur noir, une autre de popeline couleur lie-de-vin, une autre de crêpe jaspé* (tout cela, signalé en 1754, dans la chambre de la femme du fermier du comte de Ségur).

Chez les femmes aussi, il fallait distinguer les vêtements du haut et ceux du bas.

En haut, on avait des chemises : *item douze chemises à usage de femme, cinq camisoles en coton et une petite sans manche de taffetas bleu...*

Ces chemises, généralement tout aussi rêches que celles des hommes et appelées plus communément *camisoles*, vont évoluer,

Pourquoi les chemises de femmes ont-elles les boutons à gauche ?

Les boutons n'ont guère été couramment utilisés pour maintenir ou fermer les vêtements avant l'époque de la guerre de Cent Ans, et encore servaient-ils essentiellement à relier les manches, qui étaient alors escamotables, aux chemises. Il faudra attendre le siècle de Louis XIV pour les voir se répandre, comme des objets de luxe, sertis de pierreries ou peints de miniatures.

Mais voilà que, très tôt, ces boutons ont été la cause d'une discrimination qui perdure : ceux des chemises d'hommes sont placés du côté droit et ceux des chemises de femmes du côté gauche !

Voilà une question simple, qui divise pourtant les spécialistes de l'histoire du costume.

Pour certains, cette discrimination tient au fait que les femmes portaient volontiers leur bébé dans leur bras gauche, pour garder la liberté de leur main agile droite. Avoir les boutons ainsi positionnés permettait, pour allaiter un bébé, de glisser sa tête vers le sein gauche, tout en le mettant au chaud par le panneau droit du vêtement.

Pour d'autres, cette différence simplifiait la vie des hommes, en leur permettant, en hiver, de garder plus facilement au chaud leur main droite, propre à tenir l'épée, sous le pan gauche de leur vêtement, pour éviter que le froid ne l'engourdisse.

Pour d'autres encore, elle tient au fait que les femmes de la haute société s'habillaient et se déshabillaient assistées d'une femme de chambre, qui leur faisait face et à qui ce positionnement facilitait la tâche. Et compte tenu de l'époque où s'est diffusé le bouton, cette dernière explication semble la plus probable…

En tous les cas, ces boutons devaient rester source de discrimination sexuelle, puisque lorsque étaient apparus les premiers pantalons destinés aux femmes, on avait tout naturellement eu le réflexe de les équiper eux aussi de braguettes à boutons, tout en prenant bien soin, là aussi, d'en inverser la position…

notamment avec leurs boutons, positionnés à gauche – et non pas à droite, contrairement aux chemises des hommes.

Un corps de poulangy et une jupe de rat cramoisi
Item une paire de brassière noire et une autre d'étamine grise; item un justaucorps de drap et un autre de satin et encore un autre « à la dauphine », avec sa veste garnie de boutons de cuivre.

À côté des chemises et camisoles, on trouvait surtout des *corps*, fréquemment nommés *justaucorps*, avant de donner nos *corsages*. Ils évolueront sous diverses formules, avec les *corselets* (petit corsages), les *bustiers*, les *serres* – au nom expressif –, les *casaquins*…, tous tissés dans des matières plus ou moins nobles et agrémentés de diverses fantaisies. Pour une femme, s'habiller et se déshabiller était souvent très long, car s'ajoutait souvent à toute cette garde-robe une multitude d'épingles et divers autres accessoires destinés à assembler les pièces, comme ce que l'on nommait parfois le *compère*, reliant le justaucorps au cotillon…

En bas, nos aïeules portaient essentiellement une *cotte*, ou plutôt une *jupe*, selon un mot plus récent, francisé de l'arabe *djoubba*, lui aussi rapporté d'Orient par les croisés. Une jupe ou plutôt plusieurs, puisque, sous la première, on en trouvait d'autres, parfois en nombre important, tantôt nommées *jupons* ou *cotillons*, tantôt *blanchets*, du fait de leur couleur : *item une jupe de pinchina brun et une autre de rat cramoisi, un jupon de Calmande à raies rouges et vertes et un de satin cendré; item une jupe de popeline à grandes raies de différentes couleurs et une autre couleur de rose.*

Ce sera sans aucun doute à ce niveau que le vêtement féminin évoluera le plus, tant avec les paniers et les crinolines déjà évoqués qu'avec plus tard le pantalon et la minijupe. Car la libération des femmes est d'abord passée par celle de ses jambes et de ce qui les recouvrait, avec deux révolutions ou plutôt deux batailles qu'elles vont remporter : celle du pantalon et de la minijupe.

Savez-vous que la loi continue à interdire le port du pantalon aux femmes ?

Sachant que qui portait la culotte détenait l'autorité, et sachant que cette autorité appartenait au chef de famille, qui était par définition l'homme, nous avions là un parfait syllogisme, faisant que l'homme devait porter la culotte, et en aucun cas la femme. L'ordre établi et la morale s'en seraient trouvés scandaleusement bafoués. Les coutumes et les lois se chargeaient de les faire respecter : il n'était pas question qu'une femme portât une culotte aristocratique ou plus tard un pantalon.

Pas question pour les femmes de profiter du chaos révolutionnaire pour s'habiller à la façon des hommes : le 16 brumaire an IX (7 novembre 1800), le préfet de Paris prit une ordonnance imposant aux femmes désirant s'habiller en homme dans l'une des quatre-vingt-une communes du département de la Seine ainsi que dans celles de Saint-Cloud, Sèvres et Meudon, de se présenter à la préfecture de police, pour s'y voir dûment autoriser, en justifiant d'une raison médicale.

On mesure alors le courage et le sens de la provocation et de l'équivoque qu'il avait fallu à George Sand pour défier ainsi la sacro-sainte morale, sachant qu'elle s'était habillée en homme pour aimer faire de longues chevauchées dans sa campagne berrichonne mais aussi par souci d'économie, les vêtements d'hommes étant généralement moins chers… Car de son temps encore, la loi restait inchangée, comme en témoigne sa contemporaine féministe Rosa Bonheur, que l'on voit se faire officiellement autoriser, en 1852, par le préfet de police, mais pour six mois seulement, à s'habiller en homme, pour raison de santé sans qu'elle puisse, « sous ce travestissement, paraître aux spectacles, bals et autres lieux de réunion ouverts au public ».

Ajoutons que deux circulaires, prises en 1892 et 1909, autoriseront le port féminin du pantalon… « lorsque la femme tient par la main un guidon de bicyclette ou les rênes d'un cheval »… Sachant que cette loi n'a jamais été abrogée, on ne peut que conclure que les femmes d'aujourd'hui se trouvent constamment dans la plus totale infraction… ▪

Née à Saint-Tropez :
la scandaleuse histoire de la minijupe

Si la toute première, composée uniquement de bananes, avait été portée en 1926 aux *Folies Bergère* par Joséphine Backer, il faudra attendre 1962 pour que la jeune styliste anglaise, Mary Quant, lance à Londres une minijupe, née en réalité à Saint-Tropez ! C'était en effet dans la *Boutique des Arts*, un magasin chic de la célèbre cité estivale, que la créatrice aurait acheté quelque temps plus tôt une jupe *rase-pets*, à partir de laquelle elle avait conçu son modèle.

Après maintes retouches, elle l'avait mise dans sa collection en 1965, et le succès avait dépassé ses espérances. À Paris, André Courrèges avait sans hésiter misé sur elle et le prêt-à-porter s'y était précipité.

Mais Mary Quant ira plus loin et associera à cette minijupe des bottes à laçage croisé, conçues pour la femme moderne, totalement et sexuellement libérée. L'effet ne se fera pas attendre : le scandale sera mondial. La minijupe divisera, avec des partisans passionnés et inconditionnels, face à des adversaires farouches et intransigeants. Les Pays-Bas l'interdiront purement et simplement, car beaucoup trop provocante.

Les Français eux-mêmes sont partagés. Quelques années avant – en 1964 – la speakerine de télévision Noëlle Noblecourt avait été licenciée par l'ORTF, pour avoir montré ses genoux à l'écran. Coco Chanel s'y oppose. Christian Dior fait la moue, répétant qu'il considère l'articulation du genou comme laide. Le ministre de l'Éducation nationale, Christian Fouchet, la juge déplacée dans les lycées. Mais rien n'y fait : Sylvie Vartan, Catherine Deneuve, Françoise Hardy et Brigitte Bardot l'adoptent sans hésiter et deux cent mille minijupes sont vendues en France en 1966...

Quelques citations :
« J'aime bien la minijupe, je n'y vois que des avantages » (Francis Blanche)
« Un discours doit être comme une minijupe, suffisamment long pour couvrir le sujet, mais suffisamment court pour retenir l'attention » (Jacques Gandouin)
« Étant donné que les minijupes se font de plus en plus courtes et les décolletés de plus en plus plongeants, il n'y a plus qu'à attendre que les deux se rejoignent » (Coluche)

Item dix paires de bas de laine

Le « dernier étage » n'était guère différent chez les hommes et les femmes. Tous portaient des bas, à la seule différence que si la culotte dessinait la jambe de l'homme, la morale refusait pareil effet à celle de la femme, qui devait être cachée par les jupes et les cotillons. Mais ici aussi, les modes vont évoluer et le raccourcissement de la jupe favorisera au XXe siècle la montée en puissance du collant.

Avec mes sabots dondaine

Comme l'homme, la femme des campagnes a essentiellement porté des sabots, qui lui avaient donné comme à lui une démarche à la fois lente et pesante, avec une impression de clopinage, qui vaudra à la paysanne portant ses beaux sabots du dimanche de se voir moquée par les gars des villes. Anne de Bretagne, devenant reine de France, en avait elle-même fait les frais, pour se voir surnommer la « Duchesse en sabots », et la chanson bien connue, mise en musique à la Renaissance, avait encore aggravé son cas.

> *En passant par la Lorraine, avec mes sabots,*
> *Rencontré trois capitaines, avec mes sabots,*
> *Ils m'ont appelée vilaine, avec mes sabots dondaine...*

Et l'image négative de la femme en sabots de s'accrocher : il faudra attendre 1954 pour que Georges Brassens, en chantant *Les Sabots d'Hélène*, décide de la réhabiliter !

Mais nous sommes alors en plein XXe siècle et les chaussures de cuir arrivent à tous les pieds, et cela d'autant mieux que la mode s'en mêle, avec une nouvelle coqueluche. Le talon haut, connu depuis longtemps et utilisé tant par les hommes que par les femmes – mais surtout les petits, désireux de récupérer quelques centimètres –, va grandir d'un seul coup et de façon quasi démesurée, pour donner le talon aiguille. La formule n'était pas nouvelle. Déjà, sous Louis XIV, des élégantes avaient porté des chaussures si hautes qu'elles ne pouvaient marcher sans canne ni

La fin des porte-jarretelles ?
Mettez des collants et ôtez le manche !

Les *bas nylon* sont nés en Amérique, mais là encore, il y a du français derrière, puisque le nylon avait été mis au point en 1938 par la firme Du Pont de Nemours, dont les dirigeants descendaient de Pierre Samuel du Pont, ancien député du bailliage de Nemours, qui avait émigré aux États-Unis sous le Directoire.

Deux ans après, la nouvelle fibre était utilisée pour fabriquer des bas révolutionnaires, qui faisaient immédiatement fureur outre-Atlantique. Mis en ventes le 15 mai 1940, quatre millions de paires sont vendues en quatre jours !

Ces bas allaient bientôt inonder l'Europe, du fait que les GI américains débarquant en Normandie les apporteront dans leur paquetage. Un phénomène inespéré, après que la pénurie de bas classiques a obligé nombre de femmes à aller jambes nues ou à user de subterfuges, en dessinant notamment de fausses coutures au dos de leurs mollets, avec leur crayon à paupière.

Censés ne plus filer, ces *bas nylon* réglaient un des deux grands casse-tête féminins en la matière. Il ne restait alors qu'à résoudre le second, celui de leur descente, contre lequel on avait d'abord utilisé les jarretières, qui s'étaient souvent révélées sources de problèmes circulatoires, puis les émoustillants porte-jarretelles, mis à la mode au début des années 1930, par le couturier Paul Poiret.

Ce problème sera à son tour résolu par les *collants*, inventés par l'Américain Allan Gant et apparus en 1959, qui feront très vite l'objet d'une fabrication industrielle de masse et qui, favorisés par la mode de la minijupe, s'imposeront partout.

En France, la société *Dimanche*, fondée en 1953 à Troyes, avait dès 1962 commercialisé des bas sans couture, dont le succès avait été total. Ils se nommaient les *bas Dimanche*, ce que le publicitaire Marcel Bleustein-Blanchet dénonça en 1965 comme ringard, pour évoquer les vêtements du dimanche, de moins en moins en usage. Il conseilla alors « d'ôter le manche », pour ne garder que la première syllabe du nom, plus tonique et « dans le vent ». Idée géniale, qui vaudra à *Dim* sa notoriété. ■

monter un escalier sans un bras secourable. Un vrai supplice, qui fera dire à Sacha Guitry que « le talon haut a été inventé par une femme qui en avait assez d'être embrassée sur le front ». À quoi William Rossi, auteur de l'ouvrage *L'Érotisme du pied et de la chaussure*, a ajouté que « la plupart des femmes préfèrent aller en enfer en talons hauts plutôt qu'au paradis en talons plats ». Symbole de sensualité, sinon d'érotisme, cette mode aura cependant bientôt à rivaliser avec les baskets et autres chaussures dites « de loisirs », qui s'imposeront également auprès des femmes. Mais il n'empêche que les *talons aiguilles* avaient eux aussi fait scandale, et cela à peu près en même temps que le maillot de bain.

Du *cannesson* au *marcel*

Mais évoquer le maillot de bain fait prendre conscience d'une lacune. Si les inventaires anciens ont énuméré, décrit et prisé les manteaux et les pourpoints, les justaucorps et les cotillons, ils sont restés totalement muets quant aux sous-vêtements. C'était bien normal, puisqu'ils n'existaient pas. On peut en prendre pour témoin notre expression comme *cul et chemise*, utilisée pour qualifier l'intimité, et qui se référait à celle unissant alors directement la peau des fesses à la toile de la chemise.

Ce n'est qu'avec l'apparition des cotonnades, à la fin du XVIIIe siècle, que les sous-vêtements vont très lentement apparaître, pour ne guère conquérir le monde paysan avant le début – voire carrément le milieu – du XXe siècle. Jusque-là, en effet, bien des hommes se sont contentés des très longs pans qu'avaient alors les chemises, pour protéger leurs parties délicates des contacts inconfortables. Certes, même si leur nom, peu familier et rarement cité, se voyait alors facilement écorché, les *caleçons* existaient, tirant leur nom de l'italien *calzoni*, désignant lui-même les chausses, dont ils n'étaient en effet qu'une variété, et que le dictionnaire Quillet de 1934 définissait encore comme une « sorte de culotte de dessous ». Mais il s'agissait uniquement ici de caleçons longs, dans lesquels on continuait donc à rentrer les pans

De la robe de laine au monokini : la scandaleuse histoire du maillot de bain

Si les premiers bains de mer étaient pris sur ordonnance médicale, notamment à Dieppe, où une « maison de Santé » spécialisée avait été ouverte, ce sera à l'exemple de la « *high society* » anglaise, qui se baigne à Brighton, prince-de-galles en tête, que la mode arrivera en France. La reine Hortense la lancera, en entrant dans les flots, vêtue « d'une grande blouse de laine chocolat fermant au col et d'un serre-tête en taffetas ciré ».

Cette tenue de bain, alors la seule connue, sera longtemps maintenue. À la fin du XIXe siècle, les baigneuses auront encore corset et pantalon bouffant.

Les choses changeront pourtant assez vite, et dès le début du XXe siècle, les femmes porteront des robes plus légères, s'arrêtant aux genoux, sur des culottes bouffantes. Les hommes des costumes d'une pièce, descendant jusqu'aux mollets et pourvus de manches longues, car il est alors jugé totalement inconvenant de montrer son torse.

Avec la mode du bronzage, lancé par Coco Chanel dans les années 1920, les bras se dénuderont puis très vite les jambes et les épaules, et les torses masculins.

C'est en 1946 qu'à la piscine Molitor, à Paris, un ancien ingénieur automobile reconverti dans la mode lancera le maillot de bain féminin à deux pièces. Un maillot qu'il a nommé *bikini*, en référence à l'atoll du même nom, alors à la mode, pour être le théâtre des expériences atomiques françaises.

Mais l'invention ne fut pas immédiatement explosive, pour être freinée par le scandale provoqué, la faisant interdire un peu partout dès 1949 – en France en Belgique, en Italie et en Espagne. En 1951, le journal du Vatican *Osservatore Romano* annoncera même que les chevaliers de l'Apocalypse apparaîtront sans doute en bikini…

Ce sera pourtant un évêque, l'archiprêtre espagnol de Marbella, qui sauvera notre bikini, en convaincant Franco que l'autoriser contribuera à attirer le tourisme international. À son exemple, les autres pays feront alors volte-face, et le cinéma fera le reste, en l'imposant à partir des années 1960, pour le faire notamment porter par Brigitte Bardot, dans le célèbre film de Vadim *Et Dieu créa la femme*. ■

Avoir les testicules à bonne température : êtes-vous « slip » ou « caleçon » ?

Bien des siècles après la feuille de vigne, le slip avait fait sa toute première apparition à la rubrique « vêtements de sport » du catalogue *Manufrance* de 1906, comme modèle de caleçon pour sportifs, en laine douce, vendu au prix de 2 francs (soit pratiquement le salaire journalier d'un smicard de l'époque).

Dès la fin de guerre, Étienne Valton, fils du magnat de l'industrie française du caleçon long, s'était lancé dans la fabrication de « caleçons sans jambe », en créant en 1918 la célèbre marque *Petit Bateau* (en référence à la comptine enfantine bien connue « Maman les p'tits bateaux qui vont sur l'eau ont-ils des jambes ? » qu'il avait lui-même chantée, enfant, en poussant son voilier sur le bassin des Tuileries).

En 1927, un bonnetier de Troyes, nommé Gillier, lancera un modèle de slip à poche, sous la première syllabe de son nom (*Jil*), qui sera suivi en 1944 par le modèle dit « kangourou », pour voir ensuite arriver les slips au point *tamisé* et thermolactyl (*Damart*). Bien d'autres suivront, notamment après que l'armée française aura en 1958 officiellement décidé d'abandonner le caleçon.

Ce dernier n'en reviendra cependant pas moins à la mode, avec beaucoup de fantaisie, au début des années 1980, à la faveur notamment de la formule du boxer, mise au point en 1925 et originellement destinée, comme son nom l'indique, aux boxeurs. Formule qui devint vite appréciée, pour laisser, dit-on, davantage de place aux testicules. Dans cette formule, en effet, les testicules, dont la température se situe à 36 degrés alors que celle du reste du corps est à 37, ne sont plus collés au corps et « surchauffent » donc moins.

Depuis trente ans, la rivalité entre slip et boxer/caleçon n'a pas pour autant diminué, chacun ayant ses détracteurs et ses inconditionnels. ■

de la chemise, celle-ci comportant même une patte à laquelle on les attachait, du fait que les élastiques n'étaient pas encore très au point...

Ce caleçon va véritablement évoluer en sous-vêtement au cours du XXe siècle, en devenant d'abord court, pour laisser ensuite la place à un concurrent qui, pour être petit, se verra dénommer à partir de 1913 un *slip*, d'après un mot anglais désignant un petit morceau d'étoffe.

Après le bas, le haut : le *T-shirt* (en anglais, chemise en T), sans boutons, à enfiler par la tête, a été lui aussi le résultat d'une évolution assez rapide, pour n'être apparu que comme vêtement de travail, dans les classes laborieuses du XIXe siècle. Devenu réglementaire dans l'*US Navy* en 1899, il fera finalement partie, avec le jeans, de la tenue vestimentaire universelle, après avoir donné au passage le célèbre *marcel*, à la dénomination pour le moins curieuse.

Du *corps à baleines* au soutien-gorge

Chez les femmes, camisoles, bustiers et caracos se verront d'abord doublés ou remplacés par des corsets, destinés à maintenir et modeler la poitrine. D'abord apparus à la cour d'Espagne, à l'époque de la Renaissance, ils s'étaient assez rapidement démocratisés. Portés généralement sous une chemise, ils étaient couramment nommés *corps à baleines*, fabriqués en principe,

---

❦ HÉRITAGE ET VIE QUOTIDIENNE
Nos expressions liées à la culotte

Attraper une culotte, une déculottée (au jeu, perdre) ; *avoir une culotte* (être ivre) ; *avoir une culotte de cheval* (être gros, en référence à la forme renflée desdites culottes) ; *ne rien avoir dans sa culotte* (plus familièrement : *ne pas avoir de couilles au cul*, être lâche) ; *trembler dans sa culotte* (avoir peur) ; *faire dans sa culotte* (même sens) ; *porter la culotte* (commander le ménage, pour une femme, puisque la culotte, au sens de pantalon, était l'apanage des hommes).

Pourquoi dit-on un *marcel* ?

Vêtement pour les uns, sous-vêtement pour les autres, le T-shirt sans manches, décolleté et échancré, a d'abord été nommé un *débardeur*, en référence aux tricots portés par les dockers des ports et les bûcherons débardant le bois.

À l'origine, il semble avoir vu le jour à Paris, avec des maillots de laine, sans manches, portés par les forts des Halles, dont il libérait les mouvements des bras tout en maintenant les reins au chaud. Des maillots que l'on nommait couramment des « tricots de peau ».

Pour être très fonctionnel, en permettant de conserver un vêtement léger sur le torse sans donc pour autant entraver ses mouvements, cet article connaîtra un très grand succès auprès des travailleurs manuels. C'est sous cette image qu'il entrera en quelque sorte dans la légende, en 1951, porté à l'écran par Marlon Brando dans le film culte d'Elia Kazan, *Un tramway nommé Désir*. Cela contribuera à en faire un symbole de la violence ou du moins de la force physique et beaucoup l'utiliseront alors pour valoriser leurs biceps et leur musculature.

Mais pourquoi le nomme-t-on familièrement un *marcel* ?

Le réflexe est d'expliquer cette appellation par le côté désuet de ce prénom qui, pour avoir été dans le premier quart du XXe siècle très à la mode – et peut-être trop : il fut alors un des tous premiers prénoms masculins – est aujourd'hui devenu le type du prénom démodé.

Mais c'est là une erreur. Appeler un débardeur un *marcel* ne doit rien au prénom, mais tout à un nom : celui d'un certain M. Marcel, tisseur dans la région roannaise, qui avait fabriqué cet article. Et c'est en fait plutôt le nom du T-shirt, doublé il est vrai de l'effet de l'expression *Chauffe Marcel*, popularisée par un sketch des comiques Dupont et Pondu dans les années 1960, qui aura compromis – et sans doute pour longtemps – les chances de voir ce prénom redevenir à la mode…

On peut rapprocher cette histoire de celle du prénom Robert, lui aussi d'autant plus démodé qu'un entrepreneur bourguignon nommé Édouard Robert avait, en 1860, breveté et commercialisé avec succès un biberon à soupape portant son nom, et qui avait fait que les seins s'étaient alors vu, en argot, dénommés des *roberts*… ■

comme plus tard les accessoires des crinolines, à partir de véritables fanons souples tirés des mâchoires de cet animal, sachant que les modèles les plus courants, dits *blancs corsets*, étaient quant à eux plus simplement fabriqués dans des tissus de toile écrue et finalement moins rigide.

Pour ce qui est du soutien-gorge, après que les robes de bal auront été conçues avec une bande élastique se croisant et se nouant, de façon à maintenir la poitrine, il sera inventé, sous sa forme actuelle, en 1889, par une certaine Herminie Cadolle, fondatrice d'une maison de couture de ce nom, mais ne deviendra d'usage courant que vers 1920.

Quant à la culotte, la femme n'en a longtemps porté aucune, pas plus celle prise dans le sens de pantalon que celle prise dans son sens actuel. On raconte que Catherine de Médicis avait au XVIe siècle essayé de la lancer, mais que personne ne l'avait suivie. Avant comme après cette reine, toutes les femmes, les marquises comme les paysannes, étaient nues sous leurs jupons – d'où sans doute le besoin qu'elles avaient ressenti de les multiplier... Cela leur valait parfois bien des mésaventures, telle la chute de cheval de Mme de La Fayette, qui avait bien fait rire Louis XIV! Ce n'est que vers 1800 qu'étaient apparus des « pantalons de lingerie », qui allaient gagner du terrain en ne cessant de rétrécir... La mode, qui obéissait à des principes d'hygiène, en était venue d'Angleterre, où l'on continue aujourd'hui à rencontrer les Écossais fesses nues sous leurs kilts.

Héritage et vie quotidienne
Pourquoi dit-on *être sur son trente et un* ?

Revêtus de leurs « habits du dimanche », nos grands-parents étaient volontiers dits sur leur trente et un.

Cette expression, qui a été déformée, était à l'origine être sur son trentain. Elle vient en effet du *trentain*, désignant un drap luxueux et réservé aux tenues de cérémonies, drap ainsi nommé du fait que sa chaîne est composée de trente centaines de fils.

On n'en finirait pas d'énumérer et d'évoquer des vêtements, que ce soient ceux utilisés au travail, comme les *bleus de chauffe*, ceux consacrés au sport et aux loisirs, ceux dits autrefois « de deuil », ou encore ceux des jours d'exception, à commencer par ceux « du dimanche », comme on disait autrefois, pour volontiers, ce jour-là, *se mettre sur son trente et un*. Disons seulement un mot des tenues folkloriques, ou plutôt n'en disons rien, car n'allez pas, en effet, imaginer vos aïeules alsaciennes ou bretonnes vêtues du matin au soir comme celles présentées dans les livres régionaux. Les coiffes et costumes que l'ont y voit sont presque toujours de création récente ; le témoignage de nos inventaires est à ce plan sans appel.

Mouchoirs de col et mouchoirs de nez...

On peut en revanche évoquer différents accessoires, avec tout d'abord les mouchoirs, divisés autrefois en deux catégories toujours bien spécifiées dans les inventaires : les *mouchoirs de nez*, rencontrés dans les seules maisons aisées – ailleurs on n'en utilisait pas –, et ceux *de col*, très présents autrefois, et cela aussi bien dans les garde-robes des femmes que des hommes. Un accessoire à mi-chemin entre l'objet de luxe, parfois imprimé,

---

HÉRITAGE ET VIE QUOTIDIENNE
Pourquoi dit-on *sapé comme l'as de pique* ?

Si l'on est dit aujourd'hui *sapé* ou *fringué* comme l'as de pique, l'on était autrefois dit *attifé* comme tel, selon un mot lié quant à lui aux cheveux, et plus anciennement encore « *ficelé* ». Et c'est là que tout devient clair...

L'*as de pique* dont il s'agit n'est nullement celui des cartes. L'expression se rapporte en fait au croupion des volailles, qui en rappelle totalement la forme. L'image retenue est ici celle de la volaille ficelée et plumée, présentée à l'étal du volailler, avec seulement trois plumes au derrière. Lorsque, chez Molière, un personnage se faisait traiter d'« as de pique », personne ne s'y méprenait : on le traitait de « trou du cul » ! Était donc ficelé comme tel, qui était mal peigné et drôlement présenté...

Avant le temps du *kleenex* : le mouchoir, un accessoire multi-fonction

Nos ancêtres se sont longtemps mouchés... avec leurs doigts !

Mais à l'époque de la Renaissance, le raffinement – sans doute plus fort ici que l'hygiène – avait fait crier très fort « berk », à commencer par le grand Erasme, qui écrira en 1530 que « se moucher avec son bonnet ou un pan de son habit est d'un paysan ; sur le bras ou sur le coude, d'un marchand de salaison. Il n'est pas beaucoup plus propre de se moucher dans sa main, pour l'essuyer ensuite sur ses vêtements. Il est plus décent de se servir d'un mouchoir, en se détournant, s'il y a là quelque personne honorable. »

Le mouchoir devient donc recommandé et si les pauvres ne peuvent s'en offrir, le moindre carré de tissu ayant son prix, les grands l'adoptent d'autant plus qu'il va rapidement devenir une marque extérieure de richesse. Ils en possèdent des piles parfois impressionnantes, faits de toiles fines et parfois même de soie, brodés et agrémentés de dentelles, de guipure et de mousseline, qu'ils imprègnent volontiers des parfums les plus musqués ou les plus subtiles.

Non seulement les riches l'adoptent, mais ils vont littéralement en raffoler et s'en servir pour exprimer à la fois des choses et des sentiments. Le mouchoir, en effet, permettant d'essuyer les larmes et de s'éventer, devient l'attribut de l'émotion et du chagrin. Objet romantique par excellence, il est aussi moralisateur et expression de la pudeur – pensez à celui que le Tartuffe présente à Dorine, lorsqu'il prononce sa célèbre réplique : « Couvrez ce sein que je ne saurais voir. » Il permet aussi de lutter contre les mauvaises odeurs ou de respirer des sels, en cas d'indolence subite.

Le mouchoir est devenu un objet culturel, avec des règles bien établies quant à la façon de s'en servir, de le déplier, de le ranger, et tout cela très ostensiblement, de l'agiter aussi, bien sûr, tant pour faire signe que pour dire adieu, sur un port ou plus tard sur un quai de gare. Il est un accessoire discret et très personnel, marqué de chiffres ou d'initiales, que l'on peut offrir en gage d'amitié ou d'amour, dont on peut se servir pour faire passer de discrets messages, selon la façon dont on le place à une fenêtre, dont une femme le laisse dépasser de son décolleté ou dont elle le fait négligemment tomber. Sans oublier le mouchoir blanc de la neutralité, ou de la reddition…

Le **mouchoir en papier** semble être né au Japon, où il remonte au *niguisi*, signifiant « papier à essuyer », que les dames avaient dans l'Antiquité porté à leur ceinture. Il avait ensuite été utilisé par les hommes, pour essuyer, selon les situations, tout aussi bien la lame de leur sabre, tachée de sang après un combat, que… leur sexe. Il faudra pourtant attendre 1924, pour que la société américaine Kimberly-Clark lance les mouchoirs jetables en papier, commercialisés sous le nom de *Kleenex*… ■

que l'on offrait ou que l'on s'offrait, et l'objet utile, généralement cependant de toile fine. Les hommes le nouaient autour de leur cou, pour éponger leur sueur en été et éviter de s'enrhumer en hiver – il semble assez proche de l'écharpe – et les femmes s'en couvraient parfois aussi les cheveux, notamment à l'église où il leur était rigoureusement interdit de pénétrer tête nue.

Châles, mouchoirs, fichus, colifichets – que l'on « fichait sur les cols » –, coiffes : tout cela faisait partie des mille et une choses que proposaient une ou deux fois l'an le colporteur, arrivé à pied des villes lointaines, portant sur son dos la lourde hotte, que l'on nommait la *balle* – elle pesait parfois plus de 70 kg – remplie de merveilles et de tentations en tout genre. C'était à lui que l'on

🜲 Héritage et vie quotidienne
Nos expressions liées au mouchoir

Dans un mouchoir (au figuré, dans un petit espace, à une faible différence) ; *faire un nœud à son mouchoir* (pour ne pas oublier) ; *grand comme un mouchoir de poche* (par ironie, très petit) ; *le mettre dans sa poche avec son mouchoir par-dessus* (s'efforcer d'oublier un souvenir pénible et éviter qu'il ne revienne en mémoire) ; *jeter le mouchoir* (distinguer, « élire » une fille et lui faire savoir, comme on le faisait autrefois).

achetait en effet aussi bien des casseroles que des chandelles, du sucre et des épices que des images pieuses, des lunettes, des baumes médicinaux, des rubans, des parapluies, des chapelets, des mouchoirs ou encore des cravates. On lui achetait aussi du tabac, des « noisettes » – nos préservatifs – ou encore, soigneusement cachés dans de petits tiroirs emplis de sciure de bois et tout au bas de sa hotte, divers petits trésors et même quelques bijoux.

Bijoux de famille, bagues et joyaux

Item une paire de boucles d'oreilles en argent; item un patenotrier (un chapelet) *d'ambre et une petite croix de Lorraine en*

HÉRITAGE ET SYMBOLISME
Du manteau aux chaussures

Les **vêtements** sont signes d'humanité, en ce qu'ils représentent un état. En changer est considéré comme symbolisant ou accompagnant un changement d'état (revêtir une soutane ou une robe de religieuse, un uniforme militaire, une robe de magistrat…).

Chemise: symbole de protection. Ne plus en avoir – on peut y *laisser sa chemise* – évoque les protections perdues, tant matérielles que sociales. Donner sa chemise était un geste de générosité et d'intimité très symbolique.

Manteau: attribut royal des dieux, il permettait la métamorphose. Ainsi le moine, ou la moniale, qui prononçait ses vœux en était revêtu. Emblème usuel d'une dignité, le manteau était aussi un moyen d'identification à une fonction (manteau royal…).

Tablier: le tablier de peau est un des ornements essentiels des francs-maçons, pour lesquels il indique les grades: bavette relevée pour les apprentis ou rabattue pour les grades supérieurs. Hérité des traditions artisanales, il évoque le travail, rappelant que le maçon doit mener une vie active et laborieuse.

Chaussures et **souliers**: symboles du voyage et emblème du voyageur. Les chaussures placées au pied de l'arbre de Noël ou devant la cheminée symboliseraient le fait que l'homme est un voyageur. Sans chaussures, il ne peut plus avancer et doit attendre un viatique pour repartir. Noter aussi que le pied étant fréquemment un symbole phallique, la chaussure apparaît alors comme un symbole vaginal (revoir ici l'histoire de la *pantoufle de vair* de *Cendrillon*, dans le conte de Perrault).

« Plus un enfant est sale, mieux il se porte » : du lange à la couche-culotte

Dès sa naissance, le bébé était emmailloté. Il l'était solidement, hiératiquement et ce maillot constitué de linges était à l'origine rangé dans une petite *laie*, autrement dit une boîte ou un coffre, appelée une *layette*.

Linges de chanvre chez les paysans, linges de lin ou de laine chez les plus riches, tous les bébés ont longtemps été emmaillotés de la même façon, avec des bandelettes, croisées et recroisées, en deux épaisseurs, la première tenant lieu de « couche ». Leurs bras collés le long du corps, leurs jambes réunies et emprisonnées dans de véritables carapaces, qui sont là pour « donner à son petit corps la figure droite, qui est la plus convenable à l'homme et pour l'accoutumer à se tenir sur ses pieds ». Car, sans cela, ajoute très sérieusement le même traité, « l'enfant marcherait à quatre pattes, comme la plupart des autres animaux ».

Cet emmaillotement est encore celui que décrit l'écrivain breton Pierre-Jackez Hélias se souvenant d'avoir ainsi été lui-même emballé ainsi, telle « une botte de paille égalisée ».

Aux bandelettes de linge entrecroisées s'en ajoutaient d'autres, destinées à maintenir la tête, elle-même évidemment coiffée d'un bonnet, appelé *béguin*, que le marmot portait jour et nuit pendant ses huit premiers mois, sans qu'il ait durant ce temps été beaucoup baigné ni nettoyé. Mais comme la crasse, à commencer par celle qui s'accumulait sous le bonnet, était réputée pleine de vertus, les poux étaient considérés comme bénéfiques aux nourrissons, en ce qu'ils étaient censés les « soulager de leurs humeurs viciées »…

Ajoutons que l'on prêtait aussi à l'urine des vertus désinfectantes et qu'aucun lange trempé, s'il était mis à sécher, n'en était pour autant lavé. Le petit Louis XIII ne fut ainsi peigné pour la première fois que le jour de son premier anniversaire, et ne prit son premier bain qu'à l'âge de sept ans, après avoir été, il est vrai, plusieurs fois lavé au front et au visage avec du beurre frais. On ne cessait de le répéter : « Plus les enfants sont sales, mieux ils se portent… »

Progrès extraordinaire, la couche-culotte industrielle et jetable, sera inventée en 1956 et sera commercialisée par *Pampers*, dont le nom vient de l'anglais *to pamper*, qui signifie « choyer ». ■

argent... Les bijoux étaient rares. Très rares. Même si presque chaque contrat de mariage parlait du « don de bagues et joyaux » fait par le futur à la future, les inventaires en livrent très peu, poussant les historiens à se demander si ces clauses n'étaient pas de pure forme. Pourtant certains inventaires les évoquent : *ayant été présentés les bagues et présents de noces ont été délaissés* (remis) *à ladite veuve*. Et quelques-uns en décrivent, même dans des familles bien modestes, comme c'est le cas des exemples cités ici, avec aussi quelquefois des dés à coudre, une montre ou plus couramment encore de petites tasses en argent (*item une tasse en argent*; chez un meunier berrichon, en 1735, elle vaut à elle seule 18 livres, soit quasiment autant que l'armoire, dont on connaît la valeur).

On s'étonnera peut-être enfin de n'avoir guère évoqué les vêtements d'enfants. La raison principale est qu'après avoir porté – aussi bien les garçons que les filles – une tunique à manches « unisexe », sans jamais rien en dessous, tous se voyaient très tôt, soit dès l'âge de six ou sept ans, vêtus à l'image des adultes, le garçon recevant traditionnellement son premier pantalon lors de sa première communion, et parfois aussi, dans les milieux plus aisés, sa montre.

Pour ce qui était des bébés, le tableau était plus curieux encore.

Une intrigante cuvette en forme de guitare... histoire des bains et des mœurs

Puisque nous avons eu l'indiscrétion de soulever le couvercle des coffres et d'ouvrir les portes des armoires, poussons cette indiscrétion un peu plus loin, et entrons dans la salle de bains.

La chose ne sera guère aisée. Suivre nos greffiers et nos notaires dressant leurs inventaires ne servira à rien. Ils n'y pénétraient pas, non qu'elle ait été fermée à double tour, mais bien sûr parce qu'elle n'existait pas.

Le mot lui-même était inconnu. Il n'apparaîtra qu'au XXe siècle et sera longtemps en concurrence avec celui de *salle d'eau*, de définition un peu différente, pour avoir été souvent la pièce consacrée à l'eau en général. Lieu où se trouvait la seule arrivée d'eau de la maison, en dehors de celle de la cuisine, celle-ci réunissait en effet l'espace consacré à la toilette et ce que nous nommons « les » toilettes.

Ni salle de bains, ni salle d'eau...
La question qui se pose est donc de savoir où nos ancêtres se lavaient.

Avant la salle de bains, on avait eu le « cabinet de toilette », que quelques rares inventaires – ceux des riches bourgeois et des châtelains – vont évoquer.

Dans celui qu'il dresse en 1809 au château du Maurier, dans la Sarthe, maître Dagoreau, notaire impérial de Pontvallain, en signale un.

Sortant de la salle de billard et se dirigeant vers la chambre du châtelain, il passe « dans le *cabinet de toilette* », où il prise *deux rideaux de soie fermant une alcôve, destinée à placer une baignoire*. L'espace est là, bien prévu. Il s'agit en fait d'un simple réduit attenant à la chambre, mais on y attend encore la baignoire. Son arrivée, ou plutôt peut-être sa livraison ou sa fabrication avait-elle été retardée? À moins que ce ne soit une question de coût... Quand cet objet de luxe finira-t-il par entrer au château? Aucun document ne permet de le savoir, mais peu importe, continuons notre enquête et notre visite, en suivant notre notaire.

Passé dans la chambre du châtelain, il commence, selon les habitudes, par décrire les accessoires de la cheminée: *deux chenets, pelle, pince, le tout en cuivre argenté, un soufflet* – tout cela est conforme à l'aspect cossu des lieux – pour aussitôt après décrire *une commode à trois tiroirs, garnie de ses ferrures et de sa table de marbre, un miroir de toilette et une petite boîte, un bidet garni de sa cuvette et un pot à l'eau et sa cuvette*: voilà un équipement de toilette certes complet et digne des lieux, mais qui est resté dans la chambre...

Item une table de toilette

Cette table de toilette de meuble n'en était en fait qu'à ses débuts, car même si l'on se limite aux seuls inventaires des intérieurs aisés, on n'en trouvait alors très peu. Si l'élite portait chaussures et vêtements colorés, vivait dans des maisons avec plusieurs pièces à cheminées, dormait dans des lits à ciels et possédait un buffet ou un vaisselier bien garni, elle n'avait pas pour autant de meuble de toilette – du moins l'élite provinciale, nous ne parlons ici ni des marquises ni des bourgeois parisiens. Aucun des inventaires dressés chez nos notaires de province n'en signale, pour ne livrer tout au plus que quelques *petits miroirs de toilette*. Aucun de ceux dressés chez des prêtres, où l'on trouvait pourtant souvent un certain confort, même si l'on note, chez l'un d'eux (en 1740) un plat à barbe de faïence, avec quatre rasoirs et un petit miroir (accessoire utilisé surtout pour se raser et apprêter sa coiffure).

En voici pourtant, rencontrés en 1740 par Odile Halbert, qui a beaucoup dépouillé d'inventaires angevins, chez Pierre Bonnelle, maître chirurgien à Villepot, aux confins de la Loire-Atlantique et de l'Ille-et-Vilaine, et en voici même deux. Notre homme, par sa profession, devait être particulièrement pointilleux en matière d'hygiène : *item une table de toilette parquetée* (marquetée) *avec son tiroir et un miroir carré ; item une table de toilette de cerisier avec tiroir sans ferrure, couverte d'une bergame* (petite tapisserie faite à la façon de celles fabriquées à Bergame, en Italie). Deux tables de toilette : à se demander si l'une d'elles n'était pas, comme on dirait de nos jours, à usage professionnel, comme l'était sans doute une partie des serviettes, que l'on trouve ici véritablement à profusion – plus de deux cents au total ! – et comme l'étaient évidemment aussi sans doute ces *mille cinq cents épingles de chaque espèce* – le notaire les aurait-il comptées ? – et encore ces *quatre rasoirs* et cette *boîte à savonnettes* – le chirurgien de l'époque était, ne l'oublions pas, avant tout un barbier !

Pourtant, à y regarder de près, on reste perplexe quant à ces deux tables de toilette. Car où les trouve-t-on, dans cette habitation bourgeoise comptant plusieurs pièces ? Nullement dans la « salle » où est décédé ledit chirurgien, qui aurait pu être son cabinet de travail et dans laquelle étaient justement stockées serviettes, rasoirs et épingles. Pas plus dans la salle principale ni dans la cuisine, mais dans *la chambre sur la cuisine*, pièce dans laquelle le notaire va signaler deux lits, pouvant laisser penser que l'on est dans une chambre, mais aussi *un saufa de noyer [...], douze chaises et deux fauteuils de noyer couverts de Damas rouge à fleurs, cinq tapisseries au point de Paris à verdure, six cadres dorés ou tableaux de différentes grandeurs.* Un sofa, des fauteuils, des tapisseries et des tableaux : nous sommes bel et bien dans un salon, et même dans un salon riche, comme le confirment les estimations données par le notaire. Un salon riche, mais fouillis. Une pièce encore polyvalente, utilisée à la fois pour recevoir, dormir et peut-être même comme salon de coiffure et « bloc opératoire » – les deux lits ayant pu avoir ici une destination particulière. La question reste donc entière. Si le document nous décrit la demeure, il ne nous dit pas tout. À nous d'imaginer, et c'est là pour moi l'un des autres charmes de ces archives...

Item une table à toilette ayant deux tiroirs. Un siècle plus tard, l'inventaire dressé en 1837 chez Joachim Periollat, propriétaire terrien de la Drôme, décrit en revanche un meuble désormais parfaitement abouti.

À ses débuts, il n'avait été qu'une table, sur laquelle on déposait les *touaillettes* (les petites toiles, c'est-à-dire nos serviettes, à l'origine en toile). Toute maison en possédait. Aucun inventaire n'en manque. Leur nombre seul varie. *Item, dans ledit coffre, ont été trouvées deux serviettes de chanvre et d'étoupe ; item six serviettes de toile de lin et trois serviettes de toile...* Relativement rares chez les modestes – leur valeur est sensiblement celle d'une chemise –, leur nombre augmente au fur et à mesure que l'on grimpe les barreaux de l'échelle sociale, et pour être souvent fabriquées dans des matières plus fines et plus recherchées : *item une armoire de chêne, dans laquelle il y a trente-quatre serviettes de toile blanche, trente-six serviettes de toile de brin à demi usées et soixante-douze serviettes de toile de reparon*, soit au total cent quarante-deux, dans l'inventaire d'un conseiller du roi normand, en 1734.

Sans oublier les essuie-mains, tout aussi courants et nombreux, quel que soit le milieu : *item six essuie-mains*, chez un modeste potier provençal ; *item vingt-quatre gros essuie-mains de fil et vingt-huit de grosse toile, dont sept à demi usés et trois troués* : soit soixante-deux, en 1744, chez un curé de l'Oise. *Item deux douzaines de serviettes et une douzaine d'essuie-mains* : les quantités augmentant, on va prendre l'habitude, à partir du XVIIIe siècle, de compter les pièces de lingerie par multiple de douze, un choix hautement symbolique. Dans le monde judéo-chrétien, douze était considéré à tous les niveaux comme le nombre achevé : le cycle liturgique de l'année comptait douze mois ; on avait douze apôtres autour du Christ ; la Genèse donnait douze fruits à l'arbre de vie ; le Temple d'Israël avait eu douze portes ; la Vierge portait une couronne de douze étoiles…

De simple table où déposer ces *toilettes*, notre meuble avait évolué, pour donner un objet complet, avec étagères et accessoires, notamment une cuvette, que l'on nommait souvent un bassin, et un broc à eau : deux objets indissociables, de faïence ou de porcelaine, et que l'on trouvait plus ou moins décorés selon les moyens et les modes.

Un meuble devenu en tout cas courant.

Nous sommes ici à un virage. Avant, pas d'installation spécifique, pas de bon bain chaud ni de douche vivifiante… Après, l'irrésistible montée de notre salle de bains. Reste à savoir si l'hygiène et la propreté avaient fonctionné de paire. À savoir, finalement, comment nos ancêtres les avaient gérées. S'ils se lavaient, et où et comment ils le faisaient, en un temps où l'eau n'était pas courante…

L'histoire du bain est une drôle d'histoire

On pourrait la retracer en remontant aux origines et en évoquant la symbolique du bain. Ou bien en visitant les thermes romains et en passant par les hammams arabes. Contentons-nous d'une petite visite dans le monde du Moyen Âge, qui suffira à nous étonner.

À cette époque, nos ancêtres semblent non seulement se laver mais aimer à le faire. Si les paysans n'ont évidemment guère d'autres lieux et occasions que les lits des rivières et des ruisseaux en été – et volontiers hommes et femmes ensemble –, les gens les plus importants font parfois aménager de véritables salles de

Bain dans le Gange et baptême chrétien : le rite de l'immersion

Lié au rite de l'immersion, le bain a toujours et d'abord été à la fois symbole de purification et de régénérescence, aussi bien au profane qu'au sacré.

Chez les hindous, le bain dans les eaux sacrées du Gange, accompli en principe après un premier, dit « de propreté », est une opération de purification, qui plonge le fidèle dans le pré-formel et le désintègre dans la substance primordiale. Il en sortira en état de pureté, débarrassé des obstacles empêchant la délivrance et la relation avec le divin, qu'il pourra alors rencontrer.

Chez les chrétiens, le *baptême*, ainsi nommé d'après un mot grec signifiant « immersion », en avait bel et bien été une à l'origine. Il est à la fois purificateur, en ce qu'il lave – délivre le baptisé du péché originel –, et régénérateur, en ce qu'il en fait un « enfant de Dieu », membre à part entière de l'Église. Il est également initiateur, puisqu'il est une alliance par laquelle le baptisé s'engage à garder la mémoire et les commandements du Christ. On retrouve ici le symbolisme de l'eau coulante, représentant le temps qui passe et donc la vie, et avec la cavité des « fonts baptismaux » – ainsi orthographié en référence non pas au fond de la cuve mais à la *font*, désignant la fontaine, la source – on a le symbolisme du ventre maternel, évoquant la vie intra-utérine et le retour aux sources de la vie. ■

bains dans leurs demeures. Le milliardaire Jacques Cœur en avait ainsi une, chauffée par des conduits passant sous le sol, et l'on dit que saint Louis, qui possédait une baignoire, exigeait qu'elle le suivît dans tous ses déplacements. Entre ces deux extrêmes, les gens seulement aisés – malgré tout très peu nombreux – se baignaient quant à eux régulièrement, dans de grands baquets de bois.

La préparation du bain, avec des seaux remplis au puits ou à la fontaine et des marmites chauffées à la cheminée, était toute une affaire... On prenait notamment toujours grand soin d'installer un linge déplié, nommé un *fond de bain*, pour éviter les échardes dans les pieds, comme en témoignera encore, deux siècles plus tard, le célèbre tableau montrant la belle Gabrielle d'Estrées et l'une de ses sœurs au bain, dans un grand *cuviau* recouvert comme il se doit de ce grand drap blanc. L'opération avait généralement lieu dans une chambre ou dans la salle commune, parfois derrière un rideau, et cela non tant par pudeur que pour mieux conserver la chaleur de l'eau.

Le bain était alors tellement dans les mœurs qu'il participait aux rites de bienvenue. Si, au visiteur banal, on avait l'habitude de *donner de l'eau aux mains* et une *touaille* (toile) pour les essuyer, à l'invité d'exception, arrivant de loin, il était de bon ton d'en proposer un. Quitte à ce que la maîtresse de maison ait la délicate attention de le partager avec lui, afin de lui prouver l'estime en laquelle elle le tenait...

Mais, dans ce cas, il fallait être équipé et avoir du personnel. À la ville, qui n'en avait pas pouvait éventuellement faire appel à une entreprise spécialisée dans la livraison de bains à domicile – matériel et eau compris. Il s'agissait d'artisans nommés des *baigneurs-étuvistes*, qui proposaient généralement ce service tout en tenant des établissements de bains, dans lesquels – et c'était là la formule la plus simple – chacun pouvait très facilement se rendre. Le principe en avait été rapporté d'Orient par les croisés, en référence aux bains turcs, et sa mode avait été immédiate. On en comptait vingt-six, à Paris, sous Philippe Auguste, où l'on trouvait généralement trois salles différentes : une sorte de piscine, une imitation de hammam et enfin une salle d'épilation et de soins.

Chaque matin, dès le lever du soleil, les garçons de bains vendaient leurs services en criant bien fort dans les rues : « les bains sont chauds ! » et nombre de gens s'y précipitaient, pour préférer

Quand les étuves étaient de vrais bordels !

Dans plusieurs villes, une *rue des Étuves* témoigne de l'existence de ces anciens lieux, où l'on allait en effet « entre autres » *s'estuver*. « Entre autres » est ici de rigueur, car ces bains ou *estuves*, tenus par des *baigneurs* ayant privilège du roi, étaient vite devenus des lieux de perdition.

Comment aurait-il pu en être autrement ? Si, dans la première salle, le public barbotait tout en devisant agréablement, il pouvait, dans la troisième, aussi bien se faire coiffer et parfumer qu'épiler, ce qui fait penser à certaines salles actuelles, où sont dispensés des massages équivoques.

Ajoutons à tout cela que l'on pouvait demander soit un grand *cuviau* « familial », circulaire ou ovale, dans lequel on allait se baigner en famille, à quatre ou cinq personnes, si ce n'était davantage, soit s'isoler, avec un *cuviau* plus petit, individuel ou plus souvent pour deux personnes, et des personnes pas forcément de la même famille…

La dérive était d'autant plus fréquente que l'on pouvait aussi prolonger cette séance de *cuviau* en y prenant son repas, servi sur une planche de bois disposée en travers du baquet, et que l'on pouvait également y boire, notamment du vin épicé, volontiers réputé aphrodisiaque. On pouvait ensuite s'y reposer sur un lit, avec en option les services d'une chambrière, généralement experte dans les activités que l'on imagine.

L'atmosphère y était dès lors souvent gaie et lascive, avec des échanges de caresses débouchant sur d'autres distractions fort agréables, et les pouvoirs publics avaient fini par obliger les tenanciers à aménager des jours et des horaires, réservés alternativement aux hommes et aux femmes.

Les *baigneurs*, experts dans tous les secrets de la toilette, étaient devenus les confidents privilégiés des gens de plaisir et s'étaient mués en de véritables entremetteurs de débauches. On allait chez eux pour y retrouver de grandes dames dissimulées sous des masques ou pour y faire des « parties de vin ». On allait même y passer quelques jours, pour raison de santé ou pour échapper aux curieux – les paparazzi du temps – ou à la vindicte de ses ennemis. De ce fait, leurs tenanciers étaient devenus des logeurs, et Louis XIV lui-même, dans sa jeunesse, était allé souvent coucher chez le baigneur Lavienne, qu'il engagera plus tard comme valet de chambre. ■

le bain matinal, dont l'eau était logiquement réputée plus propre.

Ces lieux étaient en tous les cas très prisés, au point que l'on dit que la reine Isabeau de Bavière, qui aimait à les fréquenter, avait l'habitude, lorsqu'elle souhaitait témoigner sa gratitude à quelqu'un l'ayant servie de façon particulièrement dévouée, de lui offrir une *estuve*, soit une entrée ou même carrément un abonnement dans l'un de ces établissements, où l'on allait – entre autres ! – s'*estuver*...

Mais la morale, la crainte des MST et le développement d'une véritable phobie des épidémies de peste avaient finalement poussé le pouvoir royal à imposer la fermeture de ces véritables *bourdeaux* – ou *bordels* – avant le nom, tant l'on y *oyait crier, hutiner, saulter, tellement qu'on était étonné que les voisins le souffrissent, la justice le dissimulât et la terre le supportât.*

Rappelons d'ailleurs la position de la religion. Position d'autant plus importante que celle-ci réglait à tous ses niveaux la vie de nos ancêtres. Pour Clément d'Alexandrie, l'un des pères de l'Église, on comptait quatre types de bain : celui pris pour le plaisir, celui pris pour se réchauffer, celui pris pour la propreté et enfin celui pris pour raison de santé, ce dernier étant à ses yeux le seul acceptable. La morale chrétienne considérait dès lors tout bain comme contraire à la chasteté, et particulièrement le bain chaud, assimilé à la recherche de la sensualité, alors que le froid était vu au contraire comme un exercice recommandé pour la mortification, l'eau glacée, qui matait la chair et combattait ses tentations, permettant de faire pénitence.

Les *estuves* fermées et la religion triomphant, on avait assisté à une désaffection du bain et même de l'eau. On avait oublié les habitudes du très propre Moyen Âge, comme celle voulant qu'avant de passer à table, on se lave les pieds et les mains sous l'eau et souvent dans une eau parfumée de camomille, de marjolaine ou encore de romarin « cuit » à l'écorce d'oranges et aux feuilles de lauriers, et cela même si l'on s'essuyait couramment, comme on l'a vu, la main et la bouche à la même *touaille*, lorsque ce n'était pas à la nappe.

Mais foin de tout cela ! On avait décidé quasi tout à trac qu'il n'était rien de mieux qu'une bonne couche de crasse pour protéger des épidémies et maladies. Il en allait notamment ainsi pour les enfants, auxquels on a vu que la médecine interdisait le bain avant l'âge de sept ans.

Mais, rassurez-vous, il n'était pas question de bannir toute toilette. On utilisait au contraire les *touailles* (toiles, serviettes) non plus seulement pour s'essuyer, mais aussi pour se laver. On limitait en revanche la toilette aux parties visibles du corps : le visage et les mains. Pour ce qui est du reste, on choisissait simplement une autre voie. On optait pour une sorte de « toilette de chat », pour une « toilette sèche », estimant suffisant de changer régulièrement de linge de corps, convaincu que la propreté du vêtement savait capter la saleté du corps. Le luxe du bain se déplaça alors à celui des vêtements, que l'on voulut montrer ostensiblement propres : c'est alors que les cols et les manchettes blancs se sont ajoutés aux pourpoints.

Héritage et vie quotidienne
Nos expressions liées à la toilette

Bain : *jeter le bébé avec l'eau du bain* (commettre une erreur, ou parfois aussi renoncer) ; *plaisanterie de garçon de bain* (plaisanterie lourde et grivoise, comme pouvaient en faire les livreurs de bains, généralement mal éduqués, lorsqu'ils tentaient de « draguer » leur cliente).

Douche : *douche froide* (mauvaise surprise) ; *douche écossaise* (fort contraste, en référence aux pratiques des pays nordiques, faisant passer du sauna à l'eau glacée).

Lavabo : *blanc ou bronzé comme un lavabo* (expression ironique : on dira aussi *comme un cachet d'aspirine*).

Serviette : *ne pas mélanger les torchons et les serviettes* (savoir distinguer et traiter en conséquence les gens de qualités et les autres).

Parfumés à *l'eau de pucelle*

Les nobles estimaient tout à fait viril d'avoir « un peu l'aisselle surette et les pieds fumants ». Henri IV puait à trois mètres, mêlant à l'odeur de l'ail, qu'il adorait, un fort fumet de bouc. Mais qu'importe, on se parfumait abondamment, jusqu'à ce que la mauvaise odeur soit vaincue. Une nouvelle hygiène du corps était lancée, qui misait plus sur les parfums et les poudres, dont les mignons avaient raffolé, que sur l'eau et le savon !

On se glissait alors, à tous les niveaux du corps, de petits sachets de plantes odoriférantes : sous les aisselles, sous les hanches, les hommes dans leurs pourpoints et les femmes dans les plis de leurs robes. C'est aussi cette nouvelle hygiène qui allait entraîner la mode des gants, car ceux-ci n'étaient en effet fabriqués que par des « gantiers-parfumeurs », qui en avaient le monopole. De chez eux ne sortait aucun article qui ne soit copieusement imprégné d'esprit de musc, d'ambre gris, de civette, de bergamote, de girofle, de fleur d'oranger ou de lavande. Ainsi vit-on la Grande Mademoiselle, cousine de Louis XIV, reculer de trois pas malgré l'étiquette, lorsque la duchesse d'Aiguillon eut enfilé des gants, imbibés d'un savant mélange de parfums, faisant alors fureur sous le nom de « peau d'Espagne ». « Je me reculai, tenant mon nez, et lui disant qu'à moins de m'évanouir je ne pouvais m'approcher d'elle. » Voilà l'époque où les précieuses de Molière ne trouvaient pas ridicule d'acheter des gants parfumés « à la négligence », « au lait virginal » ou encore « à l'eau de pucelle », dite aussi plus précieusement « eau de Phylis ».

Cette nouvelle mentalité sera à son tour tenace, puisque, encore en 1798, le médecin Brieude n'hésitera pas à dire que chercher à se nettoyer à l'eau revenait « à anéantir l'odeur mâle... au nom du luxe et de la mollesse, alors que l'homme se portant bien dégage finalement une odeur agréable ».

Le bain ne se prenait donc officiellement que sur ordonnance médicale et dans ce cas en respectant des règles strictes : d'abord, ne jamais se baigner nu, mais en déshabillé, c'est-à-dire dans une chemise à très longs pans ; ensuite, passer le reste de la journée à se reposer dans une robe de chambre bien chaude. Raisonnable, Louis XIV se rendra sans résistance à l'avis de la Faculté. Il avait certes fait aménager à Versailles un « appartement de bains » personnel des plus luxueux, décoré d'œuvres d'art et couvert de marbre, doté d'une grande cuve octogonale. Mais les médecins lui ayant déconseillé les bains, comme par trop dangereux, ladite baignoire avait terminé sa carrière dans les jardins, à titre de bassin… Il faudra attendre son arrière-petit-fils, Louis XV, pour revoir non pas une, mais deux baignoires dans les appartements royaux : une première remplie d'eau parfumée d'un pot-pourri de fleurs, dans laquelle il se détendait et se reposait, et une seconde, pour se rincer.

La baignoire s'imposera lentement. Un demi-siècle plus tard, Napoléon en exigera l'installation dans chacune de ses résidences. Fabriquée désormais en métal – souvent en cuivre rouge – et parfois revêtue d'un enduit spécial, permettant de la décorer au goût du jour, elle allait alors souvent par deux, comme chez Louis XV, l'une pour le lavage et l'autre pour le rinçage, car l'eau sale n'était pas facile à évacuer. Le gros problème, en effet, était celui du remplissage et de la vidange. Remplie par des cuvettes, elles-mêmes remplies par des brocs, elle était de ce fait devenue de taille plus réduite, pour exiger moins d'eau, et seule l'absence de réseaux d'eau urbains continuait finalement à freiner sa diffusion.

Les problèmes de robinets

Le XIXe siècle va donc voir la réapparition de nos entrepreneurs de bains qui vont proposer leurs services. À la fois aux heureux propriétaires d'une baignoire, auxquels ils livraient de l'eau chaude, et à ceux n'en possédant pas – évidemment la majorité –, auxquels ils proposaient le « pack » complet – baignoire plus eau –, comme l'avaient jadis fait les baigneurs-étuveurs médiévaux. Ce sera le temps des garçons de bains.

Quand le métier de garçon de bains n'était pas une plaisanterie !

Le retour de la livraison des bains à domicile offrira une possibilité d'évolution professionnelle à nos porteurs d'eau, avec un nouveau métier, qui perdurera pendant près d'un siècle, puisque Marcellin Cazes lui-même, le propriétaire de la fameuse brasserie *Lipp*, racontera avoir travaillé, à son arrivée à Paris, dans un établissement de bains.

On lui avait alors donné une voiture à bras, chargée d'une baignoire vide et d'une citerne à deux compartiments pleins à ras bord, l'un d'eau froide, l'autre d'eau chaude, munie à l'arrière de deux gros robinets de cuivre, qu'il devait régulièrement astiquer, et on l'avait envoyé chez le client, pour y livrer le bain, avant que l'eau chaude ne refroidisse.

Il raconte qu'arrivé à l'adresse, il s'informait de l'étage auprès du concierge, déjà prêt à le tancer s'il lui arrivait de répandre de l'eau. Il passait alors un grand tablier blanc à bavette et commençait les montées et descentes d'escalier – escalier de service obligatoire, même si l'immeuble disposait d'un ascenseur. Il montait la baignoire, sur son dos, redescendait chercher l'eau froide, la montait sans en renverser, redescendant ensuite chercher la chaude, qu'il montait de même, encore toute fumante.

La baignoire remplie, la morale ne tolérait pas qu'il restât dans l'appartement pendant que le client – qui était souvent une cliente – se livrait à ses ablutions. Parfois plusieurs clients, car il n'était pas rare, pour mieux amortir le coût de la livraison, que plusieurs membres de la famille se relaient dans la baignoire.

Le « garçon de bains » se reposait alors sur le palier, attendant que l'opération une fois terminée, on l'appelle pour vider la baignoire. Si certains entrepreneurs avaient des pompes, pour évacuer directement l'eau sale dans le caniveau, le sien n'en disposait pas et il devait donc la redescendre seau par seau, pour la jeter dans la cour, toujours sous l'œil vigilant du concierge, prêt à lui faire perdre son pourboire, s'il venait à en renverser une goutte sur les escaliers cirés. Le tout était alors rechargé sur la charrette, et Cazes se hâtait de retourner se réapprovisionner, afin de livrer d'autres bains, une bonne journée permettant en principe d'effectuer trois livraisons… ∎

L'aventure de la salle de bains et de la toilette, qui avait donc commencé au XVIIIe siècle, allait se poursuivre durant tout le XIXe.

L'habitude de la toilette quotidienne, à l'eau et au savon, s'était rapidement généralisée dans les villes, dans les classes moyennes et supérieures. En 1853, l'hôtel *Mont-Vernon*, dans le New Jersey, avait été le premier à ne proposer que des chambres dotées de salles de bains.

Mais c'est essentiellement au fil des progrès techniques, avec notamment la géniale invention du trop-plein et la mise au point du chauffe-eau à bois, et au fil aussi de ceux de l'urbanisation, avec l'arrivée de l'eau courante, vers 1880, le développement de la robinetterie puis l'aménagement du tout-à-l'égout, remplaçant le tout à la rue, que la technique du bain, la baignoire et la salle de bains devaient réellement évoluer.

Item une cuvette en forme de guitare

Un temps concurrencée par le curieux *tub*, sorte de grande cuvette plate, sur laquelle on s'installait pour se laver et se frictionner, en se versant de l'eau à l'aide d'un broc, la baignoire n'avait pas cédé de terrain. D'abord de plus en plus légère, en cuivre puis vers 1840 en zinc, elle avait peu à peu repris du poids, pour être coulée dans la fonte, lorsque les progrès que l'on vient d'évoquer lui avaient permis de se sédentariser. Elle était ensuite devenue plus fragile et plus raffinée avec, dès les années 1900, des modèles en porcelaine ou en céramique.

C'est alors que l'on avait justement vu aussi l'ancien meuble de toilette reprendre du poil de la bête pour offrir, avec l'eau courante au robinet, la formule à la fois la plus souple et la plus économique en eau.

Ce sera le développement du lavabo, que les fabricants proposeront rapidement dans des matières nobles, en faïence ou en porcelaine, et qu'ils sauront doter de formes attrayantes. Un objet qui va rencontrer d'autant plus de succès qu'il est facile à caser dans un réduit ou une alcôve et qu'il se révèle nettement plus

Les très fameux problèmes de robinets !

Le robinet doit son nom au *Roman de Renart*.

Suivez bien la démonstration : cette histoire, diffusée par les trouvères et les troubadours qui parcouraient la France, avait été un formidable « best-seller » avant la lettre, qui devait notamment largement contribuer à promouvoir la langue française.

Son succès avait valu à ses personnages une formidable popularité, absolument comparable à celle d'Obélix ou des Simpson aujourd'hui. Celle de *Renart*, son héros principal, avait même fait que son nom en était venu à dénommer l'animal, qui jusqu'alors était appelé un « goupil », et il avait bien failli en aller de même pour le mouton, celui de ce comte étant nommé *Robin*.

On comprendra alors pourquoi les premiers robinets, fabriqués vers le XVe siècle, pour avoir souvent été ornés d'une tête de mouton, s'étaient vus appeler ainsi, d'un nom signifiant donc « petit robin », autrement dit « petit mouton ». En Allemagne, pour avoir plutôt été d'une tête de coq, ils s'étaient vus pareillement nommer « Hahn », du nom du volatile.

Quelques expressions évoquent le robinet, comme *fermer le robinet*, signifiant cesser volontairement de fournir, d'alimenter (souvent en argent) ou comme les *problèmes de robinets*, restés célèbres pour avoir été, avec ceux de trains qui se croisaient, parmi les plus couramment donnés autrefois aux élèves passant leur certificat d'études primaires, ainsi celui qui suit, que je vous propose d'essayer de résoudre – en moins d'une heure et sans calculette :

« Dans un bassin circulaire de 4 mètres de diamètre sont ouverts deux robinets dont l'un fournit 30 litres et l'autre 36 litres d'eau par minute. On les laisse fonctionner pendant deux heures moins quatre minutes. À quelle hauteur l'eau s'élèvera-t-elle dans le bassin ? »

(Solution page 315)

économique, de tous les points de vue, que la grande baignoire. Aussi sans doute pour être préféré par la pudibonde morale religieuse – encore et toujours elle! – à la salle de bains et surtout à sa baignoire et à ses miroirs, qu'elle suspecte de donner des idées pouvant mener au péché, sans oublier également parfois la présence du bidet.

Entre un poney et une guitare : le bidet !

Le bidet doit son nom au vieux mot désignant un petit cheval trapu, lui-même ainsi nommé d'après l'ancien verbe *bider*, signifiant trotter. L'idée est donc très claire : on montait le *bidet* du cabinet de toilette exactement comme on montait un poney... On comprend aussi mieux la comptine enfantine bien connue :

À dada sur mon bidet,
quand il trotte il fait des pets.

Peut-être venu d'Italie, cet élément de l'équipement sanitaire semble être apparu en France au début du XVIIIe siècle. Il en sera question dans le *Journal des dépenses de Madame de Pompadour*, lorsque la belle marquise sera congédiée par Louis XV, en 1751.

Le bidet comptera longtemps parmi les meubles et objets rencontrés dans les chambres, comme le vase de nuit, tous deux en disparaissant avec l'arrivée de l'eau courante et le développement de la plomberie moderne, notre bidet pour migrer vers la salle de bains et notre pot vers le grenier ou la poubelle, et pour être surtout quant à lui concurrencé par les toilettes.

Il n'empêche que le bidet était longtemps resté inconnu dans les campagnes, comme le montre la description qu'en a faite un notaire, dans un inventaire de la fin du XVIIIe siècle : « Et dans un cabinet obscur, nous avons trouvé une cuvette en forme de guitare, dont l'usage nous est inconnu. » ■

Nids d'abeilles et grains de caviar

À la campagne, si nos ancêtres continuaient en été à fréquenter les rivières, ils ne s'en lavaient pas moins régulièrement. Une toilette faite à la source, à l'abreuvoir, à l'intérieur aussi, sur la dalle de l'évier ou à cette fontaine où l'on stockait l'eau à usage domestique. Une toilette bien sommaire, très souvent limitée au visage et aux mains, mais dont témoigne sans ambiguïté la présence de serviettes et plus encore d'essuie-mains, que l'on a vus régulièrement signalés dans les inventaires et en assez grand nombre, nombre qui augmentera encore, comme on l'a dit, à la faveur des trousseaux.

En quelques siècles, on est donc passé des anciennes *touailles* et du grand drap de bain anti-échardes des cuviers moyenâgeux aux *draps de toilette*, maintenant dits aussi *draps de baignoire*, découpés dans des tissus devenus de plus en plus absorbants, au fur et à mesure que la toilette avait utilisé davantage d'eau.

On connaissait ainsi des tissus à armature particulière, mis au point parfois depuis longtemps, tels que les losanges, les yeux multiples et variés – dits tantôt *de perdrix, de fauvette, de mouche ou encore œil anglais ou de fantaisie* – ou encore les fameux *nids*, dits *d'abeille* ou *de guêpes* – les *grains*, eux-mêmes *de caviar* ou *d'orge*. Mais le XIXe siècle avait finalement vu apparaître une nouvelle technique, tout à fait révolutionnaire, obtenue en ajoutant un troisième fil sur le métier à tisser, donnant une bouclette assurant à la fois une souplesse et une meilleure capacité d'absorption : le tissu éponge !

La toilette entre de plus en plus dans les mœurs. Les leçons d'hygiène inscrites aux programmes de l'école de Jules Ferry portant également leurs fruits, l'habitude de la *grande toilette*, dite aussi *toilette à fond*, va se répandre, d'abord à un rythme hebdomadaire. Dans les maisons ouvrières et rurales, généralement le samedi soir ou le dimanche matin, on la fera à l'ancienne table de toilette ou encore dans un grand baquet, parfois disposé dans un coin de la cuisine/pièce unique, dissimulé derrière des chaises.

Il faudra cependant attendre un peu pour voir la salle de bains se généraliser et évoluer. Mais le mouvement va s'accélérer au cours de la deuxième moitié du XXe siècle. Si, en 1962, seulement 29 % des foyers français possèdent une baignoire et une douche,

Quand la douche était réservée aux prisonniers !

Si elle était connue, dit-on, sous l'Antiquité et si les gymnastes la pratiquaient à Delphes, la douche aurait été introduite en France par Pidoux, médecin du roi Henri III, qui aurait publié, en 1597, un traité vantant ses mérites. Mais ses recommandations étaient restées lettre morte, puisque ses confrères étaient alors majoritairement hostiles à la toilette à l'eau…

Il faudra attendre près de trois siècles pour assister à son retour, à la suite d'une expérience menée par le médecin-chef de la prison de Rouen.

Celui-ci ayant fait installer, dans la cour de l'établissement, un système de douche froide au jet, essentiellement réservé aux pensionnaires malades des nerfs et aux sujets les plus récalcitrants, il en informa sa hiérarchie, qu'une circulaire ministérielle venait justement d'appeler à réfléchir à l'amélioration de l'hygiène des détenus.

Cela se passait en 1872. Le médecin présenta les avantages de cette formule, en exposant que, perfectionnée par l'eau chaude, la méthode offrait la solution idéale, comme nettement plus rapide et économique que les classiques bains en baignoire.

On appela d'abord cette technique le *bain de pluie* puis le *bain-douche*, en référence à un mot italien, et plusieurs « établissements de bains publics » la popularisèrent en l'adoptant, d'abord à Vienne, en Autriche, puis en France, à Bordeaux (en 1893) puis à Paris.

Aujourd'hui, pour être toujours plus rapide et plus économique, et aussi moins encombrante, elle l'emporte sur la baignoire, même si l'on se trouve un peu à l'étroit dans sa cellule… pardon, dans sa cabine.

les choses vont très rapidement évoluer, pour passer à 70 % en 1970, soit en moins de dix ans.

En ville, la salle de bains va changer de place, quittant les arrière-cuisines où elle avait d'abord été placée pour rester près de l'arrivée d'eau. Dans les campagnes, à la faveur des nombreuses aides à l'amélioration de l'habitat rural, elle va pénétrer les intérieurs paysans.

Pour n'être plus considérée comme un luxe, mais comme une nécessité, elle va s'agrandir et se doter d'espaces de rangements. Les architectes en prévoient même volontiers plusieurs par maison. Les fabricants proposent des équipements plus sophistiqués et plus fonctionnels... Et la société de consommation, s'en mêlant, proposera des jacuzzis avec jets hydro-massants, voire des saunas ou des cabines à vapeur, bref, de quoi la transformer en un mini établissement thermal, et cela même si la douche tend de plus en plus à l'emporter sur la baignoire.

Héritage et vie quotidienne
Le saviez-vous ?

M. Delafont ne se prénommait pas Jacob ! Il était grossiste en sanitaires et avait développé d'immenses entrepôts sur le canal parisien de la Bastille. Il s'associa avec un fabricant, qui se nommait quant à lui Jacob, et fonda avec lui, en 1901, la société Jacob-Delafont, qui laissa son nom au fond de centaines de milliers de baignoires, bidets, lavabos, urinoirs et cuvettes de cabinets.

La brosse à dents serait née en Chine au XVe siècle, pour apparaître en France au XVIIe. Mais elle resta longtemps concurrencée par le cure-dents, et ce ne sera finalement que l'adoption de la fibre nylon, en 1938, qui lui permettra de percer.

Le rasoir : le Canadien d'origine française K. C. Gillette a inventé en 1895 le rasoir mécanique, à lames remplaçables ; le rasoir électrique (américain) a été commercialisé en 1928, et le rasoir jetable inventé par Bic, en 1975.

Salon ou salle à manger ?
Des grognards
aux séries américaines

Item un saufa de noyer couvert d'un point de Hongrie (étoffe décorée de losanges), douze chaises, deux fauteuils de noyer couverts de Damas rouge à fleurs, cinq pièces de tapisserie au point de Paris à verdure, six cadres dorés ou tableaux de différentes grandeurs, deux chenets et un soufflet de cuir. Il n'y a pas à dire, l'inventaire après décès déjà cité ne laisse pas à discussion : le chirurgien Pierre Bonnelle, qui exerçait son art à Châteaubriant, en Bretagne, sous le règne de Louis XV, possédait bel et bien un salon.

Un salon, sans le moindre doute, au sens où nous l'entendons couramment aujourd'hui, lorsque nous utilisons ce mot pour désigner le mobilier meublant la pièce homonyme. Comme on le fait aussi en parlant d'une cuisine, d'une chambre, d'une salle à manger..., disant par exemple avoir vu chez un antiquaire une *chambre 1925* ou un *salon Empire*. Un « salon » désigne traditionnellement un ensemble de neuf sièges de même facture et décoration : un canapé, quatre fauteuils et quatre chaises, de quoi faire asseoir onze à douze visiteurs...

Avec douze chaises et deux fauteuils, à quoi s'ajoutait un *saufa* – qui était sans doute un canapé –, celui de Pierre Bonnelle pouvait en accueillir dix-sept ou dix-huit. Mais lorsqu'on entrait dans la pièce en question, entrait-on pour autant dans un salon ? La question, déjà posée, reste difficile à trancher. Sur le document, le notaire la nomme une « chambre », mais on a dit que c'était là un terme très générique. Et, de fait, on a vu que dans cette pièce se trouvaient également deux lits et deux tables de toilette…

Le mobilier décrit est pourtant cossu et raffiné : fauteuils recouverts d'étoffes colorées et damassées, cadres dorés – sans doute à la feuille d'or – tapisseries : l'ensemble s'élève à plus de 2 400 livres, soit le dixième de la valeur totale du patrimoine du chirurgien, et, pour cette seule pièce, quatre fois le montant du patrimoine d'un journalier ou d'un tisserand de l'époque…

Alors, salon ou pas salon ? Peu importe. En fait, une fois de plus, nous constatons que les pièces étaient mal distinguées les unes des autres, que leurs vocations étaient ambiguës, et cela sans doute autant à nos yeux qu'à ceux des contemporains.

Tenons donc pour le salon. Le mot existe. On parle même souvent – toujours cette recherche de précision – de « salon de compagnie ».

Quelquefois dès la fin du XVIIe, mais beaucoup plus régulièrement au XVIIIe, on les voit décrits dans les inventaires urbains et bourgeois, ainsi que dans les châteaux. Après les seigneurs du Moyen Âge, qui recevaient dans leur chambre, le bourgeois du siècle des Lumières veut disposer de meubles ad hoc, à l'image de ses homologues des grandes villes, chez qui ses affaires l'ont quelquefois conduit. Il ne se contente plus, comme son grand-père, de faire fabriquer par le menuisier du village une paire de chaises caquetoires ; il veut des sièges confortables, permettant une posture agréable et distinguée.

Salons de compagnie et *salons à manger*

Au château, à côté de ce *salon de compagnie*, on avait aussi un *salon à manger*.

Celui décrit en 1809 par l'inventaire dressé au château du Maurier, en plein pays du Maine, énumère *un poêle de faïence à dessus de marbre*, un premier placard rempli de carafes, de gobelets et de précieux « *bols à chocolat* » *en porcelaine*, un second rempli de verres en tout genre, de sucriers, compotiers, beurriers et saucières, avec des services à thé et à café, *une console de marbre, douze chaises* et très certainement une table, apparemment absente – peut-être déplacée – le jour du passage du notaire.

Mais le cas est assez rare, car à cette même époque, ce *salon à manger* semble plus rare que celui dit *de compagnie*. Et si tout portait à croire que la salle à manger était arrivée la première, ce ne semble pas avoir été le cas, du moins en dehors des châteaux.

Pourquoi ce décalage ?

Sans doute parce que les tables, vues dans les cuisines et les salles communes, étaient généralement assez grandes pour permettre d'accueillir un nombre important de convives, tout en restant près du feu et dans la pièce qui était généralement la seule à être chauffée. Également parce que, en cas d'assemblée plus nombreuse – par exemple pour un mariage –, on dressait volontiers les tables dans une grange, où l'on pouvait s'attabler plus nombreux. En Bretagne, où la parenté était souvent cultivée à des degrés très éloignés et où les banquets de noces pouvaient réunir plus de deux cents personnes, on avait l'habitude d'aménager, dans un pré, une table naturelle formée d'un long talus de terre, surélevée, et longée de part et d'autres de deux fossés, dans lesquels les convives pouvaient mettre leurs jambes.

Peut-être aussi pour éloigner le salon de réception de la cuisine, de son bruit et surtout de ses odeurs, afin de pouvoir y jouer au piquet ou du pianoforte, sans respirer le fumet du boudin aux oignons.

La salle spécifiquement consacrée aux repas apparaîtra aussi, après la Révolution, lorsque le service dit « à la russe » remplacera comme on l'a vu celui « à la française », dont le buffet avait été parfaitement aménageable au salon. À l'époque de Balzac, la plupart des bourgeois de Paris ont une salle à manger et ce sera la première pièce dont se doteront ensuite les paysans et les ouvriers.

Dans bien des intérieurs, une fois que les lits auront migré vers des chambres ou qu'au contraire une annexe aura été construite pour y recevoir et y cantonner la cuisine, la salle à manger sera la première « pièce en plus ». On la voudra alors représentative, avec parquet de bois régulièrement encaustiqué, table, chaises, bahut, buffet ou vaisselier, des rideaux et parfois un tapis, bref, des choses belles et chères, que l'on achetait souvent aux termes de sacrifices financiers. Une pièce et des meubles trop beaux, dont on est fier et que l'on a peur d'abîmer. Voilà pourquoi la maîtresse de maison, qui ne faisait pas moins régulièrement le ménage de ce sanctuaire, n'y pénétrait généralement qu'en glissant sur des patins de feutre. Voilà pourquoi l'on n'y allait que dans les grandes occasions, quitte à finalement... n'y aller jamais. Mais la salle à manger n'en restera pas moins une pièce essentielle, aussi longtemps que le repas conservera son importance, héritée de son symbolisme millénaire.

Du salon au séjour

Cette salle à manger évoluera à la faveur des nouveaux plans des appartements, qui vont l'unir de plus en plus fréquemment au salon, pour nommer le tout une *salle de séjour*, ou un *séjour* tout court (en anglais un *living*, « pièce où l'on vit ») ou mieux un *double séjour* ou un *double living*. Avec coin salon ou coin salle à

🍇 HÉRITAGE ET VIE QUOTIDIENNE
Pourquoi dit-on *entre la poire et le fromage* ?

Au temps du service « à la française », lorsque tout était disposé en même temps sur la table, on sait que les gobelets étaient rares et plus encore les verres. On commençait donc par manger force rôtis, sans boire une gorgée d'eau, pour se désaltérer ensuite avec non pas avec de l'eau, en fait absente de la table, mais avec des fruits et en particulier des poires, juteuses et désaltérantes, et qui étaient alors le fruit le plus courant. Ce n'était qu'après que l'on passait au fromage, avec lequel on goûtait éventuellement d'un vin. Cette façon de faire explique notre expression, qui semble aujourd'hui avoir été construite à l'envers.

Le symbolisme du repas

Le repas est à plus d'un plan chargé de symbolisme.

D'abord au plan biologique et physique, il est le moment et le lieu où l'on reprend ses forces et où l'on se reconstruit.

Mais plus encore au plan social, avec le principe de la *commensalité*, pour être pris entre commensaux, compagnons de tables, mot composé du latin *cum* (« avec ») et de *mensa* (« table », « nourriture »). Il est alors un moment passé ensemble, une pause ré-énergisante, au cours de laquelle l'on se rencontre et l'on échange. C'est là que l'on traite le mieux des affaires, lorsque l'on mâche ensemble, autant la nourriture que la parole, notamment *entre la poire et le fromage*.

Dès lors, le repas qui est pris entre amis ou en famille réunit et unit. Il accompagne à ce titre les principales étapes de la vie, grandes ou petites, et s'intègre à chacune des cérémonies qui les marquent : baptême, communion, mariage, anniversaire, déménagement (ce dernier via la pendaison de crémaillère), départ à la retraite, et même le deuil, avec le repas d'enterrement. Il scelle les grandes décisions, les grands changements, les alliances, les réconciliations. Il témoigne de la reconnaissance et de l'estime – comme avec une invitation à un dîner officiel – mais aussi de la charité. Il était autrefois le symbole de l'hospitalité, due par tout chrétien à ses frères en religion. Symbole de partage et d'amitié, il est à l'origine de notre beau mot de *compagnon*, autrefois dénommé un *compain* (du latin *cum* [« avec »] et *panem* [« pain »] : celui avec lequel on partage son pain, le pain étant lui-même symbole de nourriture et de vie). Et ce *compain* a donné notre moderne *copain*.

À ces deux aspects s'en ajoute un troisième, avec le repas religieux, doublement sacré, pour évoquer à la fois l'offrande, le sacrifice, fait par les hommes à la divinité, et l'accueil à la table divine, don suprême fait par la divinité aux hommes. Chez les chrétiens, la communion, qui évoque la Cène (repas pris par Jésus avec ses apôtres), peut être rapprochée du banquet des dieux sur l'Olympe ou de celui d'Odin, dans la mythologie scandinave.

manger, l'un pouvant l'emporter sur l'autre, pour associer deux vocations différentes : le lieu où l'on prend le repas en commun et celui où se déroule la vie en famille et en société.

Et l'on retrouve ici la formule originelle de l'ancien « salon de compagnie ».

Celui décrit du château du Maurier sera ici aussi tout à fait très représentatif, avec *un feu complet, garni en or moulu* (accessoires de cheminée : grille, pincettes, tous dorés), *une pendule, deux vases, deux flambeaux, six feuilles de paravents, avec six écrans* (un paravent à six panneaux), *une table de bouillotte* (la *bouillotte* était un jeu de cartes) *et une table de tric-trac* (autre jeu, proche du jacquet et du backgammon), *une petite table avec son dessus de marbre, deux consoles garnies de leur table de marbre, douze fauteuils, deux bergères à coussin, deux canapés, deux tabourets verts de velours d'Utrecht avec leur chemise* (housse), *quatre paires de rideaux de croisées* (fenêtres) *en mousseline, garnies de leur draperie en taffetas jaune, huit lampes à quinquet* (cheminée de verre).

Deux bergères et un crapaud : luxe et raffinement

Le salon a ses meubles propres, avec souvent de petites tables d'un style nouveau, dont les guéridons : *item une petite table de bois de chêne, avec son tapis ; item un guéridon de bois de noyer.* Avec des sièges spécifiquement conçus pour la conversation, comme causeuses ou autres fauteuils particuliers (*bergères, crapauds, cabriolets*…). Très fréquemment des tables à jeu, pour occuper la compagnie : *item une table de jeu, en bois de noyer plaqué, avec un damier,* comme on trouve encore des clavecins, puis des pianos, eux aussi destinés à distraire l'assemblée avant que n'arrive un jour le téléviseur. On aménageait aussi des salles de billards, pour y disputer de petits matchs de billes en famille, faute de pouvoir suivre ceux de ballons, que le petit écran nous permet aujourd'hui de mettre au programme de nos soirées.

Le salon abritait et exposait surtout nombre de meubles et d'objets raffinés, comme nos fameuses commodes et leurs multiples dérivés, sans oublier les tableaux – représentant parfois les traits des gens de la maison, qui s'étaient fait, selon les habitudes du temps, *tirer le portrait* par quelque peintre de la ville. Et sans oublier les lustres, volontiers équipés de pampilles de verre, dont la vocation, avant tout pratique, était d'augmenter et de répercuter la lumière des bougies, notamment dans les glaces et les miroirs, installés tout autour de la pièce.

Ces miroirs resteront longtemps des objets chers : au milieu du XVIIIe siècle, le prix d'un miroir de taille moyenne équivaut à peu près à celui d'un coffre. Il sera cependant de plus en plus fréquent, au fur et à mesure que baissera le prix du verre, et que l'on saura surtout fabriquer des modèles de grandes dimensions. Les premiers grands miroirs étaient en effet composés de deux glaces juxtaposées, comme les fenêtres de cette époque étaient toutes à « petits carreaux » : *item une glace de miroir, encadrée de son cadre de bois doré et suspendue à la cheminée dudit salon.*

Autres raffinements : tapisseries et tapis. Les premières sont fort rares, hormis pour recouvrir les sièges. Elles ont été bien plus courantes au Moyen Âge, tant dans les églises que dans les châteaux, où elles avaient surtout l'avantage de procurer des isolants lourds et efficaces, aussi bien contre l'humidité des murs que contre les courants d'air.

Les tapis ne le sont guère moins, pour être par ailleurs apparus tardivement. Le Moyen Âge n'avait connu que des nattes en joncs, et les premiers tapis, sur les modèles de ceux rapportés d'Asie par les croisés, ne seront pas tissés en France avant le XVIe siècle. Ils seront plus tard très prisés des classes aisées, comme élément de confort, de décoration et de raffinement, sans qu'ils soient cependant chargés de symbolisme, comme ils l'étaient en Orient, avec un côté sacré et initiatique, espaces de prière ou de méditation, labyrinthes figurant des jardins, représentant le paradis, avec fleurs, arbres, animaux et oiseaux, réels ou stylisés, mais eux aussi très symboliques. Symboliques aussi par leur couleur : par-

Miroir de Blanche Neige et miroir aux alouettes

Le miroir est un symbole à la fois lunaire et féminin (il était un des attributs de Vénus, déesse de la beauté, que l'on représentait souvent en tenant un à la main).

S'il se disait en latin *speculum*, c'était parce qu'il invitait à la spéculation, autrement dit, selon le sens originel de ce mot, à l'observation du ciel et des mouvements des étoiles. Très vite, il avait cependant été réputé refléter la vérité et la sincérité, pour livrer le contenu du cœur.

On était alors arrivé au mythe du *miroir magique*, permettant de lire la vérité et le passé, voire le futur. On pense ici à la méchante reine, interrogeant chaque matin le sien, pour lui demander qui d'elle ou de Blanche Neige était vraiment la plus belle.

Tout cela avait mis autrefois le miroir au cœur des croyances et des superstitions. Qui le cassait était censé connaître sept ans de malheur et devait, dans ce cas, se dépêcher d'en jeter les éclats dans une mare, de peur que le diable ne vienne emporter ceux qui s'y étaient regardés. Le miroir, enfin, placé dans une chambre, était recouvert d'un drap au moment de la mort, de crainte que l'âme du défunt ne vienne s'y refléter.

Le *miroir aux alouettes* désigne un dispositif trompeur ou un leurre : l'expression se réfère à un piège utilisé autrefois par les chasseurs, composé de morceaux de bois garnis d'éclats de miroirs qui, lorsqu'il était agité, provoquait des reflets brillants attirant certains oiseaux, dont les alouettes, que l'on n'avait alors plus qu'à capturer au filet ou tirer au fusil. ■

tout, le tapis rouge a été traditionnellement utilisé pour honorer les hôtes de marque, et cela depuis plus de deux mille cinq cents ans, puisque déjà cité par Eschyle dans *Agamemnon*. Une coutume dont l'origine reste toutefois quant à elle une énigme...

Du luxe et de l'apparat, on passera donc au fonctionnel. De lieu de représentation, le « salon de compagnie » va devenir, dans nos appartements contemporains, un lieu de séjour et de vie au quotidien. Et son ameublement va évoluer. Lentement ses meubles ont muté, pour s'adapter aux modes et aux besoins.

Le tabouret évoluera en un *pouf*, pour s'inspirer d'un siège oriental et sera très à la mode à la fin du XIXe siècle, offrant un petit siège bas et trapu, dont les étoffes et les volants dissimulaient les pieds. Mais c'est surtout le canapé qui va évoluer le plus pour, de meuble très précieux, devenir aussi populaire qu'incontournable et donner le grand meuble polyvalent qu'est notre « convertible ».

Téléviseur, convertible et table basse : un trio inévitable !

Venu du grec *kônôpeîon*, le canapé était à l'origine un lit pourvu de rideaux, dont le rôle était de faire moustiquaire. Ces rideaux ont ensuite disparu, pour se voir remplacer par des dossiers – un à chaque bout – qui se sont ensuite évidés, pour devenir des accoudoirs et donner le classique canapé-banquette de conversation.

Mais sa grande transformation – sinon révolution – aura lieu à partir des années 1960 et le liera étroitement à la télévision. L'arrivée du téléviseur, qui va bientôt trouver sa place d'élection dans les salons-séjours, a en effet généralisé les « tables basses », totalement inconnues jusqu'alors, et destinées notamment à permettre aux téléspectateurs d'y poser leur verre ou leur tasse, ainsi que le magazine spécialisé présentant les programmes des différentes chaînes. On sait que le tirage de *Télé 7 jours*, le premier du genre, est passé de trois cent vingt mille exemplaires en

1960 à plus d'un million en 1963, puis à plus de deux en 1965, devenant alors le plus gros tirage de la presse française, tous genres confondus.

Le canapé devient alors de plus en plus moelleux, invitant à s'y relaxer, devenant un siège de détente, alors que son ancêtre bourgeois avait obligé à se tenir droit au « salon de compagnie ». Siège extrêmement utilisé, trois cent soixante-cinq jours par an et par toute la famille, y compris par les enfants aux doigts poisseux, on attend désormais de lui qu'il soit solide et facile à entretenir. Il est donc fabriqué en textile, en cuir, ou en matières synthétiques lavables, et devient également de plus en plus convivial, avec notamment des modèles en angle, appelés des *chauffeuses*. Mais il va surtout évoluer vers le fameux *convertible*, avec le succès du *clic-clac*, aisément transformable en lit, pour être aujourd'hui le meuble standard, commun à toutes les classes sociales.

Comme on avait jadis veillé au coin du feu, on passera les soirées sur le canapé et autour de la table basse, oubliant le souvenir des exploits de l'ancêtre grognard de Napoléon, transmis jusqu'alors de génération en génération au fil des soirées en famille, pour se laisser captiver par le suspense des thrillers américains.

De ce fait, c'est ce salon/séjour qui accueillera plusieurs des équipements modernes, avec notamment ce téléviseur, après la TSF, à côté de la chaîne hi-fi, qui sera, après le tourne-disque ou *pick-up*, que l'on avait fait marcher en remontant une manivelle, le successeur du piano, sur lequel nos aïeules, de génération en génération, avaient joué *La Chanson des blés d'or*, *Plaisir d'amour* ou *La Lettre à Élise*…

Lieu où la famille se trouve réunie pour le repas et l'après-repas, le salon/séjour est devenu la pièce la plus importante de l'habitation, dans le pavillon individuel, dont le plan a été très souvent conçu autour d'elle. Elle l'est plus encore dans l'appartement du HLM, où les autres espaces de vie sont très limités. Et puis le téléviseur et ses programmes attirent et retiennent. Du moins au temps où le nombre de chaînes reste limité. Après cet âge d'or de la communion quotidienne devant une même table basse et un même programme télévisé, on assistera à une lente mais irrésistible remontée de l'espace privé. La multiplication fréquente des récepteurs de télévision, puis l'arrivée des chaînes hertziennes et la diffusion de l'ordinateur personnel permettent en effet à chacun de choisir son programme et son support de réception. Après trente ans de soirées passées côte à côte, comme autrefois près de la cheminée, c'est la montée de l'individualité et la re-dispersion des membres de la famille, à travers l'habitation puis à travers la ville…

Petite chronologie de l'histoire du disque

1877 : invention du phonographe, par Edison, et du haut-parleur
1886 : invention du graphophone (à cylindres de cire)
1887 : invention du disque (galette de zinc, recouverte de cire, avec des sillons) ; développement du phonographe
1888 : invention du magnétophone
1889 : premier juke-box (à cylindres)
1897 : gramophone à aiguille
1902 : mise au point du disque en cire, d'où développement des tourne-disques, dits aussi *pick-up* (à manivelles), puis électrophones
1925 : premiers 78-tours
1928 : premiers 33-tours
1933 : premiers disques stéréophoniques
1946 : premiers microsillons
1948 : premiers 33-tours
1949 : premiers 45-tours
1958 : invention des enceintes (Cabasse)
1961 : invention du minicassette (Philips)
1968 : généralisation de la stéréophonie aux disques 33-tours ; développement des chaînes stéréophoniques, puis des chaînes haute-fidélité
1979 : inventions du disque compact et du walkman
1987 : commercialisation des premières cassettes audio (DAT)
2005 : lancement du logiciel iTunes

Petite chronologie de l'histoire de la radio
jusqu'en 2000

- **1865 :** découvertes des ondes électromagnétiques (Écossais Maxwell)
- **1890 :** radioconducteur, appareil émettant et recevant des ondes (Français Branly)
- **1895 :** invention de l'antenne (Russe Popov)
- **1896 :** TSF (télégraphie sans fil ; Italien Marconi)
- **1898 :** première liaison sans fil à Paris (entre tour Eiffel et Panthéon ; Français Ducretet)
- **1910 :** mise au point du poste à galène, qui se démocratisera à partir de 1923
- **1922 :** invention de l'autoradio (Américain Frost)
- **1931 :** lancement de *Radio-Luxembourg*
- **1933 :** démonstration de la modulation de fréquence (Américain Armstrong)
- **1933 :** premier poste de radio miniature
- **1943 :** inauguration de *Radio Monte Carlo (RMC)*, par Maurice Chevalier
- **1947 :** lancement de *Paris-Inter*
- **1949 :** création de la RTF (radiodiffusion et télévision de France)
- **1950 :** récepteurs radio à transistors ; arriveront en France à partir de 1956
- **1955 :** création d'*Europe n° 1*
- **1959 :** baptême de *France Musique*
- **1963 :** création de *France I* (ex-*Paris-Inter* et future *France Inter*), *II, III* et *IV* et baptême de *France Culture*
- **1964 :** création de l'ORTF (Office national de radio télévision française)
- **1966 :** Radio-Luxembourg devient *RTL* ; baptême de *Sud-Radio*
- **1974 :** création de *France Inter*
- **1980 :** lancement de *Radio Bleu* (seniors)
- **1981 :** lancement de *NRJ*
- **1983 :** création de *Radio Nostalgie* ; *Europe n° 1* devient *Europe1*

Quelques émissions de radio très célèbres
- **1937 :** La Famille Duraton (feuilleton ; Radio Cité, puis Radio-Luxembourg)
- **1951 :** *Quitte ou double* (Zappy Max, *Radio Monte Carlo* ; fera gagner 256 000 francs à l'abbé Pierre, en 1952)
- **1958 :** *Le Jeu des 1000 francs* (1958, au Blanc (36), *Paris-Inter* puis *France Inter*)
- **1959 :** *Salut les copains* (Frank Ténot et Daniel Filipacchi, *Europe n° 1*)
- **1965 :** *Le Pop Club* (José Artur, *France Inter*)
- **1968 :** *Radioscopie* (Jacques Chancel, *France Inter*)
- **1977 :** *Les Grosses Têtes* (Philippe Bouvard, *RTL*)

Petite chronologie de la télévision
jusqu'en 2000

- **1900** : première utilisation du mot « télévision »
- **1926** : première démonstration de télévision, par l'Écossais Baird, à Londres
- **1931** : première émission de télévision expérimentale, diffusée de Montrouge à Malakoff
- **1938** : démonstration expérimentale de télévision en couleurs (Baird)
- **1948** : première arrivée du Tour de France en direct
- **1949** : création de la RTF (radiodiffusion et télévision en France)
- **1949** : premier journal télévisé (présenté par Pierre Sabbagh); première messe des dimanches
- **1950** : premier direct télévisé en France (*Le Jeu de l'amour et du hasard*, de Marivaux)
- **1954** : naissance de l'Eurovision
- **1959** : mise au point, par Henri de France, du procédé SECAM de télévision en couleurs
- **1963** : création de la deuxième chaîne (future *Antenne 2*)
- **1964** : création de l'ORTF (Office national de radio télévision française)
- **1967** : premières émissions en couleur en France
- **1970** : loi autorisant la publicité de marque à la télévision
- **1972** : création de la 3e chaîne (*FR3*)
- **1974** : l'ex-chaîne unique puis première chaîne, devient *TF1* et les autres *Antenne 2* et *FR3*
- **1976** : premier magnétoscope à cassettes
- **1984** : lancement de *Canal +* et des émissions du matin (*Télématin*, *Antenne 2*)
- **1986** : privatisation de *TF1*; lancement de *La Cinq*
- **1989** : début de *La Sept* (deviendra *Arte*, en 1992)
- **1990** : suppression des speakerines
- **1992** : création de France-Télévision (deviendra France-Télévisions en 2000)

Quelques émissions de télévision très célèbres (avant 1970)

1957 : *La caméra explore le temps*

1952 : *La Vie des animaux* (Frédéric Rossif et Claude Darget) ; *Trente-six Chandelles* (Jean Nohain)

1953 : *La Séquence du spectateur*

1954 : *La Piste aux étoiles* (Pierre Tchernia)

1958 : *Les Cinq Dernières Minutes* (Claude Loursais, avec Raymond Souplex)

1959 : *Cinq Colonnes à la une* (Pierre Dumayet, Pierre Desgraupes, Pierre Lazareff, Igor Barrère)

1961 : *Âge tendre et tête de bois* (Albert Raisner)

1962 : *Intervilles* (Guy Lux) ; Bonne Nuit les petits

1964 : *La Caméra invisible* (Pierre Bellemare et les frères Rouland)

1965 : *Le Palmarès des chansons* (Guy Lux) ; *Le Mot le plus long* (deviendra *Des chiffres et des lettres*, 1972)

1966 : *Au théâtre ce soir* (Pierre Sabbagh)

1967 : *Les Dossiers de l'écran* (Armand Jammot)

1968 : *Les Shadocks*

1969 : *Alain Decaux raconte*

Quelques chiffres et quelques records

Émissions les plus anciennes :
Le Jour du Seigneur (depuis 1949) ; *Des chiffres et des lettres* (1972) ; *Thalassa* (1975)

Plus forte audience :
match *Portugal-France* (22,2 millions de téléspectateurs : 05.07.2006, TF1)

Nombre de téléviseurs : 1937 : 7 (le 7e aurait été acheté par le père de Claude Lelouch) ; **1949 :** 297 ; **1956 :** 500 000 ; **1965 :** 40 % des Français ; **1974 :** 15 000 000 ; **1990 :** 30 000 000

Télé 7 Jours : **1963** : > 2 millions ; **1965** : > 3 millions (devient alors le plus gros tirage de la presse française, tous genres confondus) ; **1990** : 3,7 millions

Du tapis de bure au tapis de souris : le bureau, vraie caverne d'Ali Baba !

Item un bureau, fermant à deux fenêtres avec une clé et une layette.
Cette mention, trouvée dans l'inventaire des biens d'un conseiller du roi berrichon en 1728, est l'une des seules que j'aie rencontrées. Le mot *bureau* était rarement utilisé. Et, lorsqu'il était employé, c'était presque toujours pour désigner le meuble. Car c'est en effet le meuble qui avait donné son nom à la pièce, contrairement à ce qui s'était passé ailleurs, comme dans la chambre ou le salon, et non seulement le meuble, mais un accessoire très précis.

Le mot *bureau* vient en effet du mot *bure*, qui désignait comme on l'a vu une étoffe de laine très grossière, dans laquelle on taillait notamment les fameuses robes de bure des moines. Mais on y taillait aussi de petits tapis, que les intellectuels de l'époque utilisaient pour recouvrir les tables, sur lesquelles ils travaillaient, tant pour y protéger les livres précieux qu'éviter d'y prendre des échardes. Ainsi recouvertes, ces tables avaient été nommées *bureaux* et ce sont elles que l'on voit parfois décrites dans nos documents : *item une table carrée avec un tapis; item une table de bois de chêne avec son pliant et un vieux tapis de bergame.* Voilà bel et bien ici le bureau personnel d'un curé (Laval, 1740), sur lequel il devait, pour travailler, poser sur ce tapis de bure un pupitre ou une écritoire : *item une petite écritoire de bois couverte de cuir.*

C'est ce meuble qui va évoluer, pour en donner d'autres, à partir de la fin du XVIIe et surtout au XVIIIe, spécifiquement conçus à cet effet. Certains s'inspireront aussi du modèle de la commode, avec notamment ces petits bureaux *à cylindre* ou à *rouleau* ou encore les *bonheurs du jour,* placés dans les chambres ou dans les salons et plutôt destinés aux dames, auxquelles ils servaient, selon les cas, de coiffeuse, de chiffonnier ou de secrétaire/écritoire. D'autres seront conçus à partir de la formule du *cabinet*, c'est-à-dire avec portes et tiroirs, comme c'est le cas de celui décrit en ouverture de ce chapitre, avec ses *fenêtres* (battants de portes) et sa *layette* (tiroir). C'est ainsi que sont nés les plus imposants *secrétaires*, qui apparaîtront généralement un peu plus tard, sans doute à la faveur du développement de la vie culturelle, lorsque la paperasserie commencera à se développer et que l'on préférera la ranger dans ces meubles, plutôt que l'entasser comme autrefois dans les anciens coffres fourre-tout. Présents dans les intérieurs bourgeois à partir de la fin du XVIIIe siècle, ils se répandront surtout au cours de la monarchie de Juillet, avant que ne s'impose notre bureau moderne : *item un bureau à deux tiroirs* (1845)…

La très curieuse étude d'un notaire angevin

De l'appellation du meuble, enfin, on passera à celle de l'espace, dès lors qu'une pièce spécifique sera consacrée au travail intellectuel ou d'écriture. Mais l'évolution sera très lente : aucun de nos notaires inventoriant une habitation riche ne nomme ainsi une des pièces qu'il visite. Que ce soit chez un conseiller du roi ou chez un avocat, chez notre chirurgien au salon raffiné ou dans un château. Même pas chez l'un des leurs, où pourtant l'on serait en droit de s'attendre à trouver une pièce consacrée à son travail. Sur une dizaine d'inventaires dressés dans les habitations de notaires défunts, leurs confrères qui les rédigent ne traversent jamais de bureaux. Une situation en fait logique, puisque l'on a déjà remarqué que le notaire allait autrefois rédiger ses actes chez ses clients. Le contrat de mariage chez les parents de la future épouse ; celui d'*accueillage* (apprentissage) chez le maître où l'apprenti est accueilli ; le testament au pied du lit du moribond et cet inventaire, bien sûr, dans la maison même du défunt.

Une fois, pourtant, un document m'a interpellé, à cause d'une phrase manifestement contraire à tout ce qui vient d'être dit. Cet inventaire après décès, exhumé des Archives départementales du Maine-et-Loire par l'historienne Marie-Odile Halbert, est un acte dressé en 1716, dans lequel un notaire décrit les biens d'un de ses confrères, défunt. Et celui-ci, après avoir détaillé « la salle » principale, pénètre *dans l'étude*. On retient, à cette lecture, sa respiration : enfin, on va visiter un bureau, un vrai. Et on lit alors ceci : *Dans l'étude du sieur Cheussé : une couchette avec tour de lit et rideaux de serge jaune, une couette et deux traversins de plume, un vieux bahut, une table de noyer avec serrure et clé, deux petits chenets de fer, un boisseau de noix, un petit miroir, une chaudière tenant trois seaux d'eau, un petit chaudron jaune, un poislon, deux poêles à queue de fer, un vieux fusil de peu de valeur, 24 livres de fil, un crochet à peser, 6 livres de chanvre...* Vous êtes étonné : une étude de notaire, ça ? Une chambre – avec peut-être ici le lit du clerc. Un débarras, un entrepôt, avec sans doute des articles, comme les bobines de fil, les stocks de chanvre et le boisseau de noix, qui avaient été utilisés par des clients pour payer en nature les actes du notaire, lequel pouvait alors peser ces denrées avec son crochet à peser. Mais la conclusion est toujours la même : ce lieu, en offrant l'indescriptible capharnaüm habituel, atteste une fois de plus du mélange des genres et des pièces... À se demander où étaient bien passés l'écritoire, les plumes et les réserves de papier du défunt. À moins que tout cela n'ait été offert au confrère inventoriant, en règlement de son travail et de son déplacement ?

Passons un siècle et entrons chez le riche propriétaire terrien Joachim Perriollat, décédé en 1837 dans la Drôme. Les pièces sont nombreuses, et l'homme savait écrire. On y trouve donc deux bureaux/meubles, signalés d*ans le salon au-devant de la* *cuisine : un grand bureau en menuiserie à quatre portes fermant à clé et une bascule au milieu aussi fermant à clé* – voilà la description parfaite d'un secrétaire – et *un autre petit bureau ayant trois portes,* lesquels bureaux, ici encore, voisinent, toujours au salon, avec des boisseaux d'orge et de blé et un fauteuil à bras recouvert de velours, deux bancs et une chaise. On a manifestement bien ici un bureau/pièce, même si le notaire le qualifie de salon. Le propriétaire, installé dans son fauteuil, à son bureau, faisait asseoir sur la chaise et les bancs les métayers venant le voir et lui apportant leurs redevances, notamment en orge et en blé.

Trois bibliothèques différentes :
agrément, instruction et piété

Au château du Maurier, dont Anne Fillon a retrouvé l'inventaire, on ne trouvait, en 1809, pas plus de pièce ainsi nommée : une cuisine, un office, une chambre nommée *la lingerie* ou *de la femme de chambre,* nos *salons à manger* et *de compagnie,* une salle de billard, la chambre de monsieur, avec son cabinet de toilette, celle de madame et une troisième *destinée à l'usage des étrangers,* soit une chambre d'amis. De bureau, aucun. L'inventaire signale un *secrétaire de bois de noyer* dans la chambre du châtelain, où l'on trouve aussi une mappemonde, décrite à côté du bidet… Encore et toujours notre fouillis…

Pourtant, au bout du document, après être monté au grenier et descendu à la cave, après la réserve à charbon – pour le beau poêle en faïence du *salon à manger* – et les multiples écuries, après la serre et l'orangerie, le notaire revient au château et rentre *dans le cabinet à côté de la chambre de monsieur, dans lequel il y a la bibliothèque d'agrément et d'instruction.* Mais l'espace est réduit, il n'y trouve que des livres : ce n'est effectivement qu'une bibliothèque, l'espace bureau se cantonnant au secrétaire de noyer vu dans la chambre, entre le bidet et le *pot à l'eau.* Encore, toujours, notre mélange des genres ! Le châtelain prenait sans doute un livre dans sa bibliothèque pour aller le lire dans sa chambre, où il pouvait prendre des notes sur la tablette de son secrétaire.

Et de livres, M. d'Arlanges n'en manquait pas, pour avoir non seulement la bibliothèque citée, dite *d'agrément et d'instruction*, mais pour en avoir une deuxième, aménagée dans une petite chambre à l'étage, que le notaire nomme quant à elle *bibliothèque de piété*. Des bibliothèques bien fournies, que l'on ne saurait détailler, ne serait-ce que parce que les ouvrages qu'elles offraient nous sembleraient bien austères. Voici pourtant *un Dictionnaire d'agriculture en dix volumes*, L'Anciclopédie, *édition de Lausanne, trente-neuf volumes reliés*, L'Histoire de France, *de l'abbé Véli, vingt-huit volumes reliés*, L'Histoire ancienne et romaine, *de l'abbé Tallié, huit volumes reliés...* Voilà sans doute pour *l'instruction*, à quoi le notaire ajoute et prise cent soixante-neuf volumes *de différents ouvrages, tant reliés que brochés*, sans doute plutôt destinés à *l'agrément*. À l'étage, côté piété, il dénombre *cent quarante volumes, tant reliés que brochés, de différents ouvrages anciens*. De quoi sans nul doute largement méditer...

Mais ces mètres linéaires de livres décrits ici sont exceptionnels. Sans parler des millions d'inventaires des maisons modestes, dont les habitants ne savaient presque jamais ni lire ni écrire, la présence de livres reste très rare, jusque dans la maison du propriétaire Perriollat, où aucun n'est signalé. Aucun livre chez nos notaires, y compris chez celui ayant une « étude ». Volontiers des livres de fil ou de chanvre, mais des livres *de librairie*, nullement. Aucun livre non plus chez notre chirurgien tenant salon...

Parfois, malgré tout, on trouvera signalé *un petit livre d'heur* (de prières), à la fois chez un tanneur bourguignon, chez un marchand ardéchois, chez un laboureur normand ou un coq de village lorrain. Mieux, une *paire d'heurs*, chez un maître potier d'étain corrézien... C'était manifestement là « le » grand classique, avec quelques autres titres du même registre: des Vies des saints, des missels, une *Œuvre de Saint-Augustin*, reliée, une *Imitation de Jésus-Christ* ou encore, mention assez fréquente dans les inventaires des petits-bourgeois ou notables: *plusieurs petits livres de piété, tant en latin qu'en français...* Seuls possédaient autrefois des livres les châtelains et citadins évolués et bien sûr les curés... Et ces livres étaient à la fois considérés comme des symboles de science et de sagesse. Des objets réservés à quelques initiés, capables de les lire, sachant que le livre fermé conservait ses secrets, alors que le livre ouvert les offrait. Mieux, le livre à lui seul était souvent le symbole de l'univers, vu lui-même comme un immense livre.

Des papiers en tout genre...

Mais redevenons plus pratiques et terre à terre. À quoi aurait pu alors servir une pièce à usage de bureau? Qu'aurait-on eu à y mettre? Sans doute certains des objets dispersés dans le capharnaüm général, comme ces *cartes de France*, parfois mentionnées, notamment chez des marchands, preuve de leur relations avec l'extérieur, les lunettes, achetées aux colporteurs de passage, ou divers objets encore, comme les tabatières ou les pistolets, souvent rencontrés dans les chambres, et enfin bien sûr les papiers.

Des papiers déjà écrits, avec ces papiers, souvent dits *de famille*, actes généralement notariés, archivés dans les coffres, et que nos

---

HÉRITAGE ET VIE QUOTIDIENNE
D'où vient notre *livret de famille*?

En mai 1871, les communards avaient incendié l'hôtel de ville de Paris, qui abritait alors sous son toit à la fois la mairie et le Palais de Justice, où étaient conservés les originaux et les doubles des registres d'état civil, depuis leur création, en 1793, jusqu'à 1860. Le sinistre fut très lourd de conséquences: non seulement les natifs de la capitale ne pouvaient plus prouver leur identité, mais la porte était grande ouverte aux tentatives d'usurpations et de falsifications d'identité.

Afin de parer à de tels risques, le préfet de police de Paris avait alors eu l'idée d'une sorte d'état civil de poche, qui donna notre *livret de famille*. Il sera rapidement adopté, dans les années 1873-1875, pour se voir ensuite imiter dans nombre de départements, généraliser dans les années 1879-80 et officialiser en 1884.

D'où viennent notre passeport et notre CNI ?

Le **passeport** doit son nom à une ancienne pratique, obligeant les Français se rendant à l'étranger à solliciter au préalable la protection des autorités des pays où ils se rendaient, le plus souvent par voie maritime, en passant donc par un port. Il avait cependant rapidement été utilisé pour le contrôle des vagabonds, et était aussi devenu, au XVIIIe siècle, un intéressant moyen de surveiller la sortie du pays des artisans, afin de préserver les secrets de fabrication.

En 1792, les troubles ambiants avaient conduit à l'exiger pour tout déplacement à l'intérieur même du pays et un décret de l'an IV avait créé le « passeport intérieur », qu'il avait rendu obligatoire pour sortir… de son canton. Son usage sera longtemps maintenu, et ce document ne tombera en désuétude que vers 1860, du fait des nouvelles facilités de déplacement, permises par le développement des chemins de fer.

Délivré par les mairies et/ou les préfets ou sous-préfets, il comportait les nom, prénom, date et lieu de naissance et – faute de photographies d'identité – un signalement physique assez précis (forme du visage, du nez, couleur des yeux et des cheveux, taille, signes particuliers…).

La **carte nationale d'identité** (CNI), d'abord appelée « carte d'identité du Français », aurait été créée en 1921 par le préfet de la Seine, pour se voir officialisée par une loi de 1940. Elle avait eu pour but de faciliter les contrôles de police et de remplacer l'ancienne pratique exigeant la présence de deux témoins pour attester de l'identité lors de nombreuses démarches. Elle sera définitivement généralisée et réglementée en 1955, sous le nom de « carte nationale d'identité », voulue infalsifiable. ■

---

greffiers inventoriaient soigneusement. Des papiers serrés aussi parfois dans des *portefeuilles*, grandes chemises de cuir au nom bien expressif et dont la taille diminuera, pour donner ceux dans lesquels nous serrons désormais nos billets de banque, aux côtés des papiers d'identité, de plus en plus nombreux, tels que pas-

> ## Les origines de notre *permis de conduire* et du *Code de la route*
>
> Instauré en 1893 par le préfet de police de Paris, sous le nom de « certificat de capacité pour la conduite des véhicules à pétrole », le permis de conduire n'était en fait valable que pour le véhicule dont l'immatriculation était indiquée et tenait donc lieu également de **carte grise**. Ce n'est qu'en 1922 qu'il reçut son appellation de « permis de conduire ».
>
> Le **Code de la route** a été instauré en 1921. Auparavant, faute de texte spécifique, la circulation automobile continuait à se voir régie par une loi de 1851, relative à « la police du roulage et des messageries », à laquelle on n'avait depuis guère apporté qu'une modification, en 1899, en limitant par décret la vitesse des véhicules à moteur à 20 kilomètres heure en ville et 30 en rase campagne.
>
> **Quelques repères :**
> 1889 : premier examen de conduite automobile, sur tricycle à vapeur, obtenu par l'industriel Léon Serpollet (permis interdisant de dépasser 16 kilomètres heure !)
> 1899 : la duchesse d'Uzès est la première femme française à obtenir son permis de conduire
> 1958 : l'assurance automobile est rendue obligatoire ■

seports, cartes d'identité, livrets militaires et livrets de famille, et plus récemment les permis de conduire et enfin aujourd'hui les documents établis sur des supports nouveaux que sont nos diverses cartes, de plus en plus nombreuses, à commencer par la carte bleue et la carte Vitale.

Toutefois, si les inventaires signalaient bien, chez nos ancêtres, nombre de documents d'archives, ils n'énuméraient généralement ni papier vierge, ni plume, ni encre, à croire vraiment que

D'où viennent notre *carte bleue* et notre *carte Vitale* ?

La **carte de crédit bancaire** ayant été lancée en 1958 aux États-Unis, notre *carte bleue* à piste magnétique sera mise en service en France en 1971, soit trois ans avant l'invention de la *carte à puce* (1974).

Elle permettra d'obtenir des *billets*, dont le nom était une déformation de bulette et désignait à l'origine un document revêtu d'une *bulle*, dénommant elle-même le sceau de forme arrondie qui lui était attaché pour lui donner toute sa force (d'où le nom des fameuses *bulles*, faites par les papes).

Le premier distributeur de billets a été installé à Londres en 1967.

La **carte Vitale** a été lancée sous son aspect actuel en 1997, et d'abord en Bretagne. Elle comporte notre n° INSEE, dont l'histoire et le principe méritent d'être connus.

Ce numéro avait été créé sous l'Occupation, par un polytechnicien nommé René Camille, qui voulait organiser une mobilisation clandestine à des fins de Résistance. Il s'agissait à l'origine d'une combinaison de seulement douze chiffres, avec dans l'ordre : deux pour l'année de naissance, deux pour le mois, deux pour le département, trois pour la commune – sachant qu'aucun département ne comptait plus de neuf cent quatre-vingt-dix-neuf communes – et trois pour un numéro d'ordre dans le mois de naissance – aucune commune n'enregistrant plus de neuf cent quatre-vingt-dix-neuf naissances par mois.

Par sa finalité, ce numéro ne concernait bien sûr que les garçons, et c'est pour mieux cacher son jeu que Camille lui avait rajouté un treizième chiffre, qu'il avait placé en première position et qui a été le chiffre 1 pour les garçons et 2 pour les filles.

À la Libération, ce numéro fut utilisé par la Sécurité sociale, qui l'allongera dans les années 1970, lorsque l'informatique se généralisera, en lui ajoutant une « clé » à deux chiffres, choisis de façon à permettre la vérification par l'ordinateur, en retenant un nombre qui est le complément à 97 du reste de la division du numéro à 13 chiffres par 97. Prenez votre calculette et vérifiez-le avec le vôtre : ça marche ! ■

ces objets étaient délaissés au notaire instrumentant à titre de rémunération en nature. Cela était d'autant plus probable que l'on peut se demander ce qu'aurait bien pu faire d'une plume et de papiers, au XVIIIe siècle, une veuve de marchand ou de notaire de campagne ne sachant très généralement quant à elle-même pas signer.

Pas de papier donc, dans la maison de nos ancêtres, sous Louis XIV comme sous Poincaré. Certes, à partir de la fin du XIXe siècle, l'école obligatoire voulait que l'on puisse trouver un cahier et un porte-plume dans presque toutes les maisons. Mais les feuilles de papier blanc, aujourd'hui banales et achetées par rames en grande surface, étaient totalement absentes.

... et du papier très cher !

Il faut dire que le papier, acheté au colporteur ou aux marchands de la ville, coûtait cher.

Moins, certes, qu'autrefois la feuille de parchemin, fabriqué par les parcheminiers dans des peaux animales, et ainsi nommé pour désigner la « peau de Pergame », perfectionnée sous l'Antiquité dans la ville de ce nom, en Asie Mineure. Il s'agissait d'une peau finement tannée, généralement de mouton ou parfois de veau, et parfois de veaux mort-nés – peau alors très blanche et très recherchée, vendue à prix d'or sous le nom de *vélin*.

Mais pour être très lisse, le parchemin avait l'inconvénient de ralentir le séchage de l'encre, ce qui obligeait à utiliser des produits de séchage, comme alors cette « poudre noire », composée d'un savant mélange de sable et de cendres, qui fixait l'encre et surtout la séchait, en en pompant le surplus, tout en renforçant la couleur et en accentuant le contraste.

À partir du XIIIe siècle, le parchemin s'était vu de plus en plus concurrencer par le papier, qui ne devait plus rien au *papyrus* dont il tirait son nom, pour être désormais obtenu à partir d'une pâte constituée d'écorces et majoritairement de vieux chiffons, dont la recette aurait été dit-on rapportée par des croisés. De retour de

Terre sainte, où ils auraient été un temps tenus en captivité dans un moulin à papier, ils se seraient établis dans la région d'Ambert, en Auvergne, où ils auraient fondé les premiers moulins à papier. Et c'était ce papier-chiffon qui avait perduré le plus longtemps, pour ne céder la place au papier-bois qu'à partir des années 1840.

Même s'il était moins cher que l'ancien parchemin, ce papier chiffon restait toutefois coûteux. Le curé de campagne lui-même reculait devant la dépense, préférant utiliser les feuilles de papier timbré, destinées aux actes officiels, ce *petit papier à 1 sol la feuille*, comme cela était imprimé sur chaque première page de cahier – 1 sol la feuille, une fortune, lorsque l'on sait qu'une paire de sabots en valait alors 5, soit le prix d'un cahier de vingt pages… Dès lors, notre curé de campagne utilisait volontiers les dernières pages du cahier annuel – s'il en restait – pour y faire ses comptes des baptêmes payés ou des enterrements restant dus, pour y enregistrer quelques notes relatives à la vie de sa paroisse, dont il souhaitait conserver la mémoire, ou quelquefois même pour en faire son journal personnel, un certain curé racontant ainsi être allé visiter son évêque, qui lui avait fait si bonne chère qu'il avait dû, à son retour, commander un lavement à sa servante.

Beaucoup y notaient aussi les recettes d'encre, qu'ils se transmettaient entre prêtres, comme les notaires se les transmettaient de père en fils, en un temps où cette encre, elle aussi, était chère et presque toujours fabriquée soi-même. On pouvait ainsi lire que, pour obtenir de *l'encre perpétuelle*, il fallait prendre *deux pots de vin blanc ou claret, 1 livre de galle à l'espine romaine, 4 onces de vitriol bleu, 2 onces d'alun de roche, un demy-quart de bonne gomme darabie* (gomme arabique) pour ensuite *concasser la galle en gros morceaux et mettre toutes les drogues dans un pot de terre vernissé et le brouiller plusieurs fois pendant quatre ou cinq jours, sans l'exposer au feu ny au soleil.* Si l'encre ainsi obtenue n'était pas assez noire, on pouvait lui ajouter du vitriol. Si elle n'était pas assez fluide, y mettre plus d'alun. Enfin, si elle l'était trop, l'épaissir de sucre candi.

Si le papier était rare et cher, l'encre l'était donc souvent autant, sans oublier les plumes, qui exigeaient elles aussi des connaissances et un savoir faire. Celles de corbeaux, de cygnes, et plus encore celles d'oies étaient seules considérées comme adaptées à l'écriture. En fait, les principaux critères de choix étaient d'une part la teneur en encre de leur cavité, faisant ici fonction de réservoir, et d'autre part leur résistance, laquelle dépendait disait-on directement de… l'alimentation du volatile.

Item une écritoire, avec deux canifs : voici donc le « kit » de notre greffier, intégrant en effet des canifs, puisque tout homme sachant écrire avait en principe également appris à tailler et retailler les plumes. Un savoir-faire indispensable, du fait qu'elles s'émoussaient très rapidement, lorsqu'elles étaient utilisées sur certains types de papiers. Cette taille était tout un art. En les tenant de la main gauche, entre le pouce et l'index, on devait les trancher en biseau, d'un coup sec, de manière à obtenir ce parfait « plat fendu », permettant de tracer des traits fins – et donc d'économiser l'encre – et de moduler à la fois les fameux pleins et déliés, qui n'étaient pas alors pratiqués pour l'esthétique, mais pour aider nos ancêtres à lire, en facilitant l'identification des lettres. Le *plein* se faisait à la descente de la plume ; le *délié* à « rebrousse-plume », autrement dit à la remontée, et le *demi-plein* en utilisant la tranche. Mais l'écriture était également influencée par la tenue même de la plume, dont les règles ont souvent évolué. Jusqu'au milieu du XVIe siècle, ceux qui savaient couramment écrire cassaient ainsi leur poignet à 90 degrés, pour diriger la plume vers leur corps, un peu comme le font certains gauchers.

Une preuve d'amour maternel

Papier, encre et plume : un attirail qui semble banal, tant il fait aujourd'hui partie de notre quotidien, mais qui n'était autrefois nullement commun. Lorsque l'on lit, sur le procès verbal de découverte d'un enfant trouvé, qu'il portait, agrafé à ses langes,

De la plume *Sergent Major* à la *pointe Bic* et au *Stabilo*

D'abord de fabrication artisanale, les plumes métalliques ont été produites industriellement dès le début du XIXe siècle à partir d'aciers très spéciaux, qui n'étaient fabriqués qu'en Angleterre, et essentiellement à Birmingham, ville produisant alors à elle seule plus d'un milliard de plumes par an. Elles furent importées en France par des entreprises spécialisées, établies à Boulogne-sur-Mer, dont une, dirigée par deux beaux-frères, Camille Baignol et Ferdinand Farjon, pour être ensuite vendues le plus souvent par boîtes de cent quarante-quatre.

On en trouvait de nombreuses variétés, aux propriétés différentes, et dont les noms ont largement dépendu des modes et des milieux. Dans les écoles religieuses, on utilisait ainsi la *plume chrétienne* dite aussi *du Sacré Cœur*, alors que dans les écoles laïques, on préférait, au temps de l'exacerbation du patriotisme qui suivit la défaite de 1870, la *plume patriotique*, celles dites *à la cantinière* ou *à la cocarde*, ou encore la Gauloise. La palme de la popularité ira à la célébrissime *Sergent Major*, qui, accouplée au porte-plume, fera partie du plumier puis de la trousse des écoliers de jadis, avec le buvard, le bâton de craie et le chiffon d'ardoise. Son règne durera plus d'un siècle, puisque ce n'est qu'à partir de 1965 que le stylo bille aura officiellement droit de cité dans les écoles.

Car entre-temps s'était affirmé un autre objet : le *stylographe*. Héritier d'une formule de *porte-plume portable*, mis au point par un Roumain en 1827, il avait longtemps présenté des problèmes d'écoulement d'encre, obligeant à le secouer énergiquement et générant d'effroyables pâtés. On raconte que l'un de ces pâtés ayant valu à un courtier en assurances américain de perdre un très gros contrat, celui-ci avait fait breveter, en 1884, un tube capillaire évitant ces inconvénients. L'homme, qui se nommait Waterman, avait inventé le *stylo plume*, avec son réservoir d'encre et plus tard sa cartouche jetable.

Viendra ensuite le plus redoutable des concurrents : le stylo bille, dont l'idée avait germé dans le cerveau d'un journaliste hongrois, en

> 1938. Il s'imposera en 1950, lorsqu'un industriel d'origine italienne, le baron Marcel Bich, décidera de miser sur une pointe-bille jetable, à 50 centimes, dont il vendra deux cent cinquante mille exemplaires en trois ans.
>
> Viendront ensuite divers produits : en 1963, le stylo-feutre ; en 1970, le gros *Bic* quatre couleurs, enfin en 1971 le surligneur, fabriqué par la marque allemande Schwan-Stabilo Schwanhäusser GmbH and Co, et connu sous le nom de *Stabilo*, encore un nom propre devenu nom commun !

un petit papier demandant de le baptiser sous tel ou tel prénom, on doit mesurer tout ce que cela représente. Tout le mal qu'avait eu sa mère, paysanne venue accoucher à la ville depuis son village de campagne, dans cet état qui la désignait alors comme pécheresse et la faisait rejeter de ce monde qui lui était de ce fait hostile et étranger, à se procurer ce petit morceau de papier. À se procurer ensuite de l'encre et une plume et plus encore à trouver quelqu'un de confiance, capable et acceptant de griffonner ces lignes. De la part de cette femme contrainte à abandonner son enfant, tout cela est finalement une formidable preuve de son amour maternel.

Peu de papiers donc, dans les bureaux d'antan, pas de stylo, mais des plumes, des encriers et des buvards, un autre accessoire capital, totalement tombé dans l'oubli, même s'il sait aujourd'hui passionner les collectionneurs – les papibeverophiles – pour être fréquemment illustré de publicités délicieusement rétro.

Des plis qui faisaient courir

Peu d'enveloppes également... Et pour cause, les lettres ou les billets que s'envoyaient nos ancêtres n'ont longtemps été que pliés – d'où leur nom de plis. Entourés d'un fil de soie, ils étaient scellés d'un cachet de cire, pour être confiés à un messager, qui les portait en se hâtant, d'où notre appellation de *courrier*.

Peu à peu, on a pris l'habitude d'entourer ce billet d'une feuille de papier blanc, sur laquelle on inscrivait le nom et l'adresse du destinataire.

Mais le système d'acheminement des correspondances restait d'autant plus lourd que c'était justement le destinataire qui devait en payer le coût à réception, d'où des refus fréquents, mécontentant les expéditeurs. Un Anglais, Hill, conçut alors un système révolutionnaire. Pour avoir vu, dit-on, une servante d'auberge recevoir un pli de son fiancé, qu'elle identifiait grâce à un petit signe que celui-ci dessinait sur sa lettre, il eut l'idée du *timbre-poste*, permettant à l'expéditeur d'acquitter un prix forfaitaire. Le premier timbre fut donc anglais et apparut en 1840, pour se voir imiter, en France, par un timbre à 20 centimes – soit à peu près la valeur d'une heure de travail d'un « smicard » de l'époque, mis en service le 1er janvier 1849.

Et c'est alors que, l'enveloppe devenant obligatoire, un Français, nommé Maquet, s'était lancé dans sa fabrication industrielle, avec bientôt divers formats, dont celui adapté aux cartes de visites, sachant que la carte postale portera un coup dur à ce marché florissant.

On n'en finirait plus d'énumérer ce que l'on trouve aujourd'hui au bureau et qui était absent du monde de nos ancêtres. Du Post-it à l'ordinateur, descendant de l'antique machine à écrire, sans oublier un objet aujourd'hui indispensable, le téléphone, qui bien avant que de devenir portable avait d'abord fait son apparition dans cette pièce. Il aura fallu pas moins de trois siècles pour que notre bureau change de tapis, passant de celui de bure qui l'avait originellement recouvert à notre tapis… de souris.

D'où viennent
les cartes postales et les cartes de visites ?

Déjà connue dans divers pays, la **carte postale** est née en France en 1870, dans un Strasbourg assiégé par les Prussiens.

On y avait proposé une carte portant l'estampille de la Croix-Rouge – le comité international de la Croix-Rouge avait été créé en 1863 à Genève – et mise en circulation par la Société de secours aux blessés, afin de permettre à la population civile de communiquer avec l'extérieur. La même formule fut utilisée durant le siège de Paris, et introduite officiellement, par une loi de 1872, avec deux modèles, disponibles dans les bureaux de postes, dont l'un, vendu au prix de 10 centimes, allait en une semaine partir à sept millions d'exemplaires !

Restée un monopole de l'administration des postes jusqu'en 1875, la carte postale, bientôt illustrée, se verra notamment *boostée* par les Expositions universelles. D'abord par celle de 1889, qui donna au *Figaro* l'occasion d'en éditer une représentant la tour Eiffel, puis par celle de 1900, qui provoquera ce que l'on a appelé son « âge d'or », sachant que le verso était réservé alors strictement à l'adresse et que qui désirait ajouter un message personnel devait par conséquent l'écrire… au recto.

La **carte de visite** a vu le jour au XIXe siècle, dans le contexte très codifié des visites mondaines. Lorsque la personne à laquelle on faisait la politesse d'une visite était absente de son domicile, on remettait sa carte de visite à sa bonne ou à son concierge, afin de l'informer de la démarche effectuée.

Il existait des cartes de ménages, au nom de *M. et Mme Pierre Dupont*, et des cartes individuelles, pour messieurs et pour dames, sachant que ces dernières ne devaient y mentionner ni leur adresse ni leur prénom – pour être seulement *Mme Pierre Dupont*. Elles y portaient en revanche « leur jour », c'est-à-dire le jour de la semaine où elles restaient à domicile pour recevoir les visites, en principe entre 17 heures et 19 heures. Offrir sa carte de visite à une personne dont on faisait la connaissance était dès lors une façon de lui témoigner sa considération et de l'inviter.

La curieuse aventure du téléphone

Les *demoiselles du téléphone*

C'était toujours ainsi que l'on parlait des opératrices, car elles étaient en effet exclusivement recrutées parmi des jeunes filles célibataires – elles perdaient cet emploi dès qu'elles se mariaient – et dont l'éducation et la morale devaient être irréprochables – entendant toutes les conversations, elles devaient être discrètes !

Au début, on leur annonçait carrément le nom du correspondant que l'on souhaitait appeler, mais le nombre d'abonnés augmentant (14 000 en 1895), il devint obligatoire, en 1897, d'annoncer le numéro, ce qui fut alors jugé inconvenant et mal élevé.

Le téléphone manuel s'est maintenu, en France, jusqu'à la fin des années 1970 dans certaines régions et c'est la généralisation de l'automatique qui permettra sa véritable démocratisation, pour atteindre 23 millions d'abonnés en 1985.

Pourquoi répond-on allô ?

Si les Italiens disent *pronto* (prêt !), dans la plupart des pays, qui répond au téléphone dit allô.

Le mot n'est autre que la francisation, arrivée apparemment vers 1890, du *w* anglo-américain. La légende veut que ce soit Thomas Edison, l'inventeur du télégraphe et du phonographe, qui ait été le premier à l'avoir utilisé.

De la Remington à l'ordinateur : histoires d'insectes et de souris

Après divers essais, dont le « piano à écrire » (cf. page 81), la première *machine à écrire* avait été commercialisée en 1873 aux États-Unis... par un fabricant d'armes à feu, du nom de Remington. Peu de temps après, l'écrivain anglais Mark Twain avait remis à son éditeur le premier manuscrit écrit « à la machine ».

Le modèle ne cessera d'être perfectionné, avec notamment des machines portables, lancées dans les années 1930, des machines électriques, puis la machine à boule (IBM, 1961), dont le chariot ne bougeait plus latéralement et dont la police de caractère – gravée sur une boule – pouvait être changée.

La mise au point de l'ordinateur passa par l'invention de la machine à calculer et la première calculatrice électronique fut fabriquée au format de poche, en 1972.

La construction des ordinateurs avait cependant commencé en 1936, avec la présentation de la machine de Turing, premier calculateur universel programmable, avec l'utilisation du calcul binaire, qui ouvrit le début de l'intelligence artificielle.

Le premier ordinateur universel électronique, nommé ENIAC, sera présenté en 1946. Énorme, il occupait une pièce de 140 mètres carrés et pesait 30 tonnes ! Il pouvait néanmoins effectuer cinq mille additions par seconde !

Le mot *ordinateur* sera choisi par IBM France en 1955, après consultation du philologue français Jacques Perret, qui avait en fait proposé le mot d'*ordinatrice électronique*, que l'on préféra mettre au masculin.

En 1971, la société Intel commercialisa le premier microprocesseur et en 1974, le Français Roland Moreno créa la première carte à mémoire.

En 1979, le premier IBM PC est commercialisé.

En 1983 sont apparues les premières *souris*.

En 1984, *Apple* lancera *Mac Intosh*. ■

Savez-vous pourquoi l'on parle d'un bug ?
Un jour où l'ENIAC de 30 tonnes avait eu une panne, les ingénieurs avaient mis des heures à en chercher la cause, pour finir par trouver une mite, qui s'était introduite dans la machine et qui avait provoqué un court-circuit. Et ce cadavre d'insecte (qui se dit *bug* en anglais) avait été à l'origine d'un mot nouveau ! ▪

Quelques inventions « durables »

Le **scotch** a été inventé en 1925, par l'Américain Drew, employé à la firme *3M*, qui fournissait aux constructeurs automobiles un papier autocollant, permettant de peindre les voitures de deux couleurs, sans que l'une bave sur l'autre. Ce papier ayant ses seuls bords adhésifs, les ouvriers qui l'utilisaient, pensant que c'était là un souci d'économie, le surnommaient *scotch tape*, autrement dit *ruban écossais*, en référence à l'avarice légendaire des Écossais. Aujourd'hui, *Scotch* est presque devenu nom commun, et a en tous les cas donné le verbe familier scotcher.

Le **Post-it** est né en 1970, dans la tête d'un autre employé de *3M*, S. Silver, qui s'en souvint dix ans plus tard lorsque, membre d'une chorale, il chercha un marque-page décollable pour les pages de ses partitions. La marque sera déposée en 1981. Son nom signifie « placarde-le ». ▪

Petite histoire du téléphone

1854 : principe du téléphone, posé par Charles Bourseul, agent du télégraphe

1878-1881 : début du téléphone en France ; premiers abonnés reliés en 1881

1884 : premières lignes inter-urbaines en France ; première cabine, installée dans un bureau de poste

1889 : nationalisation du téléphone, qui est relié aux *Postes et Télégraphes* ; publication du premier annuaire d'abonnés (6 425)

1890 : dix mille abonnés en France

1900 : l'abonnement annuel passe à 400 francs (6 mois de salaire d'un « smicard » de l'époque)

1902 : premiers centraux téléphoniques

1908 : 182 000 (contre 838 000 en Allemagne)

1912 : début du téléphone automatique en France (testé à Nice) ; un abonné pour cent quatre-vingt-trois habitants en France (contre un pour douze aux États-Unis)

1923 : mise au point du cadran téléphonique ; les P & T (Postes et Télégraphes) deviennent PTT (avec un 3ᵉ T pour *Téléphones*)

1924 : premier central automatique, avec apparition des cadrans lettres/chiffres, pour pouvoir composer les trois premières lettres du nom du central, entrant dans la composition du numéro

1946 : lancement du télex

1972 : premier central électronique

1975 : premiers *fax* en France (son nom est une abréviation de fac simile)

1979 : mise au point du téléphone portable

1980 : premier annuaire électronique

1982 : mise en service du *Minitel*

1985 : 23 millions d'abonnés ; numéros à 8 chiffres ; premiers téléphones de voiture

1988 : création de *France-Télécom*

1992 : 97,2 % des ménages ont le téléphone

1993 : premier navigateur Web

1996 : numéros à 10 chiffres (disparition du *16*)

Chapitre discret... l'endroit où le roi ne va qu'à pied

Item une chaise percée de chêne et une table de nuit de noyer, avec son pot : ne nous étonnons pas de ces trouvailles. D'une part, le principe de nos inventaires était de tout décrire. D'autre part, la valeur de ces meubles faisait qu'on n'aurait su les oublier et qu'on ne les trouvait que dans les milieux évolués. La *chaise percée de chêne* est signalée en 1698 chez un notaire bourguignon. La *table de nuit de noyer,* avec son pot en 1814, chez un propriétaire du Languedoc.

Pourtant, s'ils ont décrit et prisé ces objets rares et luxueux, les notaires ont régulièrement passé sous silence les lieux *ad hoc.* Parcourant les intérieurs de la cave au grenier, jamais ils ne signalent de *cabinet d'aisance.* Soit parce que l'on n'y trouvait rien à inventorier, soit plus simplement parce qu'il n'y en avait pas.

Peut-être étaient-ils dehors, au fond du jardin ? Mais, là encore, aucun greffier, arpentant les dépendances, les cours et les basses-cours, ne signale la moindre annexe de ce type. Chacun sait évidemment que, dans les campagnes d'autrefois, nos ancêtres satisfaisaient leurs besoins naturels par beau temps, derrière les haies ou les murs et par mauvais temps, dans les caves ou les étables. Ajoutons que certains bourgs avaient leurs ruelles « consacrées », dont témoigne l'appellation de « rue des Basses-Fesses », qui leur a parfois été conservée.

Je ne saurais pourtant vous proposer d'entrer chez nos ancêtres sans évoquer ces meubles et ces lieux, quitte, s'ils vous dérangent trop, à vous proposer de passer directement au chapitre suivant.

Sinon voyons donc l'histoire de cette pièce que la morale bourgeoise répugnait à nommer, mais que la très moderne encyclopédie interactive *Wikipedia* définit de façon tout à fait académique :

« Les *toilettes* ou *cabinets* (au pluriel) désignent le lieu où une personne peut uriner et déféquer, et de manière générale se soulager de ses déjections corporelles. Le même mot désigne l'appareil sanitaire utilisé pour recevoir et évacuer ces déjections : cet appareil consiste souvent en une cuvette ou bol de toilette, permettant soit de s'asseoir soit de s'accroupir. Les toilettes font ainsi partie du système d'assainissement. Dans une maison, elles peuvent faire partie de la salle de bains ou constituer une pièce dédiée. Les systèmes moins avancés sont souvent situés à l'extérieur. » Tout en ajoutant que « les toilettes ont connu de nombreuses évolutions ».

L'argent n'a pas d'odeur!

Voilà donc un bon sujet d'enquête. Comment tout cela était-il autrefois ? Et comment et quand cela a-t-il changé ?

Remontons donc les siècles, puisque chaque civilisation avait été confrontée au problème et que tardivement à Rome on l'avait confié à des dieux spécifiques. Deux dieux masculins, Stercutius et Crépitus, le premier consacré dieu des lieux d'aisances et du fumier, et le second dieu des flatulences, et une déesse, Cloanica, qui veillait tout spécialement sur le réseau des égouts romains et dont le nom a donné notre *cloaque*.

On sait aussi que l'empereur Vespasien était intervenu sur le sujet, non pas comme on le dit souvent en créant des toilettes publiques, mais en instaurant un impôt sur la collecte d'urine, alors organisée par les teinturiers, qui l'utilisaient pour dégraisser les étoffes, avant de les mettre en couleur. Et aux nombreuses railleries que cet impôt lui avait valu, il avait répondu : *pecunia non olet*, « l'argent n'a pas d'odeur »...

Mais tout cela ne devait nullement empêcher les formules du « tout aux champs » ou du « tout à la rivière » d'être et de rester, des siècles durant, les plus couramment pratiquées.

Crier trois fois « gare l'eau » !
Au Moyen Âge, si ces solutions classiques et naturelles restaient donc en usage, les châteaux s'étaient dotés de *latrines*, dites aussi *longaignes* ou *retraits*, depuis lesquelles tout partait dans le vide. Soit en direction des fossés, où s'en engraissaient les carpes et les perches, soit pour s'entasser aux pieds des murs et être ensuite épandu sur les terres cultivées des environs.

C'est alors que l'on avait également vu apparaître les premiers récipients portables spécifiquement destinés à cet usage, comme celui qu'avait acheté en 1397 le trésorier de la reine Isabeau de Bavière, celle qui aimait s'*estuver*. Il s'agit d'*un étui de cuir bouilly double, à mettre et porter les orinaul*s (les urines) *de la reyne, ycellui poinçonné et armorié des armes de ladite dame et fermant à clé*. Un objet de grand luxe, dont notre fonctionnaire royal a acquitté la facture pour le prix faramineux de 32 sols parisis, soit plus d'une semaine de travail d'un manœuvre.

Ces récipients se répandant dans les villes médiévales, restait le problème de les vider. Le réflexe était d'ouvrir la fenêtre et d'envoyer tout cela à la rue, qui était elle-même presque toujours d'une saleté repoussante, ne serait-ce que du fait des déjections qu'y laissaient les chevaux et les ânes tirant les chars et les charrettes et les nombreux autres animaux qui y vaquaient alors continuellement, tels que poules, chèvres et cochons. Et cela jusque dans les rues de Paris, puisque c'était un cochon qui avait fait périr le fils aîné du roi Louis VI le Gros, en 1131, en le faisant tomber de cheval...

Vider son vase de nuit dans la rue n'en augmentait donc guère la saleté, mais avait en revanche l'inconvénient majeur de pouvoir tomber sur la tête d'un passant. Le saint roi Louis IX en avait fait un matin l'expérience pour, en se rendant à mâtines à l'église des Cordeliers, avoir reçu sur le crâne le contenu du pot d'un étudiant. Pour être bon prince, il avait réagi positivement et, ne considérant que l'acharnement à l'étude dont le garçon faisait preuve en se levant chaque jour à 5 heures, il lui avait fait remettre une prébende, autrement dit une bourse, à titre d'encouragement. Un règlement avait pourtant suivi, obligeant, avant de jeter de l'eau ou des immondices par les fenêtres, à crier par trois fois « gare l'eau » ou « gare dessous ».

Beaucoup plus tard, en 1531, une ordonnance obligera tout propriétaire d'immeuble parisien à équiper sa maison d'une *fosse à retraict*, dont l'installation se fera souvent au *galetas*, soit au grenier avant qu'un texte ne vienne interdire *de jeter par les fenêtres, tant de jour que de nuit, aucune eau, urine, matière fécale et autres ordures sous peine de 300 livres d'amende*.

Le temps de la « libre pissette »

Mais tout cela ne réglait nullement le problème de fond, qui restait celui de la collecte et de l'évacuation et qui se posait bien sûr partout. Ainsi à Berlin, où, en 1671, les excréments s'étaient à tel point accumulés devant une église que l'on obligea les paysans venant en ville à en embarquer une partie avec eux à leur retour, pour enfumer leurs terres.

Partout le problème était d'autant plus aigu que les mœurs du temps ne s'embarrassaient guère. La définition de la pudeur était bien différente de la nôtre, témoin l'amiral de Bonnivet qui, se chauffant sous le manteau de la cheminée monumentale d'une noble comtesse, avait subitement reçu un jet d'urine sur les pieds. Une urine en l'occurrence royale, pour être celle de François Ier, se soulageant après avoir « besogné la dame » et qui n'avait pas remarqué l'officier, du fait de la demi-obscurité du lieu.

En 1606, Henri IV devra interdire sous peine d'amende de se laisser aller dans l'enclos du Louvre, et au siècle suivant Bussy-

Rabutin rapporte le comportement de trois dames de haute lignée, qu'il n'hésite pas à nommer. Mme de Dault et les marquises de La Ferté et de La Trémouille, se trouvant un soir à la comédie, s'étaient exonérées d'un besoin urgent dans leur loge. Incommodées par l'odeur, elles avaient jeté tout de go le contenu du récipient dans le parterre et, injuriées par l'assistance, avaient dû s'en aller.

À Versailles, les sermons de l'abbé Bourdaloue étaient si interminables que plusieurs grandes dames allaient à la chapelle avec un pot oblong, qu'elles dissimulaient sous leurs robes pour se soulager discrètement. Certes, des *cabinets de verdure* avaient été aménagés à cet usage le long d'une terrasse, mais tout vastes qu'ils aient été, l'on avait dit-on grand-peine à y trouver une place où poser les pieds, ce qui poussait à leur préférer le Bosquet de la Reine ou l'Allée de Bacchus. En fait, on s'oubliait régulièrement en tous lieux, aussi bien près du Grand Canal que sur les balcons ou derrière les portes. C'était le temps, comme l'on disait, de « la libre pissette ». Un jour qu'il accompagnait la reine, le comte de Brancas n'hésita pas à l'abandonner un instant, pour aller pisser contre une tapisserie…

Partout des odeurs insupportables prenaient à la gorge, jusque dans les appartements eux-mêmes, dont « les corridors sont remplis d'urine et de matière fécale ». Il en va grosso modo de même outre-Manche, d'où La Rochefoucauld était revenu très choqué par les mœurs anglaises, avec les pots d'aisance posés près des tables à manger et que les convives utilisaient pour se soulager au vu de tous, y compris durant les repas.

Partout, la chose était mal gérée, mais personne ne semblait vraiment s'en plaindre. Dans son *Tableau de Paris*, écrit en 1781, Louis Sébastien Mercier brosse un tableau à vous soulever le cœur de ces installations « exhalant de toute part l'odeur la plus fétide », précisant encore que « on ne les débouche pas ; les matières fécales s'amoncellent en colonne, s'approchent du siège d'aisance ; le tuyau surchargé crève, la maison est inondée, l'infection se répand, mais personne ne déserte » car – et c'est là l'aspect le plus étonnant – « les nez sont aguerris à ces revers empoisonnés »…

Les « exécuteurs des basses œuvres »

Pourtant, Paris s'était organisé et l'on avait vu apparaître une nouvelle profession, celle des *exécuteurs des basses œuvres*, sachant que ceux des *hautes œuvres* étaient les bourreaux.

Il s'agissait bien sûr ici des vidangeurs, qui opéraient en principe de nuit. Ils envoyaient le plus souvent tout cela à la Seine, mais parfois aussi le vendaient, soit comme engrais aux fermiers des environs, soit à des manufacturiers qui s'en servaient – notamment au moment des guerres franco-espagnoles – pour fabriquer du salpêtre, lequel entrait alors dans la composition de la poudre à canon. Il en allait de même dans bien des villes, telles que Carcassonne, Reims ou Sedan, où l'urine était précieusement recueillie dans des tonneaux, disposés dans les rues, afin d'être ensuite utilisée dans des ateliers travaillant la laine. Et l'instauration du « tout-à-l'égout » provoquera d'étonnants débats. En 1887, les cultivateurs de la région de Poissy s'insurgent contre un projet dirigeant vers leurs terres les égouts de la région, alors que ceux des environs de Grenoble s'indignent d'un autre visant à leur supprimer les vidanges de la ville…

Une chaise percée de chêne

La recherche du confort avait cependant conduit les gens plus raffinés à rechercher d'autres solutions.

Dans un premier temps, on avait conçu des sièges *ad hoc*. Louis XI déjà avait eu une *chaise de retrait*, entourée de rideaux. On en connut ensuite recouvertes de velours de Damas et parfois rehaussées de décors peints, voire des armoiries de leur utilisateur, et l'on sait que c'est sur sa chaise-percée que le roi Henri III sera, en 1589, mortellement poignardé par le dominicain Jacques Clément.

Ce fut cependant surtout au XVIIe siècle que la *chaise*

d'aisances ou *d'affaires*, comme on l'appelait désormais, était devenue plus courante en même temps qu'un meuble recherché et nullement caché. Le roi lui-même, ayant la sienne, n'hésitait pas à y donner parfois audience. Chaque matin, après la messe, le gentilhomme *porte-chaise d'affaires* installait le monarque sur ce trône singulier, dont il avait la garde, avec pour principale fonction – évidemment très jalousée – de vider le bassin royal. Ainsi occupé, Louis XIV recevait les quelques privilégiés ayant obtenu un *brevet d'affaires*, pour lui tenir compagnie durant ce moment d'intimité, jugé particulièrement propice aux conversations privées. Mais l'habitude devait être ancienne puisque son bouffon disait déjà à Louis XIII : « Il y a deux choses dans votre mestier que je ne pourrois accommoder, c'est de manger seul et de chier en compagnie. »

En son château d'Anet, le duc de Vendôme passait un temps infini sur cette même chaise. Dès son lever, il s'y asseyait pour donner ses ordres et faire son courrier et Saint-Simon précise qu'il « rendait beaucoup » et que « quand le bassin était plein, on le tirait et on le passait sous le nez de toute la compagnie pour l'aller vuider, et souvent plus d'une fois ». C'était sur ce siège qu'il avait un jour reçu un évêque, que le duc de Parme lui avait envoyé comme ambassadeur, et qui repartit outré d'avoir vu le duc « se lever de la conférence et se torcher le cul devant lui ». Notons enfin, pour un tableau plus complet des mentalités de l'époque, que Saint-Simon ajoute que « le jour de barbe, le même bassin dans lequel il venait à se soulager servait à lui faire la barbe »...

Aller faire un *voyage aux Pays-Bas*, sur cette chaise percée, était devenu la formule consacrée. Le meuble était la mode. Au siècle suivant, la duchesse de Bourgogne s'y installera pour y converser avec ses amies, comme le régent y donnera à son tour audience et comme la Du Barry aimera à y siéger. Jean-Jacques Rousseau s'y oubliera « des heures entières » et Voltaire écrira à son homme d'affaires : « Mon cul, jaloux de la beauté de mes meubles, demande aussi une jolie chaise percée, avec de grands seaux de rechange. » Un inventaire de Versailles fait sous le règne de Louis XIV avait permis d'en dénombrer pas moins de deux cent soixante-quatorze, dont deux cent huit simples et soixante-six à layette, autrement dit munies d'un tiroir fermé. Mais tout le monde ne disposait pas du budget de Versailles. Lorsque la ville de Rennes voulut donner un grand bal, lors de l'inauguration de la statue du roi, en 1754, elle ne trouva pas d'autre solution que de louer quarante-huit pots de chambre…

La victoire de la propreté

Là encore, le progrès interviendra, proposant toujours et encore des formules plus confortables et plus efficaces. À Versailles, Louis XV fera ainsi installer des lieux « à l'anglaise, avec cuvette de porcelaine ». Car déjà, outre-Manche, l'ère des toilettes modernes avait commencé.

En 1592, un poète anglais, John Harrington, avait fait installer une *machine de petit coin* dans son manoir du Somerset. Il y avait reçu sa marraine, qui n'était autre que la reine – Elisabeth Ire –, et cette royale visiteuse, enchantée, en avait immédiatement commandé une pour son palais de Richmond.

Cet engin n'était autre que l'ancêtre direct de notre chasse d'eau, qui devra pourtant attendre encore un peu avant de vraiment s'imposer.

Il lui faudra d'abord le brevet déposé par un horloger écossais, Alexander Cummings, qui aura l'idée de le doter d'un siphon, empêchant les mauvaises odeurs de remonter. Il faudra ensuite et surtout l'arrivée déterminante de l'eau courante et avec elle les progrès de la plomberie, eux-mêmes concomitants d'une autre invention capitale, celle de la fosse septique, en 1896. Ce sera alors la victoire de la « toilette à eau », éliminant définitivement d'autres systèmes qui avaient été proposés, comme celui des « toilettes sèches », déversant de la terre, et d'autres modèles encore, qui avaient notamment cherché à éliminer les odeurs par des systèmes de chauffage ou de ventilation.

De la colonne Rambuteau à la sanisette Decaux

Le XIXe siècle s'était surtout attaqué au problème des toilettes publiques, à la suite de la canicule qui s'était abattue sur Londres en 1858 et avait fait baisser les eaux de la Tamise, qui avait alors charrier plus d'excréments que d'eau. Révulsée parce qu'elle avait appelé la « grande puanteur », la capitale anglaise s'était alors dotée d'égouts dignes d'elle, et ses grandes homologues européennes lui avaient alors emboîté le pas.

Mais déjà, à Paris, la question avait été traitée.

Dès 1771, la ville avait été équipée de *barils d'aisance* au coin des rues, et, en 1834, le préfet Rambuteau avait fait installer soixante-dix-huit petits édicules à cet effet. Il les avait nommés des *vespasiennes*, en souvenir de l'histoire romaine, qui continuait alors à être la grande référence. D'autres les appelaient des *pissotières* ou encore, en argot, des *ginettes*.

Leur avaient succédé des « colonnes mauresques », installées en complément par le préfet Delessert, qui avait su quant à lui allier l'utile au pécuniaire, en louant leurs murs comme supports publicitaires. Mais cette association sera revue en 1868, pour séparer les genres et donner d'un côté les colonnes Morris, spécifiquement vouées à l'affichage, et d'un autre les vespasiennes classiques, à usage payant.

Supprimées durant quelques décennies, pour être devenues des lieux de rendez-vous glauques, elles réapparaîtront en 1980, sous un autre look, avec l'installation des sanisettes à pièces, fournies à la ville par la société Decaux. ■

Au XIXe, si le relais des chaises percées avait été pris par les vases de nuit, autrefois présents dans toutes les tables de même nom et vidés chaque matin, chez les bourgeois, par valets et femmes de chambre, on voudra cependant, du moins en ville, des lieux appropriés, à la fois hygiéniques et discrets. Des lieux également confortables et faciles d'accès, que l'on préférait donc placer

Le PQ serait-il nuisible à la planète ?

Hormis évidemment à la campagne les feuilles des arbres – mais que l'on ne trouvait pas en toutes saisons –, nos ancêtres ont dû parfois utiliser… leurs mains, comme ce fut longtemps le cas dans certaines tribus africaines, où tendre la main droite pour dire bonjour était de ce fait considéré comme très incorrect.

Au reste, les recettes avaient beaucoup varié.

Selon Jean Feixas, les Grecs se seraient torchés avec des cailloux, de préférence bien raboteux et Louis XI avec de l'étoupe de lin. Richelieu utilisait la rudesse du chanvre et le poète Scarron, premier mari de Mme de Maintenon, du son. La même Mme de Maintenon préférait quant à elle des coupons de laine de mérinos, alors que Mme Du Barry optait pour la dentelle. Le roi semblait de son côté préférer le coton, comme en témoignait la charge très officielle de « porte-coton », exercée par un officier chargé d'assister le monarque, lors de la satisfaction de ses besoins naturels.

Une chose est sûre : on n'utilisait pratiquement pas de papier, puisque comme on l'a vu c'était une denrée rare.

Au XVIIIe siècle, la diffusion des journaux proposera une première solution efficace, mais le grand virage aura ici lieu en 1857, avec la fabrication par un industriel américain des premiers papiers hygiéniques, sur lesquels son nom – Gayetty – était imprimé. En 1879, il sera proposé sous forme de rouleaux et en 1942, une firme anglaise fabriquera les premiers papiers à double épaisseur.

Longtemps, pourtant, le *papier toilette* est resté un produit de luxe, concurrencé dans les milieux simples par le journal de la veille. Et encore, la plupart de ceux en utilisant se contentaient des anciens modèles dits « bulle-corde lisse », désaffectionnés au cours des années 1970, au profit des modèles crêpés ou en ouate de cellulose.

Le PQ reste en tous les cas au cœur d'un marché on ne peut plus porteur, mais d'un marché qui n'est pas sans danger, puisqu'une ONG écologique internationale dénonce le fait que la consommation journalière mondiale des papiers hygiénique et ménager représenterait deux cent soixante-dix mille arbres. ■

à l'intérieur. Soit sous un escalier, soit dans une pièce consacrée à l'eau – la salle d'eau déjà rencontrée –, des lieux fréquemment situés près des arrivées d'eau, et donc parfois très près des cuisines…

Il n'empêche que les habitudes rustiques du « tout à la rivière » et du « tout derrière la haie » ont longtemps perduré et que les cabanes au fond du jardin avaient souvent été un grand pas vers le confort – certaines étaient même parfois conçues… à deux places et sans pour autant de cloison !

Là encore ce seront les HLM et les aides à l'amélioration de l'habitat rural qui seront déterminantes, provoquant de nouveaux comportements et générant de nouveaux produits, tel que notre indispensable *papier hygiénique* ou *papier toilette*, plus familièrement appelé PQ, qui n'est autre que l'abréviation de *papier cul*. Le « cabinet d'aisance avec réservoir de chasse », appelé plus couramment WC ou beaucoup plus familièrement *chiottes*, équipe aujourd'hui plus de 98 % des intérieurs. Du moins des intérieurs français, car il y a seulement cinq ans, on comptait à travers le monde plus de deux milliards et demi de personnes qui ne disposaient pas de toilettes dites « améliorées ». 41 % de la population mondiale vit à la façon de nos arrière-arrière-grands-parents !

Thomas, Jules et les autres :
« l'effet boomerang » des cabinets clos

Parlons d'abord de l'objet,
Connu dès l'Antiquité, le vas *necessarium* avait souvent été un objet de snobisme. Jean Feixas rapporte que Cicéron se moquait des nouveaux riches ne voulant se servir que de vases en bronze de Corinthe, en onyx ou en myrrhe, résine aromatique précieuse, alors que celui de la belle Gabrielle d'Estrées sera en argent massif et que Mazarin en possédera un en verre...

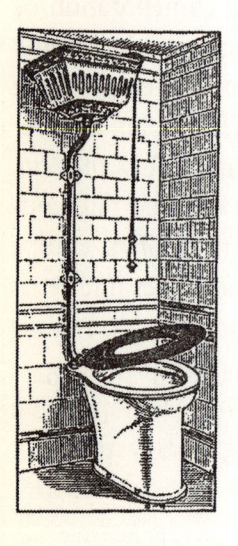

Au fil des siècles, le nom de ce « pot à pisser » va beaucoup varier : surnommé au XVIIe siècle un *Bourdaloue*, en référence à l'anecdote citée, il sera ensuite baptisé *Thomas* au temps de Vidocq, du fait d'un refrain très populaire faisant alors chanter « vide Thomas », puis *Jules* par les soldats du Second Empire, sans doute en référence au prénom d'un ministre de la Guerre.

Le bourgeois le nommera un *vase de nuit*, sans l'empêcher pour autant de rester un *pot* et d'être ainsi à l'origine de notre expression *avoir du pot* qui, dans son principe, rappelle l'interprétation faisant couramment voir un signe de chance dans le fait de marcher dans la crotte...

... puis du meuble...,
La chaise percée sera dite comme on l'a vu *chaise de retrait, chaise d'affaires, chaise d'aisance, chaise de commodités* ou encore *garde-robe* et plus ironiquement *trône*.

... du lieu...,
Ses dénominations elles aussi seront multiples. Ils seront souvent dits *chambre d'aises, chambre secrète, chambre basse, chambre noire*, parfois

CHAPITRE DISCRET...

plus tard *chambre à l'eau*, pour se voir surtout dénommer *cabinets* ou *cabinets d'aisances* et *toilettes* (au singulier, au Québec).

Parfois aussi, par euphémisme, ils sont dits *endroit discret, petit(s) coin(s)* ou *petit endroit, commodités, cabinet de lecture* (chez les bourgeois intellectuels), sans oublier la formule du « cabinet clos », à l'origine du *closet* anglais qui, par un curieux effet boomerang, bien classique au plan de l'histoire des langues, nous reviendra d'outre-Manche, dès la Restauration, sous notre moderne appellation de « water-closet », familièrement abrégée en *WC* (prononcée *ouécé* en Belgique wallonne). À quoi l'on pourrait évidemment ajouter de nombreux mots d'argot, comme *chiottes, goguenots* et *gogues* ou mis à l'anglaise avec *cacaroom* et *pipiroom*.

... et enfin du déplacement !

Si les Québécois disent volontiers *aller aux besoins*, les Français bien élevés ont inventé de très nombreuses expressions pour évoquer ce déplacement nécessaire.

Si le médecin parle d'*aller à la selle*, d'autres vont *faire la grosse* – ou *la petite*, selon les cas – *commission*, vont *là où l'on ne peut pas aller à sa place* et encore *chez Jules* ou *chez la Veuve Thomas, à la chaire* ou encore *sur le trône, à ses affaires* ou plus pudiquement *satisfaire un besoin naturel* ou plus discrètement *quelque part*. Plus anciennement, on allait *où le roi ne va qu'à pied* ou *en personne* ou plus joliment encore *en voyage aux Pays-Bas*.

Ajoutons, pour terminer, quelques très savoureuses formules argotiques impagées, comme pour l'un des cas *aller couler du bronze, aller démouler un cake, aller déposer un bilan* ou *livrer un colis, aller recycler le dîner* ou *aller déposer les petits à la piscine* et pour l'autre : *aller arroser les plantes, faire pisser le gosse* ou *changer l'eau de son canari*. ■

De la cave au *galetas* en passant par les *couroirs* : la fin de notre visite

De la cuisine au bureau, en passant par l'éventuel « petit coin », notre tour est-il complet ?
Plus que complet dans les intérieurs modestes ; pas forcément terminé ailleurs, où les pièces se sont multipliées et diversifiées, au fur et à mesure que l'homme augmentait son confort. Nous avons ainsi ignoré l'entrée ou les plus chics halls et péristyles, les vestibules, les antichambres et encore les corridors et les couloirs, à l'origine nommés des *couroirs*, ou mieux des *allées de couroir*, du fait qu'ils avaient été des galeries rapportées courant d'une pièce à l'autre pour les relier.

Le symbolisme des escaliers

Pourtant, nos inventaires ne s'arrêtent pas là. L'habitation ne saurait avoir été passée au peigne fin et totalement inventoriée, sans monter au grenier ni descendre à la cave.

Sans visiter aussi les étages, sachant que la plupart des maisons rurales n'en comportaient pas. Dans mon Morvan, dès lors qu'une construction un peu conséquente en comptait un ou deux, on la nommait un « château ».

Si l'étage était peu fréquent, on y accédait le plus souvent par un escalier extérieur, rapporté. Escalier à l'origine à vis, que les plus riches abritaient dans des tours ou tourelles accolées au bâtiment principal, et souvent volontairement éloignées des pièces de vie, afin d'en éloigner les courants d'air, qui ne manquaient pas de s'y engouffrer. Escalier quelques fois aussi carrément installé dans l'épaisseur des murs – la version « chic ». Escalier droit, ensuite, dans les châteaux et les palais, comme celui construit à Chenonceau, à la mode italienne, l'un des premiers du genre en France, et qui trouvera alors sa place dans les parties centrales des bâtiments, avec des paliers de repos. Escalier cependant, ne l'oublions pas, à valeur plus ou moins symbolique, du fait de celle que les hommes ont toujours donné à la position élevée, marquant la distance et forçant au respect. Ce qui était « de bas étage » était par définition médiocre, et mairies, palais de justice, églises et autels étaient et sont encore presque toujours surélevés et précédés de marches. Il en allait de même des châteaux et des palais, dont les rez-de-chaussée étaient à tout le moins rehaussés. Comme il en va encore des estrades, des chaires professorales, et des marches de podiums, où l'on fait monter les vainqueurs de nos tournois sportifs.

Mais, évidemment, on n'a pas arrêté le progrès et l'on dit qu'Archimède avait déjà eu l'idée géniale de l'ascenseur. En 1743, Louis XV en avait fait installer un à Versailles – ou plutôt son ancêtre, que l'on nommait une « chaise volante », alors que le premier véritable ascenseur digne de ce nom ne sera installé qu'en

Héritage et symbolisme
L'escalier montant ou descendant ?

Comme l'échelle, l'escalier a toujours, et dans toutes les sociétés, été vu comme un symbole ascensionnel et une représentation de l'élévation de l'être. En religion, il évoque la progression vers le savoir et la transfiguration. Dans l'Égypte ancienne, les pyramides à degrés symbolisaient l'ascension céleste. Dans l'église chrétienne, c'est un escalier de bois, généralement très ouvragé, qui permettait d'accéder à la chaire, d'où le prêtre prononçait des paroles de vérité.

L'escalier revêt de même une valeur initiatique. En s'élevant vers le ciel, il conduit à la connaissance divine, alors qu'en s'enfonçant dans le sol, pour descendre dans une cave ou une caverne, il conduit au savoir occulte et à l'exploration de l'inconscient.

De la chaise volante de la marquise de Pompadour à l'ascenseur horizontal

Lorsque Louis XV avait pris pour favorite Mme de Pompadour, il l'avait logée à Versailles et lui avait attribué de somptueux appartements, qui se trouvaient alors libres mais au deuxième étage. La dame en fut fort aise, mais déchanta pourtant assez vite : son royal amant habitant au premier, elle devait sans cesse monter et descendre les escaliers, ce qui lui donnait mal aux jambes. Le siège monte-escalier n'existant pas, M. de Velayer, qui venait d'inventer la « boîte aux lettres », proposa au roi l'installation d'une « chaise volante », qu'un domestique actionnait en tirant sur une corde. L'objet eut du succès et le duc d'Orléans en commanda un pour son pied-à-terre parisien : l'actuel Palais-Royal.

Il faudra ensuite attendre que l'Américain Otis invente un système de frein de sécurité, permettant d'empêcher la chute de la plate-forme, en cas de rupture du câble. En 1853, il en fait à New York la démonstration publique en se perchant sur un plateau de levage, placé bien au-dessus des spectateurs, et en ordonnant, d'une voix forte aux accents dramatiques, de couper à la hache la seule corde qui le retient. La plate-forme chute de quelques centimètres, s'arrête, et lui de commenter calmement : « Sain et sauf, messieurs ! »

Ce jour-là, l'ascenseur était né et avec lui... le gratte-ciel, qui devenait possible. Otis équipera en 1857 un magasin de cinq étages à Broadway et en 1859 l'Haughwoot Building, tout premier gratte-ciel new-yorkais. Quelques années plus tard, un ingénieur français, Léon Édoux, installera des élévateurs à piston hydraulique au marché aux bestiaux de la Villette, auxquels il donnera le nom d'« ascenseurs ».

Et l'invention de suivre son chemin, avec l'ascenseur électrique en 1880, celui à vis en 1965, l'ascenseur « vertical et horizontal » en 1996, véritable équipement du futur, gérant les déplacements en tous sens à l'intérieur d'un même complexe commercial ou de bureaux. Entre-temps, MM. Roux et Combaluzier s'étaient associés et Édoux s'était uni aux fils d'Otis, pour l'équipement de la tour Eiffel. En 1924, on avait eu le premier ascenseur sans machiniste, fonctionnant de façon totalement automatique. ■

1857 dans un grand magasin new-yorkais, par Otis, dont les fils achèteront en 1892 le brevet d'invention de l'escalier mécanique, pour installer le premier du genre dans le célèbre magasin Harrod's de Londres en 1898. Ils l'exploiteront alors sous la marque *Escalator*, laquelle perdra rapidement son « E » majuscule pour se retrouver nom commun…

Du haut en bas
Le *grenier* était comme son nom l'indique un lieu où l'on entreposait les grains. Et ce grenier était justement installé à l'étage, pour éviter l'humidité du sol et bénéficier d'une meilleure ventilation. Celui des maisons de nos ancêtres ruraux continuait en principe à remplir ce rôle, tout en offrant au visiteur un fouillis encore plus dense que celui rencontré dans les pièces habitées. On a vu que c'était là que les coffres terminaient leur existence, pour se voir remplis des matières et des objets les plus variés (planches, foin, peaux d'animaux…).

Les greniers des maisons de nos ancêtres urbains ne contenaient guère de grains. Ils étaient plus volontiers appelés des *galetas*, mais n'en offraient pas moins de fouillis, pour être des lieux où l'on entassait tout ce que l'on n'utilisait plus (vieux rouets, casseroles cassées, caisses…). Bennes et déchetteries étaient totalement inconnues et les mentalités ne pouvaient laisser envisager d'éliminer quoi que ce soit, en un temps où tout objet devait être usé jusqu'à la corde.

Au grenier, enfin, on trouvait souvent des planches, mises ici à l'air sec, et attendant le menuisier – ou les fonds pour le régler – planches dans lesquelles on ferait faire un *charlit*, un banc, une table ou parfois un cercueil…

Item dans une crotte… Rassurez-vous, nous ne retournons pas aux petits coins. Ce terme, figurant dans un inventaire languedocien de 1571, vous étonne sans doute. En fait, par *crotte*, il faut ici entendre une cropte, autrement dit une *grotte* – le mot vient du latin *crypta*, qui avait par ailleurs donné notre *crypte* d'église. Cette *grotte* donc, pour être souterraine, n'était en fait qu'une très banale cave.

Descendons-y, sachant que là encore nous attend le fouillis habituel, sans que l'on y trouve forcément beaucoup de tonneaux. Car si dans la cave voûtée du château du Maurier, on trouvait *deux cent trois bouteilles de vin rouge de Champigny, deux cents bouteilles de vin de Bordeaux blanc, cent seize bouteilles de vin blanc de pays, trente-cinq bouteilles de vin blanc d'Anjou mousseux, vingt-six bouteilles de vin de Bordeaux rouge, quarante-sept bouteilles de vin blanc de Sauternes...* – soit au total huit cent soixante-dix-neuf bouteilles ! – le cas était exceptionnel. Nos ancêtres paysans ne buvaient que de la vulgaire piquette, que l'on a rarement vu conserver dans des bouteilles de verre...

On y trouvera pourtant des tonneaux et des barriques, remplis selon les cas d'eau-de-vie, de cidre, de vin rouge... De vin parfois dit « encore doux », autrement dit ancien, mais pas encore aigre. Tout cela avec des précisions de contenances, exprimées selon les anciennes mesures dites « de futailles », utilisées pour les liquides, et dont le nom et la capacité variaient à l'infini selon les régions (*baril, barrique, busse, feuille et feuillette, muid, pièce, pinte, pipe, quartaut...*). À la cave, on trouvera aussi des charniers remplis de viande salée ou encore des réserves de beurre, puisque la fraîcheur du lieu en faisait un garde-manger naturel.

Une cave, oui, mais ni chaufferie ni sous-sol moderne et, en revanche, une cour, des remises et des ateliers, bourrés d'outils.

Clystères et seringues

À Tulle, en 1766, le notaire dressant l'inventaire des biens de Louis Mesnager, maître potier d'étain, nous décrit ses outils de travail : *sommes entrés dans la boutique, où ladite dame Mesnager nous a fait remarquer un tour garni de ses cordes, plus treize crochets pour travailler lesteing avec leur manche de bois* (outil spécifique à la profession), *plus une lime, plus deux marteaux pour battre léteing, un vire briquet* (vilebrequin) *pour percer les assiettes, une petite enclume, quatre autres martauds de différentes grandeurs, une cuillère de fer pour fondre léteing et un pot de fer à même fin, plus cinq moules de cuillères, un moule de cuillère à soupe* (la fameuse « cuillère à tremper la soupe »), *deux petits moules de petites cuillères à manger la soupe...* À quoi s'ajoutait, du fait que l'étain était vendu au poids, *une paire de balances de cuivre rouge, avec leur balancier de fer et cordage, avec un poids de 25 livres, un autre poids de 10 livres, un de 3 livres* (et toute une série d'autres poids, détaillés), *le tout de plomb.* Et voici encore les stocks d'articles déjà fabriqués: *douze douzaines de petites tasses, dix salières, cinq douzaines de petites cuillères à manger la soupe, quatorze cuillères à ragoût, trois douzaines de fourchettes, dix assiettes creuses, un plat en ovale, trois aiguières, deux biberons.*

Une description qui nous renseigne aussi bien sur la vaisselle, déjà évoquée, que sur d'autres aspects de la vie quotidienne et d'autres professions, avec notamment, pour terminer, des instruments d'étain destinés au chirurgien: *cinq seringues, trois petites palettes à saigner, vingt petites seringues pour les plaies.* Il suffira en effet ici encore de traduire, pour voir cinq clystères, utilisés notamment pour les lavements, trois lancettes, et de petites seringues à piston, sur le modèle de celles qu'Anel, chirurgien de Louis XIV, avait mises au point pour injecter sur les plaies le baume d'Arcaeus, composé de suif et de graisse de porc, réputé en faciliter la détersion et la cicatrisation.

Item une cavale

Pas de garage, car pas d'auto, même si l'on possédait des carrosses, pas forcément royaux et communément fabriqués par des carrossiers. Pas de buanderie, mais des granges et des communs, et puis, bien sûr, à la campagne, les nombreux bâtiments d'exploitation, avec ceux destinés à héberger le bétail, étables, écuries, bergeries, porcheries, que l'on voyait souvent nommés des *toits à porcs*, pour permettre à leurs occupants d'évoluer à l'air libre. Et, dans ces bâtiments, le notaire de compter et d'évaluer les têtes de bétail, *cavales* (juments), *bidets* (petits chevaux, que l'on n'attelait pas), *génisses*, *nourrins* (cochons de laits) et encore les volailles... Sans oublier le « cheptel mort », composé de chars et de charrettes, et les stocks de récoltes. *Item onze bœufs, dont quatre gras et sept de trait; item douze mères vaches, dont trois garnies (pleines), neuf nourrains de porc, trente moutons, deux juments et un poulain et cinquante pièces de volailles, tant poulets, poules, coqs, canards, oies et dindons; item deux charrettes ferrées et une herse à dents de fer; item douze mille cinq cents gerbes de blé froment non battues, soixante mille gerbes d'avoine non battues et cent bottes de luzerne* (une coquette fortune, prisée en 1754 chez un gros laboureur de la Brie).

Chronologie de l'équipement des ménages français

BIENS	1950	1960	1970	1980	1990	2000	2010
réfrigérateur	10 %	28 %	85 %	95 %	97 %	99 %	99 %
lave-linge	< 10 %	27 %	55 %	80 %	85 %	90 %	94 %
lave-vaisselle			10 %	18 %	30 %	38 %	50 %
four à micro-ondes					20 %	65 %	85 %
congélateur			8 %	28 %	45 %	48 %	85 %
aspirateur	15 %	28 %	65 %	85 %	91 %	98 %	98 %
téléviseur	< 1 %	5 %	70 %				97 %
téléphone	10 %	15 %	25 %	70 %	95 %		
voiture				70 %	77 %	80 %	84 %
ordinateur						30 %	60 %
WC intérieur			40 %		72 %		98 %
baignoire ou douche			30 %		80 %	85 %	
chauffage central			19 %		65 %	70 %	

Enfin, pour achever cette visite, suivons notre notaire au jardin, où il avait toujours soin d'aller inventorier et priser les fruits *pendants*, tant *par racine* (nos légumes) que *par branche* (nos fruits).

Un jardin où l'on trouvera fréquemment des plantes oubliées. De l'épine vinette, arbuste produisant des fruits dont nos ancêtres étaient friands pour les manger en confiture ou macérés dans du vinaigre, en guise de câpres. De la joubarde, sorte d'artichaut, très prisée pour ses vertus dont la première était d'éloigner la foudre. Un jardin empli parfois de merveilles, comme celui du château du Maurier où, entrant dans l'orangerie, on trouvait *huit cloches à melon, un oranger et trois citronniers, trois lauriers d'Espagne, cinq myrtes et quelques autres pots, dans lesquels il y a des arbustes à fleurs.*

Car souvent, chez nos ancêtres, tant dans un *salon de compagnie* délicat et raffiné que sur le rebord de la cheminée d'une *chambre basse servant de cuisine*, sur une *camisole de taffetas jaune* comme sur *un fichu d'indienne*, on allait trouver des fleurs, et avec elles du charme et de la poésie, de l'humilité et du sentiment. *Mignonne, allons voir si la rose…* On trouvait des roses dans tous les jardins. Des roses, du romarin et des coquelicots.

Gentil coquelicot mesdames,
Gentil coquelicot nouveau.

Annexes

Bibliographie, références et remerciements

Références bibliographiques :

Dictionnaire des symboles, Jean Chevalier et Alain Gheerbrant, Robert Laffont, 1982
La France en Héritage, Gérard Boutet, Perron, 2007
Dictionnaire du monde rural, Marcel Lachiver, Fayard, 1997
J'te raconte pas, les mots ont-il encore un sens ? Marco Wolf, Balland, 2003
Petites Histoires curieuses et insolites de la vie quotidienne à travers les siècles, Gavin's Clemente-Ruiz, Albin Michel, 2008
Le Bouquet des expressions imagées, encyclopédie thématique des locutions figurées de la langue française, Claude Duneton et Sylvie Claval, Le Seuil, 1990
Contexte, guide chrono-thématique pour situer un village, une famille, un personnage ou un événement dans son contexte historique et généalogique, Thierry Sabot, 2007
Histoire de la France rurale, collectif, Le Seuil, 1976
Toinou, le cri d'un enfant auvergnat, Antoine Sylvère, Plon, 1980
Le Maître de Craponne, chronique d'une famille vellave de la Renaissance au Grand Siècle, tirée de ses archives, Jean Torrilhon, Créer, 1990
Bretons de Plovezet, André Burguière, Flammarion, 1975
La Vie dans un village du Morvan, d'après les écrits de l'époque : Arleuf, de 1625 à 1725, Gewa Thoquet, 2005
Cuisines, objets d'autrefois, Laurence Bulle, De Borée, 2008
Encyclopédie historique et anecdotique de la province de Berri, Rémi Marcel, Cercle généalogique du Haut-Berry, 1994
Les Campagnes en France aux XVIe, XVIIe et XVIIIe siècles, Benoît Garnot, Ophrys, 1998
Le Cadre de vie en France aux XVIe, XVIIe et XVIIIe siècles, Paul Delsalle, Ophrys, 1995

*La Vie quotidienne des paysans français au XVII*ᵉ *siècle*, Pierre Goubert, Hachette, 1982

*La Vie quotidienne en Lorraine aux XVII*ᵉ *et XVIII*ᵉ *siècles*, Guy Cabourdin, Hachette, 1984

Paysans d'autrefois, terre et hommes en Lorraine, Guy Cabourdin, P.U., Nancy, 1984

*Les Français d'hier : des paysans (XV*ᵉ*-XIX*ᵉ *siècles)*, Gabriel Audisio, Armand-Colin, 1993

La Vie paysanne en Bretagne centrale sous l'Ancien Régime, Jean Le Tallec, Coop Breizh, 1996

Louis Simon, villageois de l'ancienne France, Anne Fillon, Ouest-France, 1996

Cadres de vie et manières d'habiter (XIIe-XVIe siècles), Collectif, CRAHM Caen, 2006

La Conquête de l'eau, Jean-Pierre Goubert, Robert Laffont, 1986

Au village de France, vie traditionnelle des paysans, P.-L. Menon et P. Lecotté, Bourrelier, 1945

Histoire de chambres, Michelle Perrot, Seuil, 2009

Les Lieux, histoire des commodités, Roger-Henri Guerrand, La Découverte, 2009

La Famille Le Duic, trois siècles d'aventures maritimes et de pêches en Bretagne sud, Christian Duic, 2002

La Pratique des documents anciens, collectif, Archives départementales de Haute-Savoie, 1978

*Les Structures économiques et sociales dans le Brionnais oriental aux XVII*ᵉ *et XVIII*ᵉ *siècles*, Pierre Durix, 1983

Histoire des choses banales, Daniel Roche, Fayard, 1997

Des racines et des branches, histoire et généalogie d'une famille limousine, Françoise Bouchinet-Brugère, La Marquise, 1999

« *L'Inventaire après décès* », Micheline Baulant, Gé-magazine n° 27 (avril 1985)

La Vie rurale vers 1700 entre Berry et Bourbonnais, René Soudry, L'Échoppe, 2000

Le Livre mondial des inventions, deux mille ans de création au service de l'homme, Valérie-Anne Giscard d'Estaing, Fixot, 2000

Le Français dans tous les sens, Henriette Walter, Robert Laffont, 1986

Quand nos ancêtres partaient pour l'aventure, Lattès, 1997

Rêves de blanc, la grande histoire du linge de maison, Françoise de Bonneville, Flammarion, 1993

Meaux et ses campagnes, vivre et survivre dans le monde rural sous l'Ancien Régime, Micheline Baulant, P.U. de Rennes, 2006

Symboles et décors des maisons villageoises : marques sociales, protections magiques, Hervé Fillipetti, Rustica-Flers, 1999

Mémento de paléographie généalogique, Pierre-Valéry Archassal, Brocéliande, 2000

Pipi, caca, popo, histoire anecdotique de la scatologie, Jean Feixas, Liber, 1996

Journal des instituteurs (1er juillet 1906)

Quelques références sur Internet :

- www.histoire-genealogie.com et le site d'Emmanuelle Visseaux : http://www.visseaux.org/invent2.htm

- celui d'Odile Halbert (spécifiquement consacré aux inventaires de la région angevine (Loire-Atlantique, Maine-et-Loire, Mayenne : http://www.odile-halbert.com/Histoire/inven/Invdic.htm

- celui de Marcel-Marie Monnier, consacré aux linteaux et autres pierres gravées : http://www.linteaux-de-france.com

- de nombreux autres, dont :
http://www.bougiesland.com,
http://ma-genealogie.over-blog.com,
http://forumamontres.forumactif.com,
http://www.volevatch.fr,
http://www.hausinfo.ch,
http://ecoles.ac-rouen.fr,
http://www.histoire-de.com,
http://www.industrie.gouv.fr,
http://linards.ifrance.com,
http://www.moulin-de-la-see.fr,
http://mes-racines.com,
http:/amisduturnegouet.free.fr,
http://pagesperso-orange.fr/briesousmatha/htm/,
http://www.3moulins.net,
http://ahbon.frre.fr,
http://terrain.revue.org,
http://www.genealogie.eu,
http://www.memoiresvivantes.org,
http://pagesperso-orange.fr/chapellerablais/site % 20archives/htm…

- et bien sûr, plusieurs articles de *wikipedia*.

Remerciements :

Merci à Isabelle Malfant-Masson, Chantal Paris, Alain Chapellier et Jean Mathieu, mes consœurs et confrères généalogistes au Puy, à Sevrier (74), Warnécourt (08) et Saint-Haon-le-Chatel (42).

Un grand merci – posthume – aussi à l'historienne Micheline Baulant, qui m'a communiqué voilà plusieurs années sa passion pour la recherche des inventaires.

Index

Index thématique général	309
Index des mots explicités au plan de leur étymologie	312
Index des mots oubliés	313
Index des mots étudiés au plan symbolique	313
Index des expressions	314

Index thématique

Alimentation	129	Basket	205	Caleçon	213
Allumette	54	Bassinoire	161	Canapé	149, 253
Almanach des postes	74	Berceau	165	Carte bleue	269
Ampoule	44	Bibliothèque	264	Carte d'identité	267
Angélus de Millet	75	Bidet	240	Carte de visite	276
Arche	133	Bijoux	222	Carte grise	268
Archebanc	51, 106	Blanchisserie	97	Carte postale	276
Argent	24	Blouse	196, 206	Carte vitale	269
Armes	17	Bois de lit	158	Casserole	67
Armoire	138, 149	Bonnet de nuit	163	Cave	299
Ascenceur	297	Bougie	42	Chaise	103, 149
Aspirateur	82	Bougnat	58	Chaise à porteur	110
Assiette	116	Bouteille	121	Chaise à sel	63, 107
Atre	53	Bouton	195, 207	Chaise percée	287
Aiguillette	200	Boxer	215	Chambre	152
Badoit	124	Braguette	198	Champagne	122
Bague	222	Brosse à dents	243	Chandeleur	40
Bahut	138	Buffet (meuble)	142, 149	Chandelier	40
Baignoire	230, 236	Buffet (repas)	101, 247	Chandelle	41
Bain	229	Bureau (meuble)	149, 263	Chanvre	18, 22
Balai	80			Chaumière	25
Baldaquin	159, 161	Bureau (pièce)	263	Chapeau	189
Banc	104	Buvard	274	Chapelet	176
Bas	198, 211	Caddie	88	Chaudron	64

Chauffage		49	Cuisine		59	Gabelle	63
Chauffe-eau		98	Cuisinière		58	Gants	235
Chausses		198	Culotte	198,	218	Gazinière	98
Chaussette		202	Disque		256	Gobelet	120
Chaussure	202,	211	Douche		242	Grenier	298
Cheminée	49,	59	Drap		169	Guêtre	202
Chemise	194,	207	Drapeau		170	Hauts de chausse	198
Chemise de nuit		163	Dressoir	141,	149	Hénin	188
Chenet		60	Eau courante		89	Heure d'été	11
Code de la route		268	Éclairage		39	Hiérarchie	192
Coffre	131,	149	Écritoire		272	Horloge	146, 149
Coffre-fort		133	Ecuelle		116	Huche	136
Coiffe		194	Édredon		168	Hygiène	223, 225
Coiffeuse		177	Electricité		43	Incendie	27
Coiffure		189	Electrophone		254	Inventaire	
Collant		212	Encre		271	après décès	10
Cols		195	Enveloppe		274	Isolation	159
Commode	145,	149	Équipement			Jardin	302
Congélateur		72	des ménages		301	Jeans	200
Conserves		70	Escabeau	106,	166	Jupe	208
Convertible		253	Escalator		298	Jupon	208
Corsage		208	Essence			*Kleenex*	*220*
Corset		218	(des meubles)		143	Lange	223
Cotillon		208	Étage		295	Langue	20
Coton		183	Étoffes		185	Latrines	283
Couche-culotte		223	Étuves		232	Lave-linge	93
Couette		169	Évier		92	Lave-vaisselle	93
Couleur	19, 171,	184	Fauteuil	108,	149	Légumes	129
Couloir		295	Fenêtre		30	Lessive	94
Courrier		275	Fer à repasser		77	Lessiveuse	96
Coussin		168	Fermeture *Éclair*		199	Lettre	274
Couteau		117	Filtre à café		98	Linceul	135, 169
Couvert		113	Flotteur de bois		56	Linteau	31
Couverture		167	Fontaine	89,	149	Lit	149, 153, 157
Couvre-feu		55	Four		62	Lit clos	162
Crédence	142,	149	Four à micro-ondes		64	Livres (à lire)	264
Crémaillère		59	Fourchette		119	Livre (monnaie)	24
Crucifix	73,	177	Foyer		52	Livret de famille	266
Cuillère	68,	118	Fumaison		70	Louche	68
			Fuseau		79	Machine à coudre	81

INDEX

Machine à écrire	278	Porteurs d'eau	90	Sièges	103
Maie	136	*Post-it*	*279*	Slip	215
Maillot de bain	213	Pot	67, 120	Sommeil	171
Maison	25	Pot de chambre	283	Sommier	159
Manchette	195	Poubelle	85	*Sopalin*	*127*
Manteau	197	Pouf	253	Sorcier	49, 82
Marchepied	137, 149, 166	Pourpoint	196	Sous-vêtement	213, 216
		PQ	*290*	Soutien-gorge	216
Marmite	64	Prix	24	Stylo	273
Matelas	159, 166	Protections	31, 177	Supermarché	88
Métier à tisser	80, 134	Pyjama	163	T-shirt	216
Minijupe	210	Quenouille	179	Table	99, 149, 253
Miroir	149, 178, 252	Radiateur	58	Tablier	206
Monnaies (équivalences)	24	Radio	257	Tabouret	106
		Ramonage	50	Talon aiguille	213
Montre	147	Rasoir	98, 243	Tapis	251
Mouchoir	219	Réfrigérateur	72	Tasse	121, 224
Murs	30	Repas	249	Teinture	184
Nappe	125	Repassage	78	Téléphone	277, 280
Ordinateur	278	Réveil matin	179	Télévision	253, 257
Ordures ménagères	85	Réverbère	45	Timbre	275
Panetière	87, 136	Robe	206	Tissage	80
Panier	87	Robinet	239	Tissus	182, 185
Pantalon	198, 208	Rouet	79	Toilette	229, 241
Pantoufle	203	Runes	33	Toilette (table de)	149, 226
Papier(s)	9, 266, 270	Sabot	202, 211	Toilettes	281
Parfums	235	Salaison	70	Tourne-disque	254
Passeport	266	Salle à manger	245	Traversin	168
Pendule	73, 146	Salle de bains	225	Tri sélectif	85
Permis de conduire	268	Saloir	70	Trousseau	134, 140
		Salon	245	*Tupperware*	*127*
Pétrin	137	*Scotch*	*279*	Urinoir	289
Pistolet	17	Sèche-cheveux	98	Vaisselier	141, 149
Plaque de cheminée	62	Secrétaire	149, 262	Vaisselle	124
Plastique	127	Sécurité sociale (n° de)	269	Verre	40, 120
Plume (pour écrire)	273			Vertugadin	188
Plumes	172	Séjour (pièce)	248	Veste	196
Poêle (à chauffer)	57	Sel	63	Vêtements	181
Poêle (à frire)	67	Serrure	13, 132	WC	281
Porte	34	Serviette	125, 241		

Index des mots explicités au plan de leur étymologie

Abonnement	29	Cocotte	66	Panetière	87
Affranchir	29	Colombage	30	Pantoufle	203
Allô	*277*	Compagnon	249	Papier	270
Ampoule	45	Copain	249	Passeport	267
Andouille	70	Coquin	192	Pli (lettre)	274
Arme	138	Couloir	295	*Post-it*	*278*
Armoire	138	Coussin	168	Poubelle	85
Assiette	116	Couvert	113	Poulaine	
Babouche	203	Cuillère	118	(chaussures à la)	186
Bahut	138	Cuisine	59	Pourpoint	196
Balai	81	Déménager	29	Priser	9
Baldaquin	161	Divan	174	Pyjama	163
Banlieue	26	Domicile	29	Résidence	29
Barbecue	64	Drapeau	169	Robinet	239
Bas	202	Édredon	168	Robot	93
Bidet	240	Faubourg	26	Saucisse	69
Bougie	42	Fauteuil	108	Saugrenu	63
Bourg	26	Feu (fiscal)	52	Saupoudrer	63
Braguette	199	Forban	104	Serviette	126
Brigand	131	Froc	186	Slip	216
Buanderie	94	Futane	186	Sofa	174
Bug	279	Gîte	114	Table	99
Bureau	263	Grenier	298	Tabouret	106
Caddie	88	Huissier	36	Timbre	275
Caleçon	213	Jeans	201	Toilette	229
Canapé	253	Jupe	208	Vaisselle	124
Canif	118	Layette	223	Vertugadin	188
Cathédrale	109	Lit	159		
Chaise	106	Loge, logement	29		
Chambre	152	Maison	29		
Champagne	122	Manoir	29		
Chapelet	176	*Marcel*	*217*		
Château	26	Matelas	159, 174		
Chaussette	202	Ménage	29		
Cheminée	53	Menuisier	36		
Chenet	60	Meuble	131		
Chevet	164	Ordinateur	278		

Index des mots oubliés

Andier	60	Contre-cœur	62	Haut-de-chausses	198
Badestamier	202	Contre-feu	62	Justaucorps	196, 208
Blanchet	208	Coquemar	68	Landier	60
Bonne grâce	167	Corps	182, 208, 216	Lodier	12, 167
Brassière	182	Courtepointe	167	Nourrin	301
Buée	94	Courtine	16, 169	Patenostrier	176
Camisole	208	Cuillère à pot	68	Payrolle	67
Carrie	160	Custode	21, 169	Plumon	20
Casaquin	208	Devantier	182	Poupée de chanvre	18
Casse	67	Enfonsure	167	Presse	21
Cavale	301	Escudier	142	Quenouille (de lit)	160
Charlit	12, 159	Fardeau	134	Serre	208
Charnier	12, 70	Fusée	21	Taque	62
Chaudière	12, 64	Galetas	20	Tirant	145
Chevecier	168	Garde-jour	162	Touaille	231
Chien de feu	60	Garde-robe	20, 206	Traverlit	168
Civière	21	Grossier	36		
Compère	208	Harde	182		

Index des mots analysés quant à leur symbolisme

Arche	133	Chaudron	65	Lit	158
Bain	230	Chaussure	222	Maison	28
Balai	82	Cheminée	49	Manteau	222
Baptême	230	Chemise	222	Porte	35
Bougie d'anniversaire	43	Couteau	118	Repas	249
		Escalier	296	Table	102
Bouteille	123	Étage	296	Tablier	222
Chandeleur	40	Flamme	40	Tissage	79
Chandelier	40	Lampe	43	Vêtements	222
Chapelet	176	Livre	266		

Index des expressions

Affaires (aller à ses)	293
Aller où le roi ne va qu'à pied / en personne	293
Argent n'a pas d'odeur (l')	282
Armes et bagages (avec)	138
Armoire à glace	140
As de pique (fringué / sapé comme l')	219
Assiette (ne pas être dans son)	116
Ban (être en rupture de)	104
Ban et l'arrière ban (le)	104
Bâton de chaise (mener une vie de)	111
Baver des ronds de chapeau / des rondelles de citrons	193
Bébé avec l'eau du bain (jeter le)	234
Bonne franquette (à la)	70
Bonnet de nuit (être un)	163
Buffet (danser devant le)	145
Carafe (rester en)	121
Chandelle (devoir une belle / une fière)	41
Chandelle (le jeu n'en vaut pas la)	46
Chandelle par les deux bouts (brûler la)	41
Chandelles (en voir trente-six)	41
Changer d'avis comme de chemise	195
Chapeau (expressions liées au)	193
Chapeau de la gamine (s'occuper du)	193
Chats ne pissent pas d'huile (les)	46
Chauffe Marcel!	217
Chaussure à son pied (trouver)	204
Chemise (expressions liées à la)	125
Cheveu sur la soupe (venir comme un)	69
Chez Jules ou chez la Veuve Thomas (aller)	293
Cordons du poêle (tenir les)	58
Coucher bredouille (aller se)	145
Crémaillère (pendre la)	61
Cuillère (expressions liées à la)	120
Cuillère à pot (en deux coups de)	120
Cul et chemise (être comme)	195, 213
Cul sur la commode (mon)	145
Culotte (expressions liées à la)	216
Dalle en pente (avoir la)	94
Dormir (expressions bâtie sur)	175
Dos de la cuillère (ne pas y aller avec le)	68
Draps (être dans de beaux)	157
Économies de bouts de chandelles	41
Manche (effets de)	197
Faire (une omelette) dans ses chausses	202
Famille tuyau de poêle	57
Feu ni lieu (sans)	27, 52
Foi ni loi (sans)	27, 52
Foin dans ses sabots (avoir du)	204
Fortune du pot (à la)	70
Fourchette (expressions liées à la)	120
Goutte (n'y voir)	39
Halle aux draps (aller à la)	157
Lampe (s'en foutre / s'en mettre plein la)	46
Laver son linge sale en famille	95
Linge (du beau)	202
Lit (expressions liées au)	157
Loger à la rue du Monde	52
Maison (expressions liées à la)	30
Marcher (ne pas)	37
Mettre dans sa poche avec son mouchoir pat dessus	221

Miroir aux alouettes	252	*Regardeaux (manger des)*	145
Mouchoir (expressions liées au)	221	*Robinet (fermer le)*	239
Odeur de sainteté	45	*Sabler le champagne*	122
Panier (expressions liées au)	87	*Sabot (expressions liées au)*	204
Pantoufler, être un pantouflard	204	*Sabrer le champagne*	122
Peau de balle et balai de crin	168	*Soupe (expressions liées à la)*	69
Peau des fesses (coûter)	168	*Table (expressions liées à la)*	100
Placard (mettre / être dans un placard)	145	*Tempête dans un verre d'eau (une)*	121
Plaisanterie de garçon de bain	236	*Torchons et les serviettes (mélanger les)*	234
Plat (expressions liées au)	116	*Trente et un (être sur son)*	218
Plat (faire du)	116	*Trône (aller sur le)*	293
Poire et le fromage (entre la)	248	*Verre (expressions liées au)*	121
Pot (expressions liées au)	71	*Veste (expressions liées à la)*	197
Pot aux roses (découvrir le)	71	*Voyage aux pays bas (aller en)*	293
Quenouille (expressions liées à la)	79		

Solution du problème présenté page 239.
Eau versée par minute : 30 + 36 = 66 litres.
En 2 heures moins 4 minutes ou 116 minutes,
les robinets fournissent : 66 x 116 = 7 656 litres = 7,656 m^3.
Surface de base du bassin : 71 x 2 x 2 = 3,1416 x 4 = 12,5664 m^2.
Hauteur de l'eau dans le bassin : 7,656 : 12,5664 = 0,6092 m.

Table des matières

Introduction   5

Les très fidèles inventaires : une lecture envoûtante   7
Déjà, des familles recomposées ! – *Une méchante chaise* : déjà, le « développement durable » ! – *Une quaftière de terre* : de vraies folies ! – *Trois paires de pistolets* : déjà des problèmes de sécurité ! – *Une poupée de chanvre* : drôle de poupée… – *Un rideau couleur de suie* : la couleur, signe extérieur de richesse – *Un travouil avec ses fusées* : quel charabia !

Toc toc toc ! Frappons à l'huis ! La maison de nos ancêtres   25
Chaumière ou château ? – À quoi ressemblait cette maison ? La multiplication des protections – De l'huis à la porte – Toc, toc, toc ! Quelqu'un répondra-t-il ?

Y voyez-vous goutte ? Fière chandelle et sainte ampoule   39
Un chandelier de main : comment s'éclairait-on ? – Les réverbères… réverbéraient…

**Quand on se chauffait à la bouse de vache :
de la cheminée au radiateur**   49
La logique de la cheminée – *Deux petits fagots* : comment se chauffait-on ? – *Un poêle de fonte avec environ trois toises de tuyaux*

**Premiers items et premiers mythes :
le chaudron de Panoramix et l'*Angélus* de Millet**   59
Premièrement une crémaillère, trouvée pendue à la cheminée – Item un grand chaudron – Une cuillère à tremper la soupe : une opération ritualisée ! – *Un grand charnier* : l'ancêtre de notre frigo – *Un bouquet, sous une chemise de verre* : un petit musée

Du rouet à la machine à coudre et du balai à l'aspirateur   77
Item un fer à lisser – Deux rouets, avec ce qu'il y a de fuzeaux – Item deux gros balais de sol – Le préfet Poubelle devait aimer les huîtres ! – *Item un grand panier d'osier* : le Caddie était inconnu !

Tant allait la cruche à l'eau : les dalles en pente de nos ancêtres   89

Une fontaine avec son couvercle et une cruche : la corvée d'eau – *Avoir une dalle en pente* : un vrai luxe ! – *Item une cuve à buer* : la fête de la lessive

À table ! À table ! Tables coulantes et chaises caquetoires   99

Place de la table et places à table – *Deux chaises et une bancelle* : sur quoi s'asseyait-on ?

Mettre le couvert ! Le couteau à droite, mais à droite de quoi ?   113

Dans quoi mangeait-on ? – *Item quatre écuelles et une assiette en fayence – Item un canif, quatre cuillères et une fourchette – Item deux gobelets de bois et une bouteille de verre – Item dix nappes et douze serviettes*

Quand une armoire valait le prix d'une voiture !   131

Item un coffre de bois de chêne fermant à clé – De vrais « coffres aux trésors » – Des meubles multi-fonctions – *Item une paire d'armoires – Item un dressoir et un vaisselier* – Fabriqués à domicile ! *Item une commode à deux tirants* – Une pendule sonnante dans sa boîte de bois blanc

Dormir entre le *ciel* et la *ruelle* : les curieux lits de nos ancêtres   151

Des familles très nombreuses – Louis XIV recevait dans sa chambre ! – Intimité et sexualité – *Item un lit garni avec son bois, paillasse, couette…* – Isolation et isolement : les effets du baldaquin – Lits clos ou « à la chartreuse » – *La ruelle et le chevet* – Larges et courts ! – Comme la princesse sur le pois… – *Item quatre paires de draps* – D'une couette à l'autre – Le vert, couleur du sommeil – Une vraie fortune ! – Nos ancêtres dormaient-ils bien ? – *Item une coiffeuse avec ses miroirs*

Dans les coffres et les armoires : du cotillon à la minijupe   181

Une culotte de panne et une veste de ratine – Item une brassière cramoisie – L'habit faisait le moine – Que portaient-ils sur leur tête ? – *Dix chemises de toile, à 1 livre la chemise* – Vestes à la mode basque et pourpoints cousus au point – *Item un manteau de camelot* – Les incontournables hauts-de-chausses – *Six paires de bas, tant de laine que coton* – Trouver chaussure à son pied – *Un tablier de mousseline et un autre d'indienne – Un corps de poulangy et une jupe de rat cramoisi* – Item *dix paires de bas de laine* – Avec mes sabots dondaine – Du *cannesson* au *marcel* – Du *corps à baleines* au *soutien-gorge* – Mouchoirs de col et mouchoirs de nez... – Bijoux de famille, bagues et joyaux

Une intrigante cuvette en forme de guitare... : histoire des bains et des mœurs 224

Ni salle de bains, ni salle d'eau... – L'histoire du bain est une drôle d'histoire – Parfumés à *l'eau de pucelle* – Les problèmes de robinets – *Item une cuvette en forme de guitare* – Nids d'abeilles et grains de caviar

Salon ou salle à manger ? Des grognards aux séries américaines 245

Salons de compagnie et *salons à manger* – Du salon au séjour – *Item deux bergères et un crapaud* : luxe et raffinement – Téléviseur, convertible et table basse : un trio incontournable !

Du tapis de bure au tapis de souris : Le bureau, vraie caverne d'Ali Baba ! 261

Item un bureau, fermant à deux fenêtres avec une clé et une layette – La très curieuse étude d'un notaire angevin – Trois bibliothèques différentes : agrément, instruction et piété – Des papiers en tout genre... –... et du papier très cher ! – Une preuve d'amour maternel – Des plis qui faisaient courir

Chapitre discret... : l'endroit où le roi ne va qu'à pied 281

Crier trois fois *Gare à l'eau !* – Le très précieux urinoir d'Isabeau de Bavière – Le temps de la « libre pissette » – Les exécuteurs des basses œuvres – *Une chaise percée de chêne* – La victoire de la propreté

De la cave au *galetas* en passant par les *couroirs* : la fin de notre visite 295

Le symbolisme des escaliers – Du haut en bas – Clystères et seringues – *Item une cavale*

Annexes 303

Bibliographie et remerciements
Index et tables : Index thématique – Index des mots explicités au plan de leur étymologie – Index des mots oubliés – Index des mots analysés quant à leur symbolisme – Index des expressions

CET OUVRAGE A ÉTÉ ACHEVÉ D'IMPRIMER
SUR ROTO-PAGE
PAR L'IMPRIMERIE FLOCH À MAYENNE
POUR LE COMPTE DES
ÉDITIONS J.-C. LATTÈS
17 RUE JACOB – 75006 PARIS
EN DÉCEMBRE 2010

N° d'édition : 04 – N° d'impression : 78508
Dépôt légal : décembre 2010
Imprimé en France